高等学校程序设计课程系列教材

Python 程序 设计基础

（第2版）

赵广辉　编著

中国教育出版传媒集团

高等教育出版社·北京

内容提要

本书为国家级一流本科课程主讲教材，定位于非计算机专业学生的程序设计通识课程，基于"普及程序设计能力、训练计算思维能力、培养人工智能素养、提升工程实践能力"的教学目标。在系统讲解 Python 语言语法和程序设计基本思想的同时，改变传统教学中严格按知识点顺序组织内容的模式，以项目为载体，以案例为纽带，强化知识点间的联系，学生在连贯的实践中培养全局性思维和系统能力，克服知识碎片化问题，增强知识迁移和应用能力，循序渐进地培养学生掌握利用 Python 语言解决复杂问题的能力。

本书专注于计算能力、逻辑与编程能力、计算思维、工程能力、数据处理和可视化能力的培养。以项目为主线组织教学可以培养学生的批判性思维、创新思维、决策思维、挑战性思维和人机协作思维。

本书为新形态教材，配套教学课件、微视频、源代码、案例素材和教案等丰富的资源，适合作为各类高校"Python 程序设计"相关课程教材，也适合初学 Python 程序设计语言的读者自学使用。

图书在版编目（CIP）数据

Python 程序设计基础／赵广辉编著 . -- 2 版 .
北京：高等教育出版社，2025. 8. -- ISBN 978-7-04
-064919-2

Ⅰ. TP312.8

中国国家版本馆 CIP 数据核字第 202554A0B4 号

Python Chengxu Sheji Jichu

策划编辑	唐德凯	责任编辑	唐德凯	封面设计	李沛蓉	版式设计	马 云
责任绘图	邓 超	责任校对	张 薇	责任印制	耿 轩		

出版发行	高等教育出版社	网　　址	http://www.hep.edu.cn
社　　址	北京市西城区德外大街 4 号		http://www.hep.com.cn
邮政编码	100120	网上订购	http://www.hepmall.com.cn
印　　刷	山东韵杰文化科技有限公司		http://www.hepmall.com
开　　本	787 mm×1092 mm　1/16		http://www.hepmall.cn
印　　张	17.5	版　　次	2021 年 5 月第 1 版
字　　数	410 千字		2025 年 8 月第 2 版
购书热线	010-58581118	印　　次	2025 年 8 月第 1 次印刷
咨询电话	400-810-0598	定　　价	38.00 元

前　　言

　　随着新一轮科技革命和产业变革的不断发展，我国将大力推进现代化产业体系建设、加快发展新质生产力作为社会发展的首要任务。新质生产力对人才培养提出了全新要求，创新能力与创造力、跨学科知识融合能力、实践能力与工程思维，已成为新时代人才必备的核心素养。在 AI 赋能之下，Python 程序设计公共课将成为培养未来社会最需要的兼具专业知识、编程能力和智能素养的新质人才的重要途径。

　　Python 程序设计课程能够培养科学思维、批判性思维、创新能力、智能素养及团队协作精神，这是通向未来的五大核心能力。人工智能应用能力是当代大学生必备素养，Python 语言是人工智能领域事实上的标准语言。Python 语言具有简洁、优美、功能强大、开发效率高等先天优势，是非常适合大数据与人工智能开发的编程语言，在后端开发、数据采集、数据分析、量化交易、运维开发、自动化测试等领域也有广泛的应用。随着大数据和人工智能的研究和应用不断推进，Python 语言走进越来越多的课堂，成为程序设计课程的主要教学语言。

　　人类社会经历了四次工业革命，当前所处的第四次工业革命是以数据为核心的工业智能化革命。以人工智能、大数据、云计算、物联网和区块链等为代表的新经济正在苗壮成长，引领人类社会由工业经济时代进入智能时代。以大语言模型为代表的生成式人工智能技术的出现和快速发展将人类社会带入一个全新的阶段，推动着教育教学领域发生颠覆性的变化。

　　人工智能的广泛应用和生成式人工智能的全民化使具备智能素养的学科交叉人才需求激增，大模型强大的编码能力使程序设计公共课有机会培养能胜任跨学科人工智能应用开发、维护的高素质人才。生成式人工智能技术发展给程序设计教学带来了前所未有的发展机遇，也对程序设计教学提出了更高的挑战。传统教学中过于强调编程语言的语法、程序设计方法和基本算法的学习，教学案例多为单纯数学问题，距离工程应用较远，存在知识碎片化和迁移困难等问题，这种以编码能力培养为核心的教学模式无法匹配人工智能时代对人才的需要。

　　生成式人工智能技术在教学中的广泛应用可以有效地降低程序设计学习难度，利用大模型处理低层次的实现任务，将语法的深入和细微讨论推迟到以后进行，让学生更早地开始关注高层次的思维和算法，强调问题分析、需求定义、算法设计、测试、评价和创新能力的培养，这种结合人工智能的生成式探究学习可以有效地提升学生的计算思维、创新能力和沟通协作等软能力，达成培养人工智能时代新质人才的目标。

　　Python 程序设计公共课程不仅要讲程序设计的基本方法和算法，还要担负为从事人工智能等相关工作打下良好基础的重任，尤其是培养学生的科学计算、数据处理、数据分析与可视化能力，可为后续人工智能相关课程的学习奠定坚实的基础。

　　在本书的编写过程中，针对多年教学中发现的问题进行深入研究，探索用多种方式将程序设计方法以更简洁、更实用的方式呈现给读者，以提升教与学的效率。在内容的组织方面，强调问题的分解和需求的精准描述，以期提升人机交互协作效率和质量。强调算法优化和实现方案的评价。这种教学组织弱化单纯知识的讲授，将教学的核心从知识传授转向问题求解方法和思维训练，将知识融入以综合能力培养这一目标的问题求解之中。全书以 89 个案例为纽带，在知识点间建立一种有机的联系，强化各知识点间的交叉融合、反复再现，使学生在实现问题求解的同时逐渐掌握相关的知识。学生总是基于一定的使命进行学习，通过不断地解决从简单到复杂的各种问题，赋予学生好奇心与不停探索的动力，激发学生的学习兴趣和学习热情，帮助学生快速建构起解决各种复杂专业问题的能力。

Python 语言具有良好的计算生态，拥有超过 60 万个第三方库，覆盖科学计算、数据分析、Web 开发、数据库接口、图形系统和游戏开发等众多领域。本书在各章中穿插介绍 random、math、os、csv、json 等标准库和 jieba、numpy、scipy、sympy、pandas、pillow、matplotlib、wordcloud、sqlalchemy 等第三方库的应用，使非计算机专业的学生也可以基于这些模块解决复杂工程问题。本书基于 Python 3.13 编写，融入多种新特性、新用法。内容方面聚焦程序设计基础、计算思维与问题求解、数据处理和可视化三部分内容，避免刻意求全而罗列一些专业程序员才会用到的内容，力争在有限的课时中将常用的方法讲精、讲透，使学习者能集中精力灵活使用这三部分知识解决相关问题。全书内容紧紧围绕这三个方面进行发散、总结、运用和反思，力争做到学以致用、以用为先。

案例代码严格按 PEP 8 规范编码，从变量命名、函数定义和编程风格等各方面都尽可能贴近工程实际，培养学生工程实践能力和协作沟通能力。针对教学中学生反映的一般性问题可以解决，但复杂问题不会解决的问题，设计具有一定复杂度的案例，给出将问题分解为若干简单问题并分别用函数实现的路径，培养学生解决复杂专业问题的能力。

党的二十大提出加快建设教育强国、科技强国、人才强国。本书在案例中融入科学精神的培养，提高学生正确认识问题、分析问题和解决问题的能力，注重科学思维方法的训练和科学伦理的教育，培养学生探索未知、追求真理、勇攀科学高峰的责任感和使命感，培养学生精益求精的大国工匠精神，激发学生科技报国的家国情怀和使命担当。

本书由武汉理工大学赵广辉教授编写，感谢武汉理工大学 Python 程序设计教学团队在教学实践中给予的支持和帮助。在编写本书的过程中，我们本着科学严谨的态度，力求精益求精，但疏漏之处在所难免，请广大读者朋友批评指正。全书内容新颖、叙述清晰，采用新形态构建形式，配套提供实验指导书，适合作为各类本、专科教材和参考书，也适合 Python 程序设计语言的初学者使用。

本书提供丰富的资源，包括教学课件、微视频、源代码、案例素材和教案。资源的获取方法可发送电子邮件到 vasp@ qq. com 联系索取，也可加入本书读者群（QQ 群号：2324769）下载最新配套资源或与作者交流。

编　者

2024 年 12 月

○ 目　　录

第 1 章
Python 语言基础

1.1 Python 语言概述

计算机程序是一组让计算机执行一系列动作的指令集。在计算机系统中，通常把显示器、主机和硬盘等看得见摸得着的部件称为硬件，它们是计算机系统的物质基础。光有硬件而没有软件，计算机不能工作，必须要配备完善的软件系统才能正常工作，且充分发挥其硬件的各种功能。这里的软件是指计算机运行的所需的各种程序以及相关数据和文件的集合。

有文字记载的程序设计语言有数百种，目前被广泛应用的有 Python、Java、C#、C/C++等，这些语言都属于高级语言。虽然其语法、命令格式各不相同，但程序设计的思想和逻辑是相通的，熟练掌握一种语言后想学习其他语言只学习其语法就可以了。与其他语言相比，Python 是最接近自然语言的程序设计语言，关键字少、结构简单、语法清晰。它没有其他语言通常用来访问变量、定义代码块和进行模式匹配的命令式符号，代码定义更加清晰和易于阅读，使学习者可以在较短的时间内掌握编程方法。Python 用户可以借助其丰富的第三方库，快速地完成一些复杂的开发任务。

Python 是一种简洁优美又设计优秀的通用编程语言，在各领域的应用几乎是没有限制的，可以完成现实中的各个领域的各种任务，如科学计算、数据处理、数据可视化、图像处理、虚拟仿真、网站运维、自然语言处理、Web 开发、机器学习、大数据、数据挖掘和人工智能等。近几年，由于大数据和人工智能领域的飞速发展，Python 借助其极其强大的科学计算和数据分析的能力，得到越来越广泛的应用，成为人工智能和大数据领域事实上的标准语言。

Python 由荷兰人 Guido van Rossum 设计，1989 年，Guido 开始写 Python 语言的编译/解释器，他希望这个 Python 的语言能成为一种介于 C 语言和 Shell 之间、功能全面、易学易用、可拓展的语言。1991 年，第一个公开发行的 Python 编译器（同时也是解释器）诞生，Python 语言从一诞生开始便已经具有了类、函数、异常处理和包括列表和字典在内的核心数据类型以及以模块为基础的拓展系统。

Python 将许多机器层面上的细节隐藏，Python 程序员可以花更多的时间用于思考程序的逻辑，而不是具体的实现细节，这一优异的特性吸引了广大的程序员。2000 年 10 月，Python 2.0 正式发布，开启了 Python 语言广泛应用的新时代，这个版本最终版本号是 2.7.18，目前已经停止更新。2008 年 12 月，Python 3.0 正式发布，Python 3.0 做了较大的升级且没有考虑向下兼容。本书完稿时，Python 3 最新的版本号是 3.13.3，所以本书将以 Python 3.13 为基础进行讲解，书中的示例和讲解内容都是基于这个版本，但大部分案例都可以在 Python 3.5 以后的版本上运行。

1.2 环境配置

Python 开发环境比较简单，只需要安装 Python 解释器就可以利用内置的 IDLE 编写 Python 程序。

1.2.1 解释器的安装

Python 解释器可以在 Python 官方网站下载，如图 1.1 所示。

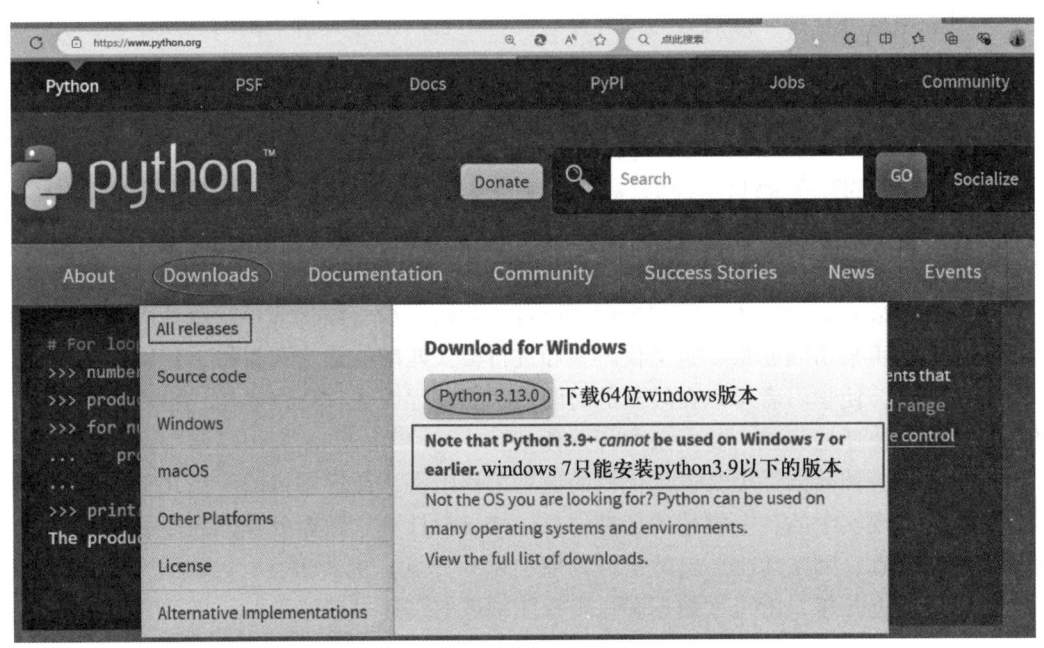

图 1.1 在 Python 官方网站下载的页面

直接下载默认是 64 位 Windows 版本的 Python 解释器，可单击 All releases 按钮后进入下载列表，根据操作系统和硬件类型选择合适的版本。64 位的 Windows 10 及以上操作系统，选择 Windows installer（64-bit）选项，下载 python-3.13.0-amd64.exe。macOS 系统选择 macOS 64-bit universal2 installer 选项下载 python-3.13.0-macos11.pkg。Python 3.5 以后的版本已经不再支持 Windows XP 或更早期的系统了。

在安装过程中，特别需要注意的是，第一个界面上的 Add python.exe to PATH 选项默认是未选中状态，需要勾选，以后可以在任何路径下调用 Python 解释器和 pip 命令，如图 1.2 所示。

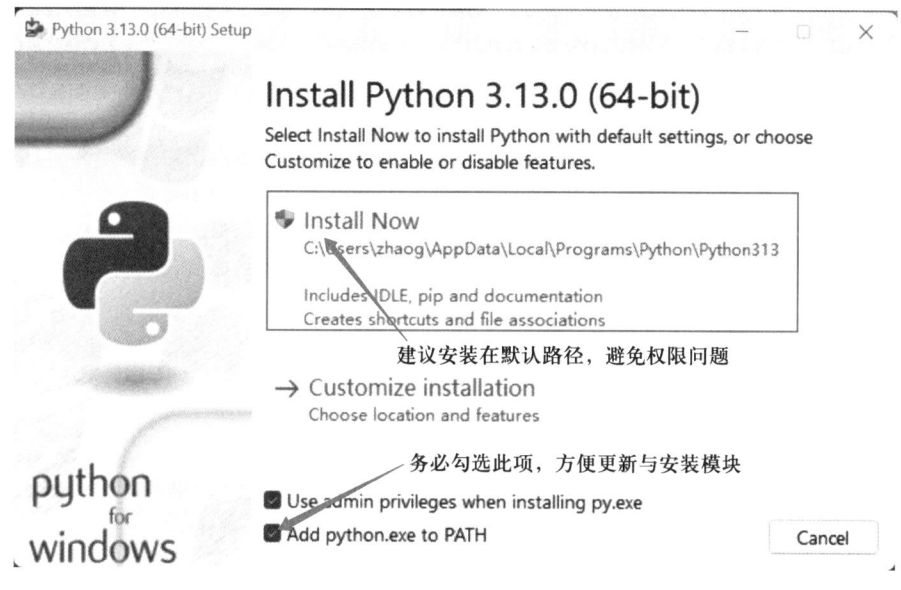

图 1.2　安装 Python 选项

安装成功后可以在"开始"菜单中找到 Python 3.13，里面有 IDLE、Python 3.13（Python 解释器）和 Python 3.13 Module Docs（文档）。IDLE 是在安装 Python 时自带的一个编辑器，可以作为基本的 Python 编程的环境。

1.2.2　编写程序

IDLE 是一个纯 Python 的集成开发和学习环境，支持 Windows、UNIX 和 macOS 等多个操作系统环境。IDLE 具有两种类型的主窗口：Python Shell 窗口和文件编辑窗口，分别用于交互式编程和文件式编程。

交互式编程是指解释器即时响应用户输入的代码并输出运行结果。可通过单击"开始"菜单中的 IDLE 命令进入 Python Shell 交互环境。也可以在 Windows 操作系统的控制台下输入"python"进入交互环境。在"＞＞＞"提示符后输入程序语句 print("Hello World")，按 Enter 键后，会在下一行输出运行结果，如图 1.3 所示。交互式编程不需要创建文件，通过 Python 解释器的交互模式来编写代码，输入输出比较直观，可以快速得到结果，适用于熟悉 Python 的语法和进行简短代码测试的用户，但不方便修改，退出也无法保存代码，不适合用于编程实践，不建议初学者使用。

在输入代码时，程序设计中的括号和引号都是半角，即英文状态下输入，本书程序中所有符号都是半角符号。

文件式编程是把程序代码保存在一个文件中，这样可以长期保存，反复调用，避免了交互式每次要重复输入代码的问题，适用于编程实践和开发。在 IDLE 的 File 菜单中选择 New File 命令（或按 Ctrl+N 键）会打开一个新的编辑窗口，在这个窗口中编写代码可以直接保存为扩展名为".py"的文件。按 F5 键或选择 Run 菜单中的 Run Module 命令就可以

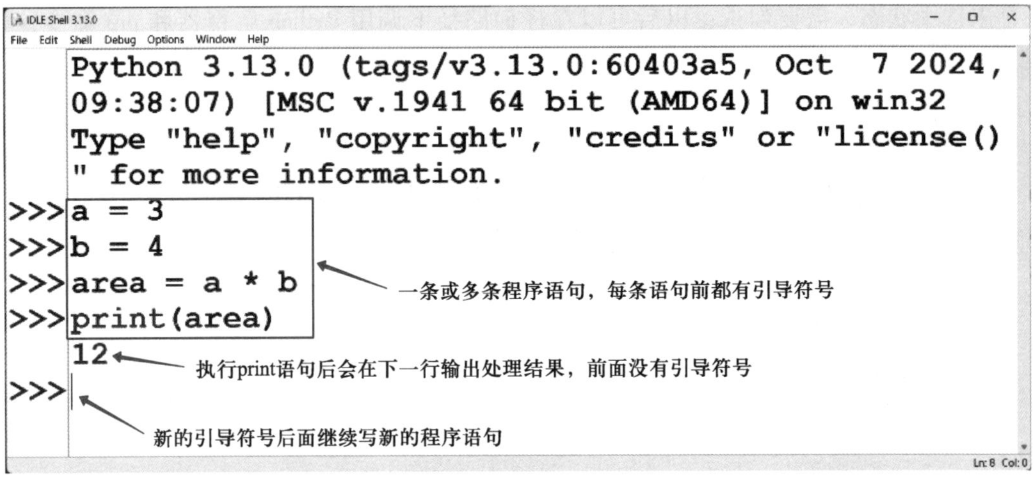

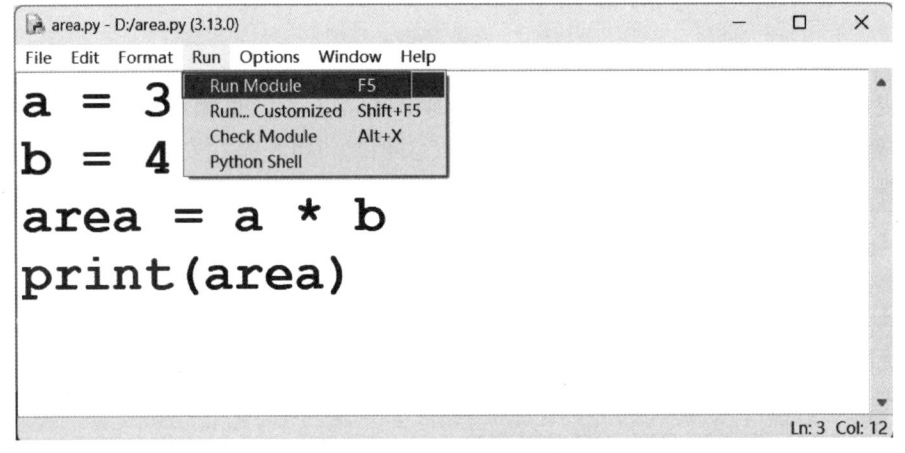

图 1.3　交互编码窗口

在 Shell 中输出程序运行结果，保存的源代码文件可以反复运行，推荐使用此模式编程。文件式编程窗口如图 1.4 所示。

图 1.4　文件式编程窗口

1.2.3　查看帮助文档

在交互环境下，输入 help( ) 函数并按 Enter 键，可以进入帮助模式，在 help> 后输入要查看的主题、关键词、函数名或模块名等信息便可以查看相关文档了。另一种方式是在"开始"菜单中选择 Python 3.13 Module Docs 命令，会启动浏览器并进入本地虚拟站点。这个页面上可以索引本地的所有模块，包括内置模块和安装的第三方库。再单击想查看的关键词就可以查看相关文档了。

1.2.4　PyCharm

PyCharm 集成数据科学和网络开发所需的所有的 Python 工具，是专门用于 Python 编程的集成开发环境，网络开发、数据库、Jupyter 和数据项目的交互式表格在一个集成开发环境中。PyCharm 可以帮助用户更快、更智能地编写代码。PyCharm 提供智能代码自动补全、代码检查、即时错误高亮显示和快速修复功能以及自动代码重构和丰富的导航功能。这些功能可以让初学者减少因输入导致的语法错误，使编程学习变得更简单和高效。

PyCharm 分专业版（Professional）和社区版（Community）。专业版是商业版本，是专注于数据科学和网络开发的人员的首选，教师和学生可以申请教育认证获得免费使用授权。社区版是免费的 Python 开发工具，提供了基本的集成开发环境体验，支持 Web 框架、科学工具、智能代码补全等功能，初学者可以选择社区版作为编程工具。使用 PyCharm 编码时想查看文档时，先按住 Ctrl 键，再单击需要查看文档的对象，就可以在新的窗口中查看该对象的文档信息了。

1.2.5　AI 插件

PyCharm 提供了大量辅助编程的人工智能插件（如图 1.5 所示），例如 Lingma（灵码）、GitHub Copilot、Windsurf 等，大部分插件可以免费使用。灵码是一款智能编码助手，提供智能问答、文本编辑和智能体三种模式，支持选择 Qwen3、Qwen3 - Thinking、DeepSeek 等多个大模型。提供行级/函数级实时续写、自然语言生成代码、单元测试生成、代码注释生成、代码解释、研发智能问答、异常报错排查等能力，为开发者带来高效、流畅的编码体验，推荐使用灵码辅助学习。

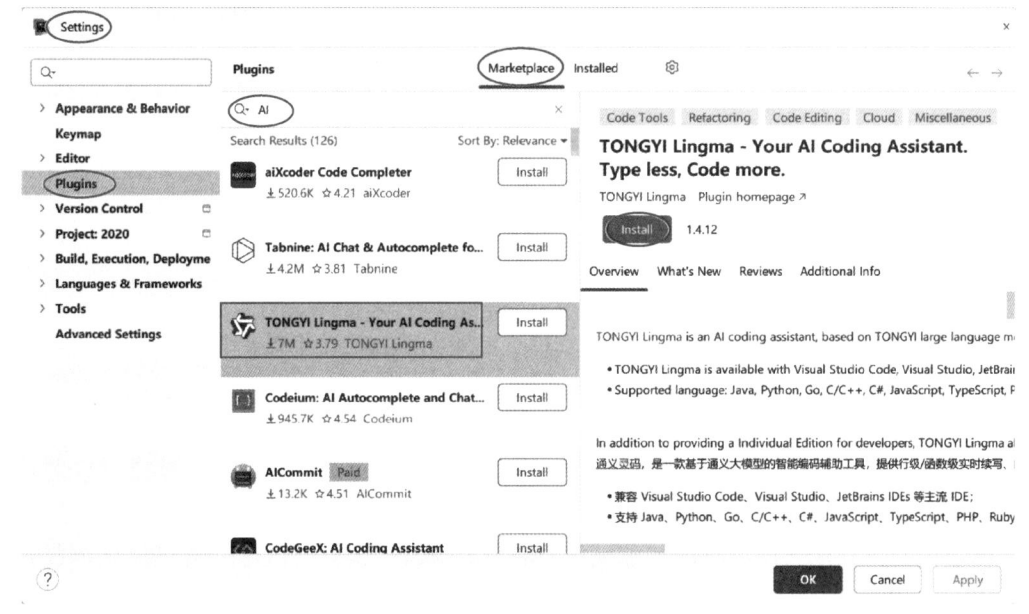

图 1.5　PyCharm 中的 AI 插件

1.3　数据与数据类型

数据是对客观事物的性质、状态以及相互关系等进行记载的物理符号或这些物理符号的组合。数据可以是连续的值，比如声音、图像；也可以是离散的，如符号、文字等。所有客观对象都要抽象成数据才能在计算机中进行存储和处理。在计算机中，所有数据最终都以二进制的形式存储和表示。

根据需要对数据进行的操作和处理的不同，可以将数据和操作定义成若干种类型，其中应用最广泛的类型有数值类型（整型、浮点型、复数）、文本序列（字符串）、序列类型（列表、元组和 range）、映射类型（字典）和集合类型等，常用数据类型如表 1.1 所示，每种数据类型都有自己的属性、方法和不同的适用场景。

表 1.1　常用数据类型

对象	示　　例	说　　明
整型	1024、79、0、−66	整数大小无限制（受内存大小限制）
浮点型	123.45、12.、.23、0.78	正值取值范围：$2.225\,073\,858\,507\,201\,4^{-308}$ 到 $1.797\,693\,134\,862\,315\,7^{308}$
字符串	'1024'、"test"、'''10test'''	使用成对的单引号、双引号或三对引号界定
Range	range(1,10,2)、range(5)	range([start,]stop[,step]) 返回的从 start 到 stop、步长为 step 的整数序列，常用于控制循环
列表	[1,2,3,4]、[1,2,'a',"b"]	用一对方括号界定，元素间以逗号分隔，元素可为数字、字符串、列表、元组等任意数据类型
元组	(1,2,3,4)、(1,2,'a','b')、(1,)	用一对圆括号界定，元素间以逗号分隔，元素可为任意数据类型
集合	{1,2,3,4}、{'h','l','e','o'}、{'you','me','he'}	用一对大括号界定，元素无顺序，集合中元素具有唯一性，元素间以逗号分隔
字典	{'age':40, 'name':'zhao'}	用一对大括号界定，元素间用逗号分隔，每个元素包含"键"和"值"两部分

1.4　对象与变量

Python 中把每个数据都被抽象为一个对象，程序中所有的数据都是对象或对象之间的关系表示。数据的存储和管理都是以对象为单位进行的，系统会为每个新创建的对象分配一块内存空间，并用该段内存的首地址作为对象的身份标识，此值可以用 id() 函数获取。

1.4.1　对象与属性

Python 中所有数字、序列、集合、映射、类、实例、异常、模块、类与类的实例、函数、方法、布尔值、空值等都被称为对象。

每个对象有 3 个基本属性：类型（type）、身份标识（id）和值（value）。type 为对象的数据类型，type(object) 函数可以返回对象 object 的数据类型。id 为这个对象占用的内存地址，id(object) 函数可返回表示对象 object 的身份标识，也就是系统为这个对象分配的内存的首地址，一般用一个十六进制整数表示。value 就是这个对象存储的值。例如，创建了一个整数对象"500"，500 称为这个对象的值，系统会为其分配一个内存区域，内存地址的编号称为其身份标识，可用函数 id(500) 获取；其数据类型为整数类型，可用函数 type(500) 来获取。

对象创建后，其身份标识 id 不会改变。"is"操作符可比较两个对象的身份标识（id 值）是否相同，两个对象的值是否相等可用"=="进行比较运算。如果值相同的两个对象的身份标识不同，则说明这是两个不同的对象。

每个对象除了这三个基本属性以外，在使用过程中，用户经常会通过加标签的方式给对象绑定一个名字（name），以方便在程序中通过这个名字引用该对象。这个名字与其他程序设计语言中的变量作用相似，所以 Python 中也经常延续习惯用法称之为变量。

1.4.2　变量与赋值

变量提供了一种将名字与对象绑定的方法，变量可以理解为标识符、标签或名字，给变量赋值就是相当于给已经创建的对象贴一个用于访问的标签。

赋值是指将一个对象或表达式的值绑定一个标识符的操作。可以近似地将赋值理解为两部分的操作：一是将具体的对象存储在内存某地址处，二是将变量名与这个地址关联起来，相当于给这块内存区域贴一个"标签"，以后就用标签（变量名）来访问这块内存中存储的对象。

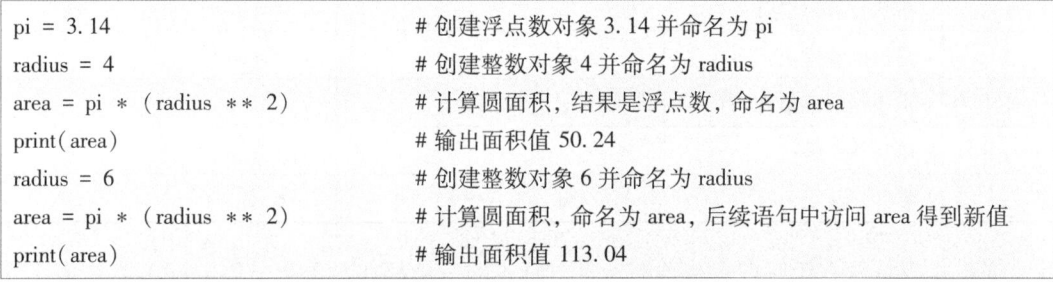

```
pi = 3.14                      # 创建浮点数对象 3.14 并命名为 pi
radius = 4                     # 创建整数对象 4 并命名为 radius
area = pi * (radius ** 2)      # 计算圆面积，结果是浮点数，命名为 area
print(area)                    # 输出面积值 50.24
radius = 6                     # 创建整数对象 6 并命名为 radius
area = pi * (radius ** 2)      # 计算圆面积，命名为 area，后续语句中访问 area 得到新值
print(area)                    # 输出面积值 113.04
```

这个程序中先将浮点型对象"3.14"和整型对象"4"分别与变量名"pi"和"radius"绑定，再将计算面积得到的浮点型对象"50.24"与变量名"area"绑定，如图 1.6（a）所示。当程序执行到 radius = 6 时，"radius"这个名字将先与对象"4"解绑，再重新绑定到对象"6"上。类似的操作，执行 area = pi * (radius ** 2) 时，"area"也会与对象"50.24"解除绑定并重新绑定到对象"113.24"上，如图 1.6（b）所示。

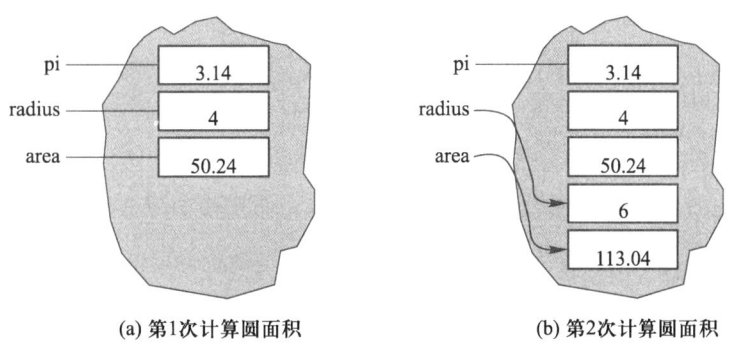

(a) 第1次计算圆面积　　　　　　(b) 第2次计算圆面积

图 1.6　变量名与对象的绑定

需要明确的是，在 Python 中，变量仅仅是一个名字。一个赋值语句将赋值符号 "="左边的名字与右边的对象、表达式或值关联起来。Python 中先有对象后有名字，所以变量名首次出现必须在赋值符号的左侧。一个对象可以没有名字、有一个名字或有多个名字，这都是合法的。

Python 中的赋值符号除了 "="以外，还包括：=、+=、−=、∗=、/=、%=等，如表 1.2 所示。赋值表达式 ":="因其与海象的眼睛与牙齿相似，也被称为海象运算符，可以将值赋给表达式中的变量，使赋值操作和表达式运算在同一行语句中完成，可以避免一些方法的重复调用，从而提高运行速度。这是 Python 3.8 中增加的一个特性，但这种应用会使表达式变得复杂和难以理解，不建议初学者使用。

表 1.2　赋 值 符 号

符　号	描　　述	实　　例	解　　释
=	赋值符	c = 100 c = a + b	将数字 100 赋值给 c 将 a + b 的运算结果赋值给 c
:=	赋值表达式	if(age := 20) >18：	先赋值再参与表达式的运算
+=	加法运算赋值符	c += a	c = c + a
−=	减法运算赋值符	c −= a	c = c − a
∗=	乘法运算赋值符	c ∗= a	c = c ∗ a
/=	除法运算赋值符	c /= a	c = c / a
%=	取模运算赋值符	c %= a	c = c % a
∗∗=	幂运算赋值符	c ∗∗= a	c = c ∗∗ a
//=	整除运算赋值符	c //= a	c = c // a

变量本身是没有任何意义和类型信息，真正的信息都在对象上。Python 不需要声明变量及其类型，变量类型取决于绑定对象的类型。

Python 支持在一条语句内为多个变量赋值，此时赋值符号右侧的多个数据会被视为一个省略了括号的元组，赋值操作是将元组解包，将其中的每个元素分别绑定一个名字，此时，赋值符号左边的变量的数量要与赋值号右侧数据的数量相同。Python 中可以利用这个方法交换两个变量的值。

```
x, y = (5, 10)          # 元组元素按顺序赋值给多个变量
m, n = 3, 4             # 3,4 为元组，元组元素按顺序赋值给多个变量
i, j = [3, 6]           # 列表元素按顺序赋值给多个变量
a, b, c = 'xyz'         # 字符串中字符按顺序赋值给多个变量
```

多变量赋值时，序列长度必须与变量数量一致，否则将引发 ValueError：

```
m,n = 3,4,5            # ValueError: too many values to unpack（expected 2）
m,n,k = 3,4            # ValueError: not enough values to unpack（expected 3, got 2）
```

多变量同时赋值常用于将在一行内输入的、用空格或逗号分隔的字符串根据分隔符切分为列表，然后用多变量赋值语句分别赋值给多个变量：

```
name, score = input( ). split( )          # 'Tom 88'切分后分别赋值给 name 和 score
print( name , score)                        # 输出：Tom 88
```

　　eval( )可以将包含半角逗号的数字字符串直接转为元素是数字的元组，例如，eval('3, 5, 8') 结果是元组(3, 5, 8)。利用这一特性可以将在一行内输入的由半角逗号分隔的多个数字分别赋值给多个变量。

```
a, b, c = eval(input( ))        # 将输入的半角逗号分隔的三个数字分别赋值给 a,b,c,如输入：3, 5, 8
print(a, b, c)                  # 输出:3, 4, 5
print(f'{a}x + {b}y + {c} = 0')   # 输出 3x + 5y + 8 = 0
```

1.4.3　变量命名规范

　　因为变量仅仅是一个名字，所以很多初学者认为使用"a"或"b"这样的简单字母命名变量，可以方便编写出计算机可以正确执行的程序。虽然这样使用在语法上没有问题，但优秀的程序员并不会使用这样一些无意义的字母做变量名。为每个对象起一个简洁且能清晰表达对象意义的名字，以使自己编写的程序可以让其他程序员用尽可能少的时间便能阅读和理解。

　　规范地设置变量名对于提高程序的可读性具有重要作用，对于 Python 解释器来说，下面两段代码在解释和执行上没有区别。但对于人类来说它们却是完全不同的，阅读第一段程序时，没有任何理由怀疑程序有什么问题。在阅读第二段代码时，会发现变量名"diameter"的意义是直径，如果 diameter = 4 表示的是直径为 4，那么在计算面积的语句中，应该将 diameter 除以 2 再进行运算。如果"4"是半径，那么这个变量命名为"radius"更合适。

```
a = 3.14                        # 无意义变量名
b = 4
c = a * (b ** 2)                # 不确定意义的数学表达式
# 良好命名的程序
pi = 3.14                       # 圆周率
diameter = 4                    # 直径
area = pi * (diameter ** 2)     # 计算圆的面积
```

　　规范的命名是使用单词或单词的组合作为变量名称，使其具有一定的意义，可提高程序的可读性和可维护性。Python 变量的命名支持使用大小写字母、数字和下划线，且数字不能为首字符。下划线作为首字符的变量在 Python 中有特殊含义，所以一般变量的命名要以字母开头。Python 变量名区分大小写字母，true 和 True 不同。

　　常用的规范（PEP 8 规范）是用单词或下划线连接多个小写字母的单词作为变量名，如 number、id_check、get_birthday_by_id。也有规范用首字母大写并直接连接的驼峰式命名，如 CheckID、GetDistrictByID、GetBirthdayByID。

　　Python 3.13 中有 35 个关键字，这些关键字不能作为变量名。也不建议使用系统内置的模块名、类型名或函数名作为变量名，当变量名与内置函数等对象名相同时，会使对这些对象的访问失效。

1.4.4　Python 关键字

Python 关键字是语言内置的特殊词汇，具有特定的含义和用途，一般用于构成程序框架、表达关键值和具有结构性的复杂语义，这些关键字不能用作变量名或函数名。表 1.3 给出了 Python 中常用的关键字及其简要说明。

表 1.3　Python 关键字

类　别	关　键　字	含　义
控制流	for，while	循环语句
	if，elif，else	条件语句
	break，continue	流程跳转
	pass	空语句占位符
函数和类	def	定义函数
	class	定义类
	return	返回函数值
	yield	用在生成器函数中，用于从另一个可迭代对象或生成器中产生值
	lambda	匿名函数
异常处理	try，except，finally	异常处理
	raise	抛出异常
模块和包	import，from，as	导入模块
逻辑运算	and，or，not	逻辑运算符
	is，in	身份和成员运算符
变量和作用域	global，nonlocal	声明变量作用域
其他	True，False，None	布尔值和 None
	with	上下文管理
	assert	断言语句
	async，await	定义异步函数或协程，等待异步操作完成
	del	用于删除对象或从列表/字典中删除元素

1.5　程序基本结构

基本的程序设计模式将程序的功能分为三个主要部分：输入（Input）、处理（Process）和输出（Output），称为 IPO 程序设计方法。输入是一个程序的开始，处理是程序对输入数据进行计算产生输出结果的过程，输出是程序展示运算结果的方式。

1.5.1　输出

输出的作用是将程序的处理结果通过显示器、绘图仪等设备反馈给用户或以文件形式持久保存。输出的主要方式是用 print( ) 函数输出到标准输出设备（显示器）和写入到文件。

print( ) 函数的语法如下：

print(∗ objects, sep = ' ', end = '\n')

print( ) 函数主要用于将一个或多个对象输出到屏幕上。输出多个对象时，用半角逗号将要输出的对象隔开作为参数，输出时默认用空格对输出的对象进行分隔，可以用 sep 参数指定一个字符作为分隔符号。

```
print('2024', '08', '11')              # 默认输出时用空格分隔
# 2024 08 11
print('2024', '08', '11', sep='/')     # 用 sep 参数指定 "/" 用作输出时的分隔符
# 2024/08/11
print('09', '28', '36', sep=':')       # 用 sep 参数指定 ":" 用作输出时的分隔符
# 09:28:36
```

print( ) 函数中 end 参数默认值是换行符（'\n'），此参数值省略时，执行 print( ) 函数后会自动输出一个换行。如果希望多个 print( ) 语句的输出在同一行中，可以给 print( ) 函数中的 end 参数赋一个字符串类型的值，例如，设置 end = ' ' 或 end = ','，使每条 print( ) 语句的输出后用空格或逗号代替默认的回车符，实现多条 print( ) 语句输出在同一行内的效果。

```
print('你好,', end=' ')        # 输出后不换行,用空格隔开
print('欢迎', end='')          # 输出后不换行,用空字符串隔开
print('学习 Python! ')         # 输出后换行
print('欢迎进入程序世界! ')      # 在新的一行输出
# 输出:
你好, 欢迎学习 Python!
欢迎进入程序世界!
```

print( ) 函数只能输出用特定分隔符分隔的值，当需要更多的控制输出格式时，可以使用以下方法。

（1）格式化字符串字面值。这是 Python 3.6 以后提供的一个方法，用 "f" 或 "F" 做前缀格式化字符串输出。使用时，在字符串开始的引号或三引号前加上一个 "f" 或 "F"，在字符串中，放置在大括号 "{ }" 中的变量或表达式在程序运行时会被变量和表达式的值代替。

```
a = 5
b = 3
print(f'{a} – {b} = {a – b}')        # 输出 5 – 3 = 2
```

为了增加用户友好性，可以在模板字符串中加入说明性字符串，这些字符串将被原样输出，大括号中的变量值可以为任意类型，当大括号中的值为字符串时，需使用不同的引号与格式中的引号区分开，Python 3.12 及以后的版本可用任意引号。

```
name = 'Tom'
gender = 'male'
age = '20'
print(f'姓名：{name}, 性别：{gender}, 年龄：{age}')
# 输出：姓名：Tom, 性别：male, 年龄：20
print(f'姓名：{"Tom"}, 性别：{"male"}, 年龄：{40}')
# 注，Python 3.12 以前版本大括号中的值为字符串时需用与 f 后不同的引号
```

此方法还可用于格式限定，使用方法是在大括号中加冒号和"格式限定符"，如在冒号后面加".mf"，可以控制输出保留小数点后 m 位数字的浮点数（float）。

```
a = 5
b = 3
print(f'{a} / {b} = {a / b}')              # 5 / 3 = 1.6666666666666667
print(f'{a} / {b} = {a / b:.2f}')          # 5 / 3 = 1.67
```

在 ':'后传递一个整数可以让该字段成为最小字符宽度，可用于设置输出时对齐字符。

```
print(f'{1} * {9} = {1 * 9:2}')            # 1 * 9 = 9
print(f'{9} * {9} = {9 * 9:2}')            # 9 * 9 = 81
```

（2）str.format( )方法。

```
<模板字符串>.format(<逗号分隔的参数>)
```

<模板字符串>由一系列的用大括号"{}"表示的替换域组成，用来控制修改字符串中嵌入值出现的位置。调用此方法的"模板字符串"可以包含字符串以及若干大括号表示的替换域。format( )括号中放置与替换域数量相同的参数值，运行时默认按替换域出现的顺序一一对应填入到前面的替换域中。

```
a = 5
b = 3
print('{} + {} = {}'.format(a, b, a + b))         # 参数值按出现顺序填入替换域
```

如果替换域中标有序号，将根据序号到 format( )括号中查找序号对应的值进行填入。

```
a = 5
b = 3
print('{} * {} = {}'.format(a, b, a * b))         # 参数值按出现顺序填入替换域
print('{2} * {1} = {0}'.format(a * b, b, a))      # 参数序号从 0 开始编号，依次为 0、1、2
print('{2} * {0} = {1}'.format(b, a * b, a))      # 括号中序号根据参数序号调整
```

这三条语句输出相同格式的信息：

```
5 * 3 = 15
```

在输出数据较多时经常使用内置函数 open(file) 创建一个文件，再用 write() 方法将数据写入到文件中长期保存。open() 函数的参数 file 是要打开的文件的带路径的文件名的字符串，参数"w"表示写入模式，open() 函数的作用是打开 file 指定的文件并返回相应的文件对象。下面示例代码中 fw 是为创建的文件对象想的名字，write() 的作用是将字符串参数写入到文件对象中，close() 的作用是关闭文件对象。

```
fw = open("data. txt",'w')          # 打开文件 data. txt，创建文件对象，命名为 fw
fw. write("Hello World!")           # 将字符串写入到文件 data. txt 中
fw. close()                         # 关闭文件对象
```

1.5.2　输入

输入通常涉及用户输入、读文件或从其他数据源获取数据，最常见的输入方法包括用户输入和文件读取。

用户输入通过内置函数 input([prompt]) 实现，prompt 是可选参数，一般是一个提示用户输入相关信息的字符串，如果存在 prompt 参数，则将其写入标准输出（输出到显示器），末尾不带换行符。接下来，该函数从输入中读取一行，将输入的数据末尾的换行符去掉后转换为字符串并返回。当读取到 EOF（end of file）时，则触发 EOFError。在线评测系统中，为方便设计评测数据，一般约定不在 input() 中加入提示性信息。

```
name = input("请输入你的姓名:")      # 先输出提示信息，光标不换行，等待用户输入姓名
age = input("请输入你的年龄:")       # 先输出提示信息，光标不换行，等待用户输入年龄，字符串
print(f'你的名字是{name}，今年{age}岁。')
```

文件读取使用内置函数 open(file) 实现，参数 file 是要打开的文件的带路径的文件名的字符串，参数"r"表示读取模式，函数的作用是打开 file 指定的文件并返回相应的文件对象。

```
fr = open("data. txt",'r')          # 打开文件 data. txt，创建文件对象，命名为 fr
txt = fr. read()                    # 将 data. txt 中的数据读取为一个字符串，命名为 txt
fr. close()                         # 关闭文件对象
print(txt)                          # 输出 txt 中的数据
```

1.5.3　处理

处理阶段涉及顺序、循环与分支等流程控制，以及对输入数据进行各种运算和处理，这部分通常是程序的核心部分。

下面是一个数学计算的例子，良好的习惯是将输入、处理和输出用空格区别开：

```
# 输入：获取用户输入的圆的半径
radius = float(input("请输入圆的半径："))

# 处理：利用面积公式计算圆的面积
pi = 3. 14159
```

```
area = pi * (radius ** 2)

# 输出：输出圆的面积
print(f"圆的面积是：{area}")
```

这个程序各行开头都对齐在同一层次，其中的语句按出现的先后顺序依次执行，称为顺序结构。

在有些情况下，需要重复执行某些程序语句：

```
print(f'{'*':^9}')              # 在9个字符的宽度中居中输出1个*
print(f'{'***':^9}')            # 在9个字符的宽度中居中输出3个*
print(f'{'*****':^9}')          # 在9个字符的宽度中居中输出5个*
print(f'{'*******':^9}')        # 在9个字符的宽度中居中输出7个*
print(f'{'*********':^9}')      # 在9个字符的宽度中居中输出9个*
```

上述代码会输出下面形状：

```
    *
   ***
  *****
 *******
*********
```

这种重复性的工作在程序中可以用一种称为"循环"的结构来实现：

```
for i in range(5):              # 重复执行5次，i 依次取 0、1、2、3、4
    print(f'{"*" * (2 * i + 1):^9}')   # 重复执行这条语句5次，每次输出的"*"数量不同
```

这个程序中，for 开头的语句结尾是冒号，表示其有一条或多条处于缩进区域的语句会被重复执行。缩进中的多条语句称为一个语句块。这个例子中，只有一条 print() 语句处于缩进位置，这条语句会被执行 5 次。

除了重复执行代码外，程序还可以根据不同的条件执行不同的语句块。Python 中应用 if…elif…else 控制程序执行不同条件下的语句块。例如，身体质量指数（BMI）是一个由身高和体重算出的数值，可根据公式：BMI = 体重[kg] ÷ (身高[m])^2 来计算，BMI 值可用于确定是否处于健康体重。下面代码可用于根据 BMI 的值输出判定结果。

```
height = float(input('请输入身高（米）：'))    # 输入身高并转换为浮点数
weight = float(input('请输入体重（公斤）：'))   # 输入体重并转换为浮点数

# 根据 BMI 值输出健康建议
bmi = weight / pow(height, 2)                # 计算 BMI 指数
if bmi < 18.5:                               # 判断 BMI 指数是否小于 18.5
    advice = "体重过轻"
elif 18.5 <= bmi < 24.9:                     # 判断 BMI 指数是否在 18.5 到 24.9 之间
```

```
    advice = "体重正常"
elif 25 <= bmi < 29.9:                      # 判断 BMI 指数是否在 25 到 29.9 之间
    advice = "体重超重"
else:                                        # 判断 BMI 指数是否大于等于 30
    advice = "肥胖"

print('BMI 指数为：{:.2f}'.format(bmi))       # 输出 BMI 指数并保留两位小数
print(f'健康建议为：{advice}')                # 输出处理结果
```

大部分程序由顺序、分支和循环三种结构构成。顺序结构是结构化程序设计中最简单和直接的一种结构，依照解决问题的先后顺序写出相应的语句，程序按语句出现的先后顺序依次执行。分支结构根据不同分支中的条件表达式判定的结果决定执行哪个分支下的语句块。循环结构是在满足某条件的情况下，重复执行一个语句块中的语句。在实际应用中，为了实现特定的业务逻辑和算法，不可避免要综合使用顺序结构、分支结构和循环结构。

1.5.4 语句块

Python 中语句块是一组相关的、缩进一致的程序语句，它们作为一个整体在特定的上下文中执行。Python 使用缩进来定义语句块，这是 Python 的一个独特特征。同一块中的所有语句必须有相同的缩进级别。通常使用 4 个空格作为一个缩进级别（可以用制表符）。

语句块常用于函数定义、分支语句（if…elif…else、match）和循环语句（for、while）后，这些语句有一个共同的特点就是都用半角冒号（:）结束。可以简单地理解为若一条程序语句以冒号"："结尾，其后一定有一个处于缩进位置的语句块，当缩进返回到之前的级别或文件结束时，语句块结束。语句块可以嵌套，即在一个语句块内部可以包含其他语句块，每个嵌套级别都有更深的缩进。

例如：

```
def test():                    # 定义一个函数，函数体的语句均在缩进一个层次内
    for i in range(10):        # for 循环语句，循环体的语句均在缩进一个层次内
        if i % 2 == 0:         # if 分支语句，分支体的语句均在缩进一个层次内
            print(f'{i}是偶数')
        else:                  # else 分支语句，分支体的语句均在缩进一个层次内
            print(f'{i}是奇数')
    return None                # 函数返回值为 None，函数体的语句均在缩进一个层次内

test()                         # 调用函数 test()，语句与函数定义的缩进层次相同
```

这种 IPO 结构使得程序逻辑清晰、易于理解和维护。它帮助程序员组织思路，将复杂的问题分解为更小、更易管理的部分。在实际应用中，这些结构可能会更复杂，可能会涉及更多的函数、类或模块，但基本原理保持不变。

1.5.5 函数

函数将一段代码封装起来并通过一个名字来调用，例如，print() 函数就是将用于输出

的一段代码命名为 print( )供用户直接调用，这样的设计可以避免重复编写相同的代码。函数是编程中的基本构建块，掌握函数的定义和使用对于编写高效、可维护的代码至关重要。函数可以隐藏实现细节，使代码更易于理解和维护。函数也可以接收参数，使其更灵活、通用。程序设计中面对复杂问题时一般的处理方法是将其分解成多个规模更小的子问题，每个子问题分别用一个函数实现，使之成为可管理的、独立的代码块。下面是一个函数定义和调用的例子：

```python
def greet(name,gender):              # 函数定义，用 def、函数名、参数构成，以冒号结尾
    """这个函数用于打招呼"""            # 文档字符串，说明函数功能、参数、返回值等信息
    if gender == 'male':             # 函数体，根据性别返回不同的问候语
        return f"Hello, Mr. {name}!"  # 返回值，将函数处理结果返回给调用函数处
    else:
        return f"Hello, Miss. {name}!"


# 调用函数
message = greet("Alice",'male')       # 调用函数，获取函数的处理结果进一步应用
print(message)                        # 输出：Hello, Mr. Alice!
```

1.6　内置类型

Python 常用内置类型有逻辑值检测、布尔运算、比较运算、数字、序列、映射、类、实例和异常等。

1.6.1　逻辑值检测

利用 if 或 while 条件表达式或通过逻辑运算，任何对象都可以进行逻辑值的检测，以便在 if 或 while 作为条件或作为布尔运算的操作数来使用。在默认情况下，一个对象会被视为具有真值，除非其所属的类定义了在对象上调用时返回 False 的 __bool__( )方法或者返回零的 __len__( )方法。以下基本完整地列出了逻辑值为 False 的内置对象。

（1）被定义为假值的常量：None 和 False。

（2）任何数值类型的零：0、0.0、0j、Decimal(0)、Fraction(0, 1)。

（3）空的序列和多项集：''、( )、[ ]、{ }、set( )、range(0)。

内置函数 bool( )可将任意值转换为布尔值，布尔类型只有两个常量实例：True 和 False。产生布尔值的运算和内置函数总是返回 False 作为假值，或返回 True 作为真值，需要注意的是，布尔运算 or 和 and 总是返回其中一个操作数。

```python
from decimal import Decimal           # decimal 模块中的小数函数 Decimal
from fractions import Fraction        # fractions 模块中的分数函数 Fraction


print(bool(Fraction(0, 1)))           # Fraction(0,1)表示分子为 0 分数，0/1,False
```

```
print(bool(Decimal(0)))                 # Decimal(0) 表示 0, False
print(bool('hello'))                     # 非空字符串, True
print(bool(100))                         # 非 0 数字, True
print(bool(0.0))                         # 浮点数 0.0 与数字 0 等值, False
print(bool(' '))                         # 空格是非空字符串, True
print(bool(''))                          # 空字符串, False
print(bool([]))                          # 空列表, False
print(bool(None))                        # None 类型, False
```

　　内置函数 all(iterable)用于判断给定的可迭代参数 iterable 中的所有元素是否均为 True（或可迭代对象为空）。如果所有元素都为 True，函数返回 True，否则返回 False。

```
print(all([1, 2, 3]))                    # 输出: True
print(all([0, 1, 2]))                    # 输出: False, 因为 0 是 False
print(all([]))                           # 输出: True
```

　　内置函数 any(iterable)用于判断给定的可迭代参数 iterable 中是否有任一元素为 True。如果有一个元素为 True，则返回 True，否则当可迭代对象为空或所有元素均不为 True 时返回 False。

```
print(any([0, 0, 1]))                    # 输出: True
print(any([0, 0, None]))                 # 输出: False
print(any([]))                           # 输出: False
```

　　内置函数 filter(function, iterable)使用可迭代对象 iterable 中 function 返回真值的元素构造一个迭代器。iterable 可以是一个序列、一个支持迭代的容器或者一个迭代器。如果 function 为 None，则会使用标识号函数，也就是说，iterable 中所有具有假值的元素都将被移除。

1.6.2　布尔运算

　　Python 语言支持逻辑运算符，包括"and(与)""or(或)""not(非)"运算。在执行布尔运算或当表达式被用于流程控制语句时，逻辑值为 False 的内置对象会被解析为 False，其他值都会被解析为 True。三种运算的表达式与功能描述见表 1.4，按优先级升序排序。

表 1.4　布尔运算符

运 算 符	表 达 式	功 能 描 述
or	x or y	首先对表达式 x 求值，如果值为 True 则返回 x 的值，否则对表达式 y 求值并返回其结果值
and	x and y	首先对表达式 x 求值，如果值为 False 则返回 x 的值，否则对表达式 y 求值并返回其结果值
not	not x	表达式 x 值为 False 时返回 True，否则返回 False

and 和 or 两边的 x 和 y 可以是数字、变量或表达式，布尔运算返回的并不是 False 和 True，而是返回参与布尔运算的操作数或表达式的值。

运算符为 or 时，解释器首先对 or 左边的表达式进行运算，当其值为 True 时直接返回左侧表达式的运算结果。此时不会对右侧表达式进行运算，这种特性也称为短路特性。

```
print(10 or 'hello')        # 先对左侧求值, 值为 True 则返回左侧的值, 返回整数 10
print('hello' or 10)        # 先对左侧求值, 值为 True 则返回左侧的值, 返回'hello'
print(10 or '')             # 先对左侧求值, 值为 True 则返回左侧的值, 返回整数 10
```

运算符为 or 时，解释器仅当 or 左边的表达式运算结果为 False 时才对右侧的表达式进行运算，此时右侧表达式的值为逻辑运算表达式的值。

```
print(0 or 'hello')         # 先对左侧求值, 值为 False 则返回右侧的值, 返回'hello'
print(0 or False)           # 先对左侧求值, 值为 False 则返回右侧的值, 返回 False
print('' or [])             # 先对左侧求值, 值为 False 则返回右侧的值, 返回[ ]
```

运算符为 and 时，解释器首先对 and 左边的表达式进行运算，当左侧表达式的值为 False 时，直接返回左侧表达式的值，而右侧的表达式不会被运算。

```
print(0 and 'hello')        # 先对左侧求值, 值为 False 则返回左侧的值, 返回 0
print(0 and False)          # 先对左侧求值, 值为 False 则返回左侧的值, 返回 0
print('' and [])            # 先对左侧求值, 值为 False 则返回左侧的值, 返回''
```

运算符为 and 时，当左侧的表达式值为 True 时才对右侧的表达式进行运算并返回右侧表达式的值。

```
print(10 and 'hello')       # 先对左侧求值, 值为 True 则返回右侧的值, 返回'hello'
print('hello' and 10)       # 先对左侧求值, 值为 True 则返回右侧的值, 返回整数 10
print(10 and '')            # 先对左侧求值, 值为 True 则返回右侧的值, 返回''
```

用在 if 或 while 后面的条件表达式中，先得到布尔运算的值，再对返回值做逻辑值检测，根据其布尔值决定后续操作。

```
if 10 or '':                # 10 or ''布尔运算的值是 10, 条件运算结果为 True
    print(True)             # 当 10 or ''布尔运算值是 True 时, 输出 True
else:                       # 否则
    print(False)            # 输出 False, 执行此分支
```

上述分支语句的程序可以用下面一行代码实现：

```
print(bool(10 or ''))       # 先得到 10 or ''的结果为 10,再用 bool(10)返回 True 输出
```

布尔运算 or 和 and 的值是参与运算的表达式的值之一，not 运算结果一定是布尔值 True 或 False。

```
print(not 10)               # 10 是非 0 整数, 布尔值为 True, 取非结果为 False
print(not '')               # '', 空字符串, 布尔值为 False, 取非结果为 True
```

实例 **1.1**　输入用户信息

实例演示：
输入用户信息

编程接收用户输入的出生日期，当用户不想公开自己的出生日期时，可以直接按 Enter 键，此时记录"保密"。

实现这个功能，可以先接收用户的输入，再用一个分支语句根据用户不同的输入给出不同的输出信息。

```python
birthdate = input('请输入出生日期：')      # 接收用户输入的出生日期或回车符
if birthdate:                            # 当 birthdate 为空字符串时，逻辑值检测结果为 True
    print('你的生日是:', birthdate)       # 有输入时，输出用户输入的出生日期
else:                                    # 无输入时（直接按 Enter 键时），输出'保密'
    print('你的生日是:', '保密')
```

利用布尔运算，这个代码可以用以下方法实现，代码精简为 2 行，且代码的逻辑变得更加简洁：

```python
birthdate = input('请输入出生日期：') or '保密'      # 布尔表达式的结果赋值给 birthdate
print('你的生日是:', birthdate)
```

input() 函数的返回值为接收到用户输入的字符串，在上面的代码段中，当用户输入非空时，input() 函数返回值的布尔值为"True"，那么输入的值就会赋给 birthdate，且不再对 or 右侧进行处理；当用户不输入任何字符直接按 Enter 键时，input() 函数获得的是空字符串，其布尔值为 False，此时布尔运算的值为 or 右侧的字符串"保密"，即将字符串"保密"赋值给变量 birthdate。这种表达方法与使用 if 语句效果相同，但更简洁。

解释器先对逻辑运算符左侧的操作数进行运算这种特性称为短路特性。当发生短路之后，该语句短路处之后的所有代码都不会被执行。短路特性可以有效地提高效率。把容易判断、计算量较小的表达式放在逻辑运算符的左侧，可以减少不必要的运算，提高算法效率。

例如，判断一个数是否是回文素数时，将判断回文表达式 str(i) == str(i)[::-1] 放在运算符左侧，当判定不是回文时，不再执行右侧判定素数函数 prime(i)。因判定素数的计算量较大，这样设计可以极大地降低运算量，提高效率。

```python
if str(i) == str(i)[::-1] and prime(i):      # 字符串 i 是回文, 数值 i 是素数
    print(i)
```

逻辑运算符 or、and 和 not 中，not 优先级最高，or 最低，按优先级升序排序为 or < and < not。

实例 **1.2**　判断闰年

实例演示：
判断闰年

输入一个正整数表示的年份，判定是否是闰年。

闰年的判定规则是能被 4 整除但不能被 100 整除的年份，或者能被 400 整除的年份。

这个判定可以用布尔运算来实现：

```
year = int(input())          # 输入要检查的年份


is_leap_year = year % 4 == 0 and year % 100 != 0 or year % 400 == 0
if is_leap_year:
    result = f'{year}年是闰年'
else:
    result = f'{year}年不是闰年'


print(result)
```

and 优先级高，先计算 year % 4 == 0 and year % 100 != 0 的值，and 两侧的比较运算的结果都是布尔值，再参与到 and 运算得到的结果也只能是布尔值 True 或 False，再参与优先级较低的 or 运算得到最终结果仍是布尔值 True 或 False，表示是闰年或非闰年。程序中的布尔运算相当于(year % 4 == 0 and year % 100 != 0) or year % 400 == 0。为了避免引起误读，在同一个表达式中同时出现 and 和 or 时，建议用加小括号的方法明确顺序，这样可以更准确地表达逻辑顺序，同时提高程序的可读性和易维护性。

1.6.3　成员运算

运算符 in 和 not in 用于成员检测，返回布尔值 True 或 False。如果 x 是 s 的成员，则 x in s 值为 True，否则为 False。x not in s 返回 x in s 取反后的值。所有内置序列和集合类型以及字典都支持此运算，对于字典来说，in 检测其是否在字典的键中存在；对于字符串和字节串类型来说，当且仅当 x 是 y 的子串时 x in y 为 True。空字符串总是被视为任何其他字符串的子串，因此 " " in 'abc' 将返回 True。成员运算符的描述如表 1.5 所示。

表 1.5　成员运算符

运 算 符	描　　述	实　　例
in	如果对象在某一个序列中存在，返回 True，否则返回 False	print('u' in ['U','u','USD']) # 输出 True
not in	如果对象在某一个序列中不存在，返回 True，否则返回 False	print('r' not in ['U','u','USD']) # 输出 True

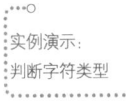
实例演示：
判断字符类型

实例 1.3　判断字符类型

输入一个字符，判断这个字符是小写字母还是数字。

判断一个字符的类型，可以用成员运算。用 in 检测目标是否在对应的字符集中存在，若目标在所有字母构成的字符串中存在，则该字符是字母，若目标在所有数字构成的字符串中存在，则该字符是数字字符。

```
letter = input( )                          # 输入一个字符
ascii_letters = 'abcdefghijklmnopqrstuvwxyzABCDEFGHIJKLMNOPQRSTUVWXYZ'          # 所有字母
if letter in ascii_letters：                # 成员检测，输入字符在字母字符串中存在时
    result = '这是字母'                      # 输出'这是字母'
elif letter in '0123456789'：               # 成员检测，输入字符在数字字符串中存在时
    result = '这是数字'                      # 输出'这是数字'
else：                                      # 其他情况
    result = '这是其他字符'
print( result )                            # 输出判断结果
```

1.6.4　比较运算

比较运算符用于比较两个对象，并确定它们之间的关系，结果是布尔值 True 或 False。

Python 中有 8 种比较运算，包括 2 种一致性比较（==、!=）、4 种次序比较（<、>、<=、>=）和 2 种标识号比较（is 和 is not）。

这些比较运算符的优先级相同，比布尔运算优先级高。比较运算符可以连续使用，例如，x < y <= z 相当于同时满足条件 x < y and y <= z，x is y == z 相当于 x is y and y == z。比较运算与成员运算的优先级也相同，成员运算符 in 也可以与比较运算符一起连续使用。

```
score = float( input( ) )              # 输入 Python 考试成绩并为浮点数

# 若成绩在 90 分以上且不大于 100 分，输出"优秀"
if score >= 90 and score <= 100：       # 比较运算和逻辑运算组合使用
    print( "优秀" )
if 100 >= score >= 90：                 # 连续比较，推荐使用
    print( "优秀" )
```

Python 所有的内建类型都支持比较运算，不同的类型的比较方式不一样。一致性比较（== 和 !=）基于对象的值，具有相同值的实例一致性比较结果为相等。

内置数字类型（int、float、complex）以及标准库类型 fractions.Fraction（分数运算）和 decimal.Decimal（精确运算）可进行类型内部和跨类型的比较，复数不支持次序比较。在类型相关的限制以内，它们会按数学规则进行比较且不会有精度损失。

```
from fractions import *

print( 2 == 2.0 )                      # 整数与浮点数比较，True
print( 2 < Fraction( 5, 3 ) )          # 与分子为 5、分母为 3 的分数比较，False
```

字符串比较时依次按各字符的 Unicode 值进行比较，直到某一个字符比较出结果结束。内置函数 ord(c) 对表示单个 Unicode 字符的字符串，返回代表参数字符的 Unicode 码点的整数。例如，ord('a') 返回整数 97。基础拉丁语和拉丁语增补字符的 Unicode 值均小于 256，超过 256 的是中文等其他语言中的字符。与 ord( ) 函数对应还有一个内置函数 chr(i)

用于返回 Unicode 码位为整数 i 的字符的字符串格式。例如，chr(97)返回字符串'a'。

元组、列表和 range 等序列只可进行类型内部的比较，range 不支持次序比较。以上对象的跨类型一致性比较结果将是不相等，跨类型次序比较将引发 TypeError 异常。

```
print(ord('a'), ord('h'))           # 97 104
print('abc' < 'hello')              # 第一个字符就比较出结果，True
print([1, 2, 3] < [1, 2, 4])        # True
```

数值类型会根据数字大小和正负进行比较，而字符串会根据字符串序列值进行比较。int、float 等同属于数值类型，可以相互比较，其他如数值、字符串等不同类型的对象不能直接进行比较运算。

运算符 is 和 is not 用于检测对象的标识号是否相同，也就是比较两个对象的存储单元是否相同，对象的标识号可使用 id( )函数来确定。当且仅当 x 和 y 是同一对象，即仅当 id(x) == id(y)时，x is y 结果为 True。x is not y 会产生相反的逻辑值，即当 id(a) != id (b) 时，引用的不是同一个对象，返回结果 True，否则返回 False。比较运算符的描述如表 1.6 所示。

表 1.6　比较运算符

运 算 符	描　　　　述	实例（设 a = 5，b = 10）
==	等于：比较 a、b 两个对象是否相等	(a == b) 返回值 False
!=	不等于：比较 a、b 两个对象是否不相等	(a != b) 返回值 True
>	大于：返回 a 是否大于 b	(a > b) 返回值 False
<	小于：返回 a 是否小于 b。返回 1 表示真，返回 0 表示假。这分别与特殊的变量 True 和 False 等价	(a < b) 返回值 True
>=	大于或等于：返回 a 是否大于或等于 b	(a >= b) 返回值 False
<=	小于或等于：返回 a 是否小于或等于 b	(a <= b) 返回值 True
is	is 是判断两个标识符是不是引用自一个对象 x is y，相当于 id (x) == id (y) 如果引用的是同一个对象则返回 True，否则返回 False	c = 10 print(c is b)返回值 True
is not	is not 是判断两个标识符是不是引用自不同对象。如果引用的不是同一个对象则返回 True，否则返回 False	print(a is not b)返回值 True

```
x = 10                    # 为对象 10 加一个标签 x
y = 10                    # -5 到 256 之间整数对象只创建一个，可用不同名字访问
print(id(x),id(y))        # 输出 id 相同，值与系统相关
print(x is y)             # True，说明 x 与 y 是同一个对象
y = 20                    # 新创建一个对象 20，加标签为 y
print(x is y)             # False，说明 x 与 y 是不同对象
print(id(x),id(y))        # 输出的 x 与 y 的 id 不同
```

Python 中同一个对象可以有多个标识，数字 10 是一个对象，创建这个对象后，可以

通过 x、y 等多个标识对其进行访问。语句 y = 20 执行时，20 是新创建的一个对象，此时的操作相当于把 y 这个标签从 10 这个对象上取下来放到 20 这个对象上，如图 1.7 所示。

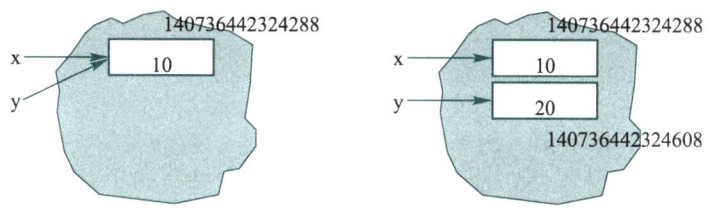

图 1.7　对象身份标识

1.6.5　运算优先级

Python 支持多种运算符的混合运算，所有运算符的优先级（由高到低排列）的描述如表 1.7 所示。

表 1.7　常用运算符优先级

序号	运　算　符	描　　述
1	( )、[ ]、¦¦	括号表达式，元组、列表、字典、集合
2	x[i],x[m:n]	序列索引、切片
3	**	幂运算
4	+x、-x	正、负
5	*、/、//、%	乘法、除法、整除与取模
6	+、-	加法与减法
7	<、<=、>、>=、!=、==、is、is not、in、not in	比较运算、标识号检测与成员运算
8	not x	非
9	and	与运算符
10	or	或运算符
11	if…else	条件表达式
12	lambda	lambda 表达式、匿名函数
13	:=	赋值表达式、海象运算符

比较运算和成员检测均为相同优先级，并具有如 1.6.4 节所描述的从左至右串连续运算的特性。

```
print('o' in 'Hello' < 'Hill')          # True, 等价于'o' in 'Hello' and 'Hello' < 'Hill'
print('o' in 'Hello' and 'Hello' < 'Hill')    # True
```

本章小结

　　本章主要介绍了 Python 语言的基本概念、环境配置、数据类型、对象与变量、程序基本结构和内置类型。在安装 Python 解释器时，注意要勾选 Add Python.exe to PATH 复选框，推荐使用 PyCharm 等专业开发工具结合 AI 插件进行学习。对象命名时，建议遵从 PEP 8 规范。编码时，建议将输入、处理和输出分开，尽早熟悉函数的定义和使用，培养将复杂问题分解为多个简单的子问题的能力。

本章练习

　　1. 编写程序，输出字符串'Hello world!'。

　　2. 在两行中分别输入一个非零整数，按'5 + 7 = 12'格式输出这两个数的和、差、积和商。

　　3. 在三行中分别输入表示年、月、日的数字，按以下格式进行输出：

2024-11-27

2024/11/27

2024 11 27

20241127

　　4. 输入一个表示年份的正整数，判定并输出该年是否为闰年。

第 2 章
数值类型与科学计算

在科学计算方面，Python 提供了丰富的库和工具，使得进行复杂的数学和科学计算变得简单高效。基础的数学运算通过数学表达式完成。Python 中的数学表达式可以直接使用 Python 内建的运算符执行各种数学运算，例如，加（+）、减（−）、乘（∗）、除（/）、整除（//）、取模（%）和乘方（∗∗）。这些运算符可以用于整数和浮点数，支持常规的算术运算，与标准库中的 Math 模块结合，可以完成绝大部分的数学运算。

对于更高级的数值计算，Python 社区开发了多个强大的数学和科学计算库。应用广泛的两个是 NumPy 和 SciPy。NumPy 用于大规模的数值计算，它提供了一个强大的 N 维数组对象，广泛应用于数据分析、线性代数、傅里叶变换和其他类型的数值运算。SciPy 建立在 NumPy 之上，提供了更多的功能和高级数值算法，包括最优化、积分、插值、特殊函数、快速傅里叶变换、信号和图像处理等。

2.1 数值类型

Python 中可参与直接数学运算的数值类型主要有三种：整数（int）、浮点数（float）和复数（complex），除此以外，整数类型的子类 True 和 False 可以分别以"1"和"0"的值参与数值运算。

2.1.1 整数

整数是不包含小数点的数字，包括 0、正整数和负整数以及其他进制的整数，如表 2.1 所示。

表 2.1　整数的 4 种进制表示

进制种类	转换函数	引导符号	描述与示例
十进制	int( )	无	由字符 0 到 9 组成，遇 10 进 1，如 99、156
二进制	bin( )	0b 或 0B	由字符 0 和 1 组成，遇 2 进 1，如 0b1010、0B1111
八进制	oct( )	0o 或 0O	由字符 0 到 7 组成，遇 8 进 1，如 0o107、0O777
十六进制	hex( )	0x 或 0X	由字符 0 到 9 及 a、b、c、d、e、f 或 A、B、C、D、E、F 组成，遇 16 进 1，如 0xFF、0X10A

例如，123、-45、0b1101（二进制）、0o17（八进制）、0xff（十六进制）。

内置函数 int( )、bin( )、oct( ) 和 hex( ) 可分别用于将不同进制整数转换为十进制、二进制、八进制和十六进制整数。内置函数 bin( ) 将一个整数转换为带前缀 "0b" 的二进制数字符串，oct( ) 将整数转换为带前缀 "0o" 的八进制数字符串，hex( ) 将整数转换为带前缀 "0x" 的小写十六进制数字符串。

```
print(bin(15))          # 十进制 15 转二进制，输出 0b1111
print(oct(15))          # 十进制 15 转八进制，输出 0o17
print(hex(15))          # 十进制 15 转十六进制，输出 0xf
```

Python 中整数几乎是没有限制大小的，可以存储计算机内存能够容纳的无限大整数，而且整数永远是精确的。对于一些大规模的计算，可以将浮点数放大一定倍数并取整，将之转为整数运算，得到结果后再取相应的位数，这样可以得到更准确的计算结果。

据 IDC 发布《数据时代 2025》的报告显示，2025 年全球每天产生的数据量将达到 491 EB，1 EB = $1\,024^6$ B（字节），可以计算出 2025 年全球可产生 206 620 827 448 116 080 803 840 字节数据。

```
total_byte = 491 * 1024 ** 6 * 365
print(f"2025 年全球可产生{total_byte}字节数据")
# 输出：2025 年全球可产生 206620827448116080803840 字节数据
```

2.1.2 浮点数

浮点数有两种表示方法：十进制和科学记数法。十进制表示的浮点数由整数部分、小数点与小数部分组成。其小数部分可以没有数字，但小数点必须要有，此时相当于小数部分为 0。当其没有小数部分且没有小数点时就退化成了整数。

例如，123.45、12.、23.0、0.78。

浮点数的科学记数法表示为<a>e<n>，等价于数学中的 $a \times 10^n$。

例如，0.48e-5、2e3、2.53e3（2.53e3 = 2.53×10^3 = 2530.0）。

计算机中采用二进制表示数字，十进制与二进制转换过程中可能会引入误差，所以一般来说，浮点数无法保证百分之百的精确。

Python 中浮点数占 8 个字节（64 位）存储空间，能表示的正数范围为 2.225×10^{-308} ~ 1.798×10^{308}，超过这个范围时会触发溢出异常（OverflowError）。

```
print(pow(809.0,106))          # 809.0e106 = 1.748007496839708e+308
print(pow(810.0,106))          # OverflowError: (34, 'Result too large')
```

Python 对于浮点数默认提供大约 17 位数字的精度：

```
a = 3.141592653589793238462643383279        # 超出精度的数据存储时会被丢弃
b = 31415926535897.932384626433832795
c = 3141592653589793238462643383279        # 整数可以无限大小，精确存储
print(len(str(a)),len(str(b)),len(str(c)))    # 17 18 32，浮点数存储时保留 17 或 18 位
print(3.141592653589793238462643383279)       # 输出 3.141592653589793
```

```
print(31415926535897.932384626433832795)          # 输出 31415926535897.934
print(c)                                           # 输出 31415926535897932384626433832795
```

从输出结果可以发现，整数会被完整输出。而浮点数输出时将只保留约 17 位有效数字，其余的截断丢弃，结果可以验证在计算机中浮点数经常无法精确表示。

虽然在 str. format( )方法中可以使用在占位符中的冒号后面加". mf"的方法设置浮点数的小数位数为 m 位，但实际上超过 17 位有效数字后面的数字并不能精确表示。

```
print('3.141592653589793238462643383279502884197169399375 10')        # 字符串可完整输出
print('{ :. 30f}'. format(314159. 2653589793238462643383279502884197169399375 10))
print('{ :. 30f}'. format(3. 14159265358979323846264338327950288419716939937510))
```

输出值：

3. 141592653589793**238462643383327950288419716939937510**

314159. 265358979348093271255493164062

3. 141592653589793115997963468544

结果表明虽然可以显示指定位数的小数部分，但是结果并不准确，超过 17 位有效数字后面的数字往往没有精确意义了。

2.1.3　复数

复数（complex）由实数部分和虚数部分构成，可以用 a + bj 或者 complex(a,b)表示，复数的实部 a 和虚部 b 都是浮点数。可以用 real 和 imag 分别获取复数的实部和虚部，用 abs(a+bj)获得复数的模。

```
print((3.0 + 4.0j). real)     # 输出实部 3.0
print((3.0 + 4.0j). imag)     # 输出虚部 4.0，注意复数的实部和虚部都是浮点数
print(abs(3.0 + 4.0j))        # 输出复数的模 5.0
```

Python 支持复数类型和运算，但入门学习阶段应用较少，读者有一个概念即可，此处不做具体和更深入的讲解。

2.2　数值类型转换

在程序设计过程中，经常需要对数值类型进行转换。不同数值类型的转换，可以将数据类型作为函数名，将要转换的数字作为函数的参数即可完成转换。

2.2.1　int( )函数

```
int( number=0, /)
int( string, /, base=10)
```

接收浮点数或整数类型字符串为参数，返回从一个数字或字符串构建的整数对象，如果未给出参数则返回 0。当参数 number 是一个数字且没有参数 base 时，返回其整数部分。

当参数为其他进制整数时，转为十进制整数。

```
print(int(3.14))                # 浮点数转整数,只保留整数部分,输出: 3
print(int(9.98))                # 浮点数转整数,只保留整数部分,输出: 9
print(0xff)                     # 十六进制转十进制, 输出: 255
print(0o17)                     # 八进制转十进制, 输出: 15
print(0b1111)                   # 二进制转十进制, 输出: 15
```

当参数是一个字符串或给定了参数 base 时，参数 string 必须是一个整型的字符串，此时 int( ) 函数将这个整型的字符串转换成对应进制的整数。base 省略的情况下 base = 10，默认将一个 10 进制的整数形式的字符串转换成十进制的整数。

```
print(int('10'))                # x 整型字符串, base 省略, 转换成整数 10
# base 为 2, 将二进制构成的字符串转换成十进制整数, 输出 255
print(int('11111111',base=2))   # 二进制数 11111111 转换成十进制整数是 255
print(int('11111111',2))        # base 可省略, 二进制数 11111111 转换成十进制数
print(int('1111' + '1111',2))   # 字符串 x 可由字符串拼接而成, 输出 255
```

base 为整数的进制，可以取的值包括 0、2~36 中的整数，如 2、8、10、16 分别代表二进制、八进制、十进制和十六进制。当 base 取值为 0 时，系统根据字符串前的进制引导符确定该数的进制，例如：

```
print(int('0o107', base=8))     # '0o'表示这是八进制的整数, 输出 71
print(int('0x107', base=16))    # '0x'表示这是十六进制的整数, 输出 263
print(int('0b1001', base=0))    # '0b'表示这是二进制的整数, 输出 9
print(int('0xff', base=0))      # '0x'表示这是十六进制的整数, 输出 255
```

需要注意的是，int( ) 函数只能将浮点数或整数字符串转换成整数，不能将浮点数字符串转换成整数，例如，尝试将字符串'3.14'转换成整数时，系统会返回 ValueError 异常：

```
print(int('3.14',base = 10))
```

输出错误：

```
Traceback (most recent call last):
  File "<pyshell # 12>", line 1, in <module>
    print(int('3.14',base = 10))
ValueError: invalid literal for int() with base 10: '3.14'
```

2.2.2　float( )函数

```
float(number=0.0)
float(string)
```

接收数字或浮点数类型字符串为参数，返回基于这个数字或字符串构建的浮点数，如果未给出参数则返回 0.0。

```
print(float(3))                 # 整数转浮点数, 增加小数位, 小数部分为 0, 输出: 3.0
print(float('3.14'))            # 将字符串'3.14'转为浮点数 3.14
print(float('0.456'))           # 将字符串'0.456'转为浮点数 0.456
```

2.2.3　complex()函数

```
complex(number=0, /)
complex(string, /)
complex(real=0, imag=0)
```

将特定的字符串或数字转换为一个复数，或基于特定的实部和虚部创建一个复数。complex(x[,y])将 x 和 y 转换为一个复数，实数部分为 x，虚数部分为 y。x 和 y 是数字表达式，x 可以是一个可以转换为数字或复数的字符串，此时不可再有参数 y。

```
print(complex(3))          # 整数转复数，虚部为 0，输出：(3+0j)
print(complex(3,4))        # 整数转复数，输出：(3+4j)
```

2.2.4　eval()函数

```
eval(expression)
```

表达式解析参数 expression 并作为 Python 表达式进行求值，返回被求值表达式的求值结果。例如，参数为字符串'3'时，转换结果为数值 3；当参数为字符串'3.0'时，转换结果为数值 3.0；当参数为'[1, 2, 3]'时，返回列表[1, 2, 3]。

```
print(eval('100'))          # 整数字符串参数时返回整数 100
print(eval('3.0'))          # 浮点数字符串参数时返回浮点数 3.0
print(eval('100 + 100'))    # 返回数学表达式 100 + 100 并计算得到整数 200
print(eval('(5-2/10) * 5')) # 返回数学表达式 (5-2/10)*5 并计算得到浮点数 24.0
print(eval('[1, 2, 3]'))    # 返回列表 [1,2,3]
print(eval('1, 2, 3'))      # 返回元组 (1,2,3)
```

eval()函数可以把用半角逗号分隔的多个数值型数据的字符串转换为一个元素为数值类型的元组。利用这个特性，可以实现在一条语句中用逗号分隔的多个数值型输入分别赋值给不同的变量，实现多变量的同步赋值。

```
m, n = eval(input())        # 输入用逗号分隔的 2 个数值型数据，赋值给 m 和 n
# 例如，输入 3,5.0
print(m, n)                 # 输出 3 5.0
print(m * n)                # 输出 15.0
```

实例 **2.1**　计算矩形面积

矩形的面积等于其长与宽的乘积，用户输入长和宽的值，按输入要求编程计算矩形的面积，输入要求如下。

（1）输入两个正整数，输出结果为整数。

（2）输入两个浮点数，输出结果为浮点数。

（3）输入两个正数，要求输出的数据类型与输入的数据类型保持一致。

Python 中任何输入都会被当作字符串进行处理，字符串无法参与数学运算，所以在程

实例演示：
计算矩形面积。

序中需要将输入的字符串转换为数值类型。

当用户的输入确定是整数时，程序中可以用 int( ) 函数将输入转换为整数类型，计算结果也是整数。用 int( ) 函数不加其他参数将输入转换为整数时，输入仅可包括"0123456789"中的数字，当输入中包含小数点、字母等其他字符时，会触发 ValueError 异常。

```
width = int(input())           # 用 int() 函数将输入转换成整数，例如，输入：3
length = int(input())          # 用 int() 函数将输入转换成整数，例如，输入：4


area = width * length          # 利用面积公式计算面积


print(area)                    # 输出：12
```

当用户的输入确定是浮点数时，可以用 float( ) 函数将输入转换为浮点数类型。当输入为整数时，也会被转换为浮点数，计算结果也是浮点数。

```
width = float(input())         # 用 float() 函数将输入转换成浮点数，输入：2.456
length = float(input())        # 用 float() 函数将输入转换成浮点数，输入：3.58


area = width * length


print(area)                    # 输出：8.79248
print(round(area, 2))          # 当小数位数多于 2 位时，保留 2 位小数，输出：8.79
```

当用户输入不确定是整数还是浮点数时，如果想保证计算结果与输入的数据类型一致，可以使用 eval( ) 函数，该函数在将输入转换为可计算对象时，会保持数据类型与输入一致。输入整数时，转化后还是整数；输入浮点数时，转化后还是浮点数。

```
width = eval(input())          # 用 eval() 函数将输入转换成数值型
length = eval(input())         # 用 eval() 函数将输入转换成数值型


area = width * length          # 利用面积公式计算面积


print(area)                    # 输入 3,4 时，输出：12；输入 3.0,4.0 时，输出 12.0
```

2.3　数学表达式

数学表达式通常指的是一种用来计算数学运算的表达式，它包含数字、运算符、函数以及用于确定运算顺序的括号。Python 内建的运算符包括加（+）、减（-）、乘（*）、除（/）、整除（//）、取模（%）和幂（**）等。这些运算符可以用于整数和浮点数，支持常规的算术运算，与数学运算一样，加减运算符优先级低于乘除等运算符，在表达式中可以运用括号改变运算顺序。程序设计中，表达式的写法与数学中的表达式稍有不同，需要按照程序设计语言规定的表示方法构造表达式，各运算符的描述和实例参考表 2.2。

表 2.2　数值运算操作符（表中 a = 8，b = 5）

运 算 符	功 能 描 述	实　　　例
+	加：两个对象相加	print(a + b)　# 结果为 13
−	减：两个对象相减或得到负数	print(a − b)　# 结果为 3
*	乘：两个数相乘	print(a * b)　# 结果为 40
/	除：两个数相除	print(a / b)　# 结果为 1.6

//	整除：返回商的整数部分，向下取整	print(a // b)　# 结果为 1
		print(−10 // 4)　# 结果为 −3

%	取模：a % b = a − (a // b) * b	print(a % b)　# 结果为 3 print(−10 % 3)　# 结果为 2
**	幂：返回 x 的 y 次幂	print(a ** b)　# 结果为 32768

下面是一些 Python 中的数学表达式的示例：

```
result = 5 + 3            # 加法，结果为 8
result = 10 − 7           # 减法，结果为 3
result = 4 * 6            # 乘法，结果为 24
result = 15 / 3           # 除法，结果为 5.0（在 Python 3 中，除法操作总是返回浮点数）
result = 2 ** 3           # 幂运算，结果为 8
# 使用括号确定运算顺序
result = (4 + 5) * 2      # 结果为 18，先计算括号中的表达式，然后再乘以 2
```

加、减、乘运算符与数学中的应用一样，需要注意的是，乘法运算中运算符不可以省略。下面对其他运算符做简单介绍。

（1）精确除法（/），不论参与运算的数是整数还是浮点数，是正数还是负数，都直接进行除法运算，运算结果的类型总是浮点数。

```
print(12 / 4)            # 精确除的结果永远为浮点数 3.0
print(−10 / 4)           # −2.5
```

（2）整除（//），采用的是向下取整的算法得到整数结果。所谓向下取整，是在计算过程中，向负无穷大的方向取整。需要注意的是，当参与运算的两个操作数都是整型数字时，结果是整型；当有浮点数参与运算时，结果为浮点型的整数。

```
print(10 // 4)           # 取负无穷大方向最接近 2.5 的那个整数 2
print(10.0 // 4)         # 2.0，结果为浮点类型的整数
print(−10 // 4)          # 取负无穷人方向最接近 −2.5 的那个整数 −3
```

（3）取模运算（%），模运算在数论和程序设计中都有着广泛的应用，从奇偶数的判别到素数的判定都会用到模运算。其数学定义如下：

```
r = a − (a // b) * b
```

取模运算的结果为表达式 a − (a // b) * b 的值。操作数 a 和 b 可以是整数，也可以是浮点数。在 a、b 符号相同时，除运算的结果为正，此时模运算与数学中的取余运算结果相同；但当 a、b 符号不同时，整除的结果是负数，由于整除（//）运算采用的是向下取整算法，所以此时得到的整商与一般数学上的整除运算（向 0 取整）结果不同。Python 采取的向下取整算法决定了模运算的一个规律：模非零时，其符号与除数相同。

```
print(-11 % 4)        # 输出：1
print(-11 % -4)       # 输出：-3
print(11 % 4)         # 输出：3
print(11 % -4)        # 输出：-1
print(3.5 % -2)       # 输出：-0.5
print(4 % -2)         # 输出：0
```

取模运算（%）主要应用于具有周期性规律的场景，如可用 x % 2 的结果是 0 还是 1 判断整数 x 的奇偶性；利用日期对 7 取模可将日期落在星期一到星期日的区间内。

（4）幂运算（**），a 的 b 次幂的表达式是 a ** b。幂运算优先级比乘除和取反高，-3 ** 2 的运算顺序与 − (3 ** 2) 相同，即先进行幂运算，再取反，最终的值为 −9。在 Python 中，** 运算符是右结合的，这意味着当连续多个幂运算时，计算顺序是从右向左的。在复杂表达式中适当加括号是较好的编程习惯，既可以确保运算按自己预定的顺序进行，又提高程序的可读性和可维护性。例如：

```
print(-(3 ** 2))       # 先进行幂运算，再取反，结果为 -9
print((-3) ** 2)       # 3 先取反，再进行幂运算，结果为 9
print(2 ** 0.5 ** 2)   # 等同于 print(2 ** (0.5 ** 2))，结果为 1.189207115002721
print((2 ** 0.5) ** 2) # 2.0000000000000004
```

实例演示：
一元二次方程求解

实例 2.2　一元二次方程求解

一元二次方程可以用求根公式进行求解。现有一元二次方程：$ax^2 + bx + c = 0$，当 a、b、c 的值分别为 5、8、3 时，编程求其实根。

此题中，判别式 $b^2 - 4ac = 8×8 - 4×5×3 = 4 > 0$，该方程有两个不相等的实数解，可利用一元二次方程的求根公式 $x = \dfrac{-b \pm \sqrt{b^2 - 4ac}}{2a}$ 进行计算。

将求根公式转换为程序中的表达式：

x1 = (-b+(b*b-4*a*c)**(1/2))/(2*a)
x2 = (-b-(b*b-4*a*c)**(1/2))/(2*a)

表达式中的乘号不可以省略，分母中的（2 * a）的括号不能省略，否则因乘除的优先级相同，会按先后顺序进行运算，那么结果就是除 2 再乘 a。如果一定要去掉括号，可以将 2 * a 中的乘号改为除号（/）以保持数学上的运算顺序。分子里（1 / 2）的括号不可以省略，因为幂运算优先级高于除法运算，没有括号时会先计算 1 次幂，再除 2，计算结果错误。为避免这个问题，可以将（1 / 2）改写为 0.5。

```
a, b, c = 5, 8, 3                                # 同步赋值，将5、8、3分别赋值给a、b、c
x1 = (-b + (b * b - 4 * a * c) ** (1 / 2)) / (2 * a)
x2 = (-b - (b ** 2 - 4 * a * c) ** 0.5) / (2 * a)      # 用0.5代替1/2
print(x1,x2)                                     # 在一行内输出-0.6 -1.0，输出结果用空格分隔
```

幂运算可以计算复数，例如，当 a、b 与 c 的值都为 4 时，判别式结果小于 0 ，此时方程有两个用复数表示的虚根， （-0.49999999999999994+0.8660254037844386j） 和 （-0.5-0.8660254037844386j）。

除了基本的四则运算之外，Python 还提供了 math 模块，其中包含了许多数学函数，例如三角函数、对数函数、幂函数等。通过导入 math 模块来使用这些函数：

```
import math

result = math.sqrt(16)              # 求平方根，结果为4.0
result = math.sin(math.pi / 2)      # 求正弦值，结果为1.0
result = math.log(10)               # 求对数，结果为2.302585092994046
```

总的来说，Python 中的数学表达式是用来执行数学运算的表达式，它可以包含各种数学运算符和函数，以便进行复杂的数学计算。

2.4 数学运算函数

Python 内置了一系列与数学运算相关的函数可以直接使用，下面给出常用内置数学运算函数的功能描述与示例。

1. abs(x)

当 x 是整数或浮点数时返回 x 的绝对值，当 x 为复数时返回复数的模。

```
print(abs(-3))           # 返回整数绝对值，输出 3
print(abs(-3.45))        # 返回浮点数绝对值，输出 3.45
print(abs(3 + 4j))       # 计算复数的模，输出 5.0
```

2. pow(x, y[, z])

返回 x 的 y 次幂，当 z 存在时，返回 x 的 y 次幂计算结果再对 z 取余，pow(x, y, z) 函数在进行幂运算的同时可以进行模运算，比先计算 x 的 y 次幂，然后再对 z 取余效率高。

```
print(pow(2,3))                    # 计算 2³，输出 8
print(pow(1999,1998,1997))         # 1999 ** 1998 % 1997 输出 4
```

3. sum(iterable, /, start=0)

自左向右对可迭代对象 iterable 的项求和并返回总计值，有 start 参数存在时，将所有项的和加到 start 上，start 值不允许为字符串，start 值是列表时，将前面的对象中的列表元

素依次拼接到 start 列表上。可迭代对象的项通常为数字，在 3.12 以后版本中用 sum( ) 函数做浮点数的求和使用了更高精确度和更好适应性的算法。

```
print(sum([1, 2, 3, 4, 5]))              # 列表元素求和，输出 15
print(sum(range(101)))                    # 对 range 产生 0~100 的等差数列和求和，输出 5050
ls = [0.1, 0.1, 0.1, 0.1, 0.1, 0.1, 0.1, 0.1, 0.1, 0.1]    # 列表，是可迭代对象
print(sum(ls))                            # 3.12 以前版本得到 0.9999999999999999
print(sum(ls))                            # 3.12 以后版本可得到 1.0
print(sum(ls,start=100))                  # 各项数字累加到初值 100 上，输出 101.0
# 特殊应用：将嵌套列表的每个子列表拼接到空列表上，输出一维列表[1, 2, 3, 4, 5, 6]
print(sum([[1, 2], [3, 4], [5, 6]], []))
```

4. round(number[, n])

返回浮点数 number 保留 n 位小数的形式，n 为整型，默认值是 0。当省略参数 n 时，返回最接近输入数字的整数。若 number 为整数，返回整数本身。第 n+1 位数字的取舍规则为，小于 5 时舍去，大于 5 时进位，数字为 5 时，取舍的原则是使前一位的值为偶数。

```
print(round(3.1415))           # 3，返回最接近输入数字的整数
print(round(-3.1415))          # -3，返回最接近输入数字的整数
print(round(3.8415))           # 4，返回最接近输入数字的整数
print(round(3.1250001,2))      # 3.13，5 后非零就进一
print(round(3.125,2))          # 3.12，5 前为偶应舍去
print(round(3.115,2))          # 3.12，5 前为奇要进一
print(round(5,4))              # number 为整数时，返回整数本身，输出 5
```

部分浮点数无法精确转换为二进制数，会导致部分数字取舍与期望不符。

```
# 0.1425 计算机中存 0.14250000000000002，比 0.1425 略大，保留 3 位小数时会进位
print(round(3.1425,3))         # 期望输出 3.142，实际输出 3.143
print(round(2.675,2))          # 期望输出 2.68，实际输出 2.67
```

当 n 超过小数位数时，返回该数的最短表示。Python 将 12.000000 和 12.0 认为是同一个对象，所以输出时会输出其最短表示 12.0。

```
print(round(12.000000, 4))     # 期望输出 12.0000，实际输出其浮点数的最短表示 12.0
print(round(3.14, 4))          # 期望输出 3.1400，实际输出最短表示 3.14
```

n 值必须是整型数字，当 n 为浮点数时，会触发 TypeError。

```
print(round(1.25,2.0))         # TypeError: 'float' object cannot be interpreted as an integer
```

5. max(arg1,arg2,…) 和 max(iterable)

从多个参数或一个可迭代对象中返回其最大值，有多个最大值时返回第一个。

```
print(max(80, 100, 1000))      # 80、100、1000 这三个整数对象中 1000 最大
print(max([49,25,88]))         # 列表[49,25,88]是可迭代对象,最大值是 88
```

6. min(arg1,arg2,…) 和 min(iterable)

从多个参数或一个可迭代对象中返回其最小值，有多个最小值时返回第一个。

```
print(min(80, 100, 1000))          # 80、100、1000 这三个整数对象中 80 最小
print(min([49,25,88]))             # 列表[49,25,88]是可迭代对象,最小值是 25
```

7. divmod(a, b)

相当于（a // b, a % b），以元组形式返回整数商和余数。

```
print(divmod(10,3))                # 以元组形式返回整数商和余数,输出(3,1)
```

2.5 数字和数学模块

2.5.1 math 模块

在数学运算中，除了加、减、乘、除运算之外，还有其他更多的运算，比如乘方、开方、对数运算等，要实现这些运算，可以使用 Python 中的 math 模块。

模块（module）是 Python 中非常重要的内容，可以把它理解为 Python 的扩展工具，可提供面向特定领域或方向的程序功能。Python 安装好之后，内置的、不需要额外安装就可以使用的一些模块称为标准库。没有纳入标准库的模块，需要在 Windows 系统的命令提示符或 Linux/mac OS 系统下的终端下使用以下命令安装后再使用。注意，以下命令是在操作系统的命令执行环境中（命令提示符下）运行，不能在 Python 编程环境下运行。

```
pip install 模块名/库名
```

例如，安装 numpy 库使用以下命令：

```
pip install numpy                  # numpy 是需要安装的库名
```

Python 中导入库（模块）的方法有两种，下面以导入 math 库，并调用其中的常数 pi 和开平方函数 sqrt( )为例介绍这两种方法。

第一种方法是导入库名，如果模块名过长或容易与其他模块冲突，可以使用 import… as 给模块起别名，语法表示如下：

```
import <库名> [as 别名]
```

调用库中函数时，需要在函数名前加库名，明确指出函数所在的库的名称，格式如下：

```
import math                        # 导入 math 模块,引用时函数名前加 math


radius = 5
area = math. pi * radius ** 2      # 用 math. pi 的值,计算半径为 5 的圆面积
print(math. pi)                    # 输出 math 模块中的 pi 值 3. 141592653589793
print(area)                        # 输入圆的面积 78. 53981633974483
```

第二种方法是直接导入库中的函数，可以同时引用多个函数，各函数间用逗号分隔，也可以用通配符"＊"导入该库中的全部函数。这种方式避免了每次调用函数时都需要加

上模块名，代码更加简洁。语法表示如下：

```
# 导入库中的多个函数，用逗号分隔
from <库名> import <函数名,函数名,…,函数名>


# 导入库中所有函数
from <库名> import *          # * 是通配符，代表全部函数
```

此时，调用该库的函数时不需要指明函数所在库的名称。

```
from math import pi,sqrt          # 导入 math 中的常数 pi 和 sqrt( )函数
# from math import *              # 导入 math 中所有函数，引用时直接引用函数名


radius = 5
area = pi * radius ** 2          # 计算半径为 5 的圆的面积
print( pi)                        # 输出 math 中 pi 值 3.141592653589793
print( area)                      # 输入圆的面积 78.53981633974483
print( sqrt( 5))                  # 输出 5 的平方根 2.23606797749979
```

一般程序较简单时，只导入一个库或所引用的函数仅在一个库中存在时，两种方法都可以使用。当编写的程序较复杂、引用多个库时，可能在多个库中存在同名函数，而这些同名函数功能可能不同。这时建议使用第一种方法，明确指出所引用的函数来自于哪个库，以免出现错误。

math 库中包括 21 个数论与表示函数、8 个幂和对数函数、9 个三角函数、6 个双曲函数、2 个角度转换函数、4 个特殊函数和 5 个常数。这些函数一般都是对 C 语言库中同名函数进行简单封装，仅支持整数和浮点数，不支持复数运算。如果需要支持复数，可以使用 cmath 模块。

一般仅需要掌握常数中的 pi 和 e，数值函数中的 factorial( )、gcd( )、lcm( )、floor( )，幂函数中的 exp( )、sqrt( )，三角函数中的 sin( )、cos( )、tan( )，反三角函数中的 atan( )。其他函数一般了解，在需要时通过查文档了解其用法即可，下面对部分常用的函数进行简单介绍。

（1）math. pi：返回圆周率常数 π 值。

（2）math. e：返回自然常数 e 值。

```
print( math. pi)                  # 输出 3.141592653589793
print( math. e)                   # 输出 2.718281828459045
```

（3）math. factorial(x)：返回 x 的阶乘，要求 x 为非负整数，x 为负数或浮点数时返回错误。早期版本可以接受整数值的浮点数为参数，而 3.9 以后版本将不再接收整数值的浮点数做参数。

```
print( math. factorial( 35))        # 输出 10333147966386144929666651337523200000000
print( len( str( math. factorial( 35))))    # 35 阶乘的结果共有 41 位数字
```

（4）math. gcd(* integers)：返回给定的整数参数的最大公约数。如果参数之一非零，则返回值将是能同时整除所有参数的最大正整数。如果所有参数为零或无参数，则返回值

为 0。3.8 版本或之前只支持两个参数，在 3.9 版后添加了对任意数量的参数的支持。

（5）math.lcm（*integers）：返回给定的整数参数的最小公倍数。如果所有参数均非零，则返回值将为所有参数的整数倍的最小正整数。如果参数之一为零，则返回值为 0。不带参数的 lcm（）返回 1。

```
print(math.gcd(88,44,22))          # 输出 22
print(math.gcd(0,0))               # 输出 0
print(math.lcm(44,22,5))           # 输出 220
print(math.lcm())                  # 输出 1
```

（6）math.floor（x）：返回不大于 x 的最大整数。

（7）math.ceil（x）：返回不小于 x 的最小整数。

```
print(math.floor(9.8))             # 输出 9
print(math.ceil(9.8))              # 输出 10
```

（8）math.exp（x）：返回 e^x。

（9）math.sqrt（x）：返回 x 的平方根。

（10）math.pow（m,n）：返回 m 的 n 次幂。

（11）math.isqrt（n）：返回非负整数 n 的整数平方根，即对 n 的实际平方根向下取整，或者相当于使得 $a^2 \leqslant n$ 成立的最大整数 a。对于某些应用来说，可以更适合取值为使得 $n \leqslant a^2$ 成立的最小整数 a，或者换句话说就是 n 的实际平方根向上取整。对于正数 n，可以使用 a = 1 + isqrt（n − 1）来计算。

```
print(math.exp(2))                 # 输出 e 的平方 7.38905609893065
print(math.pow(2,3))               # 输出 2 的 3 次方 8.0
print(math.sqrt(100))              # 输出 100 的正数平方根 10.0
print(math.isqrt(99))              # 输出 99 的整数平方根 9
print(1 + math.isqrt(99 - 1))      # 输出不小于 99 的平方根的最小整数 10
```

（12）math.cos（x）：返回 x 的余弦函数，x 为弧度。

（13）math.sin（x）：返回 x 的正弦函数，x 为弧度。

（14）math.degrees（x）：弧度值转角度值。

（15）math.radians（x）：角度值转弧度值。

```
print(math.cos(math.pi / 3))       # 输出 0.5000000000000001
print(math.sin(math.pi / 3))       # 输出 0.8660254037844386
print(math.hypot(3, 4))            # 输出 5.0

print(math.degrees(math.pi / 4))   # 输出 45.0
print(math.radians(90))            # 输出 1.5707963267948966
```

（16）math.log2（x）：返回以 2 为底的 x 的对数，其值通常比 log（x，2）值更精确。

（17）math.log10（x）：返回以 10 为底的 x 的对数，其值通常比 log（x，10）值更精确。

```
print(math.log2(9))                # 输出 3.169925001442312
print(math.log10(9))               # 输出 0.9542425094393249
```

（18）math. hypot(x, y)：返回坐标(x,y)到原点(0,0)的距离。

（19）math. dist(p, q)：返回 p 与 q 两点之间的欧几里得距离，以一个坐标序列或可迭代对象的形式给出，两个点必须具有相同的维度。相当于：

sqrt(sum((px − qx) ** 2 for px, qx in zip(p,q)))

（20）math. prod(iterable, *, start = 1)：计算输入的可迭代对象 iterable 中所有元素的积。积的默认起始值 start 为 1。当可迭代对象为空时，返回起始值。此函数特别针对数字值使用，并会拒绝非数字类型。

```
print(math. prod([1,2,3,4,5]))           # 120
print(math. prod([1,2,3,4,5], start = 2))      # 240
```

（21）math. comb(n, k)：返回不重复且无顺序地从 n 项中选择 k 项的方式总数。当 k ≤ n 时取值为 n! / (k! * (n − k)!)；当 k > n 时取值为零。也称为二项式系数，因为它等价于表达式(1 + x) ** n 的多项式展开中第 k 项的系数。

```
print(math. comb(6, 3))             # 20
```

2.5.2　random 模块

随机数在统计、密码学等领域有非常广泛的应用。真正的随机数是使用物理现象产生的：比如掷钱币、骰子、转轮、使用电子元件的噪声、核裂变等，这样的随机数发生器叫做物理性随机数发生器，它们的缺点是技术要求比较高。在计算机中，随机数字一般是一个稳定算法所得出的稳定结果序列，不是真正意义上的随机数，一般称为伪随机数。

Python 中使用 random 模块产生各种分布的伪随机数。"种子"是这个算法开始计算的第一个值，如果随机数种子一样，那么后续所有"随机"结果和顺序也都是完全一致的。Python 语言不设置随机数种子时，解释器默认会使用系统时间作为种子，使每次生成的随机数不同。当希望得到的随机数据可预测，实际应用中，尤其是在自动评测的项目中，一般需要设置用相同的种子，使后续产生的随机数序列相同。

random 是一个内置模块，包含了一系列可生成随机数和序列的函数，这些函数的功能描述如表 2.3 所示。使用随机数函数时，不需要安装，直接导入 random 模块即可，方法如下：

import random

表 2.3　random 模块主要函数

函　　数	描述与示例
random.seed(a = None, version = 2)	初始化随机数生成器，省略时用系统时间做种子。seed 必须是下列类型之一：NoneType、int、float、str、bytes 或 bytearray random.seed（10）　　　#用整数 10 做种子
random.randint(a, b)	产生[a,b]之间（包括 b）的一个随机整数 print(random.randint(1,3))# 输出 3
random.random()	产生[0.0,1.0)之间的一个随机浮点数 print(random.random())　　# 0.5714025946899135

续表

函　　数	描述与示例
random.uniform(a, b)	产生[a,b)之间的一个随机浮点数 print(random.uniform(2.5, 10.0)) # 输出 6.785519460174351
random.randrange(stop) random.randrange(start, stop[,step])	从[0-stop]（不含 stop）中随机产生一个整数； 从［start-stop］、步长为 step 的序列中随机产生一个整数 print(random.randrange(10))　　　# 输出 9 print(random.randrange(0,101,2)) # 输出 72
random.choice(seq)	从非空序列 seq 中随机产生一个元素，当序列为空时，触发索引异常 print(random.choice(['win', 'lose', 'draw'])) # 输出'draw'
random.shuffle(x[,random])	将可变序列 x 顺序打乱 deck = ['ace','two', 'three', 'four'] random.shuffle(deck) print(deck)　　　# 输出['four', 'three', 'two', 'ace']
random.sample(population, k)	从列表、元组、字符串、集合、range 对象等分布式序列中随机选取 k 个元素，以列表形式返回 print(random.sample([10, 20, 30, 40, 50], k = 4))　　# 输出[50, 10, 20, 30] 打乱不可变序列，返回列表：x = '123456'print(random.sample(x, k = len(x)))　　# ['5', '2', '1', '4', '6', '3']

实例 2.3　猜数游戏

实例演示：
猜数游戏

随机产生一个[1,128]的整数，由玩家去猜。玩家有 7 次机会，如果猜中，提示"猜中了!"并结束程序，否则重新输入猜测的数字。

```
import random

num = random.randint(1, 128)              # 随机生成一个[1,128]间的整数
for i in range(128):                      # 限定猜测次数不超过 7 次
    guess = int(input("请输入你猜的数字："))
    if guess == num:                      # 猜中数字
        print("猜中了!")
        break                             # 提前结束循环
```

程序首先产生一个给定范围内的随机整数，再用 range() 函数限定猜测次数，在限定的猜测次数内猜中，则提前结束循环。

2.5.3　numpy 模块

numpy（numerical Python）是用于科学计算的基础库，也是 scipy、matplotlib、pandas 等科学计算库的基础。它提供了一个强大的 N 维数组对象以及用于处理这些数组的各种工具。numpy 的主要特点包括高效的多维数组对象 ndarray、用于数组计算的函数库、线性代数、傅里叶变换和随机数生成等工具。numpy 的优势在于其高效的数值计算能力，特别是

在处理大型数组和矩阵时非常高效。

numpy 是第三方库，使用前需要使用以下命令安装：

```
pip install numpy
```

实例 2.4　统计学生成绩

有一组学生成绩存于列表 $[8.5, 9.0, 7.8, 9.2, 8.8, 7.6, 9.4, 8.7, 8.1, 8.9]$ 中，利用 numpy 统计学生成绩，计算并输出平均分、最高分、最低分、及格学生人数、高于平均分的成绩。

```
import numpy as np                    # 导入 numpy 模块并起别名为 np 方便引用

# 创建一个表示学生成绩的 numpy 数组
grades = np.array([85, 90, 78, 92, 88, 76, 94, 87, 81, 89])


average = np.mean(grades)            # 计算平均分
highest = np.max(grades)             # 找出最高分
lowest = np.min(grades)              # 找出最低分


# 打印结果
print(f"学生成绩：{grades}")
print(f"平均分：{average:.2f}")
print(f"最高分：{highest}")
print(f"最低分：{lowest}")


# 计算及格（60 分以上）的学生人数
passed_students = np.sum(grades >= 60)
print(f"及格学生人数：{passed_students}")


# 找出高于平均分的成绩
above_average = grades[grades > average]
print(f"高于平均分的成绩：{above_average}")
```

这个例子展示了 numpy 如何简化数据处理和分析，用 np.array() 创建 numpy 数组，使用 np.mean()、np.max()、np.min() 进行基本统计计算，使用 np.sum() 配合布尔索引来计数，使用数组索引来选择满足特定条件的元素。在实际应用中，numpy 可以处理更大规模的数据和更复杂的计算，如图像处理、机器学习等领域。numpy 的官方文档提供了详细的教程和 API 参考，对于入门学习者，建议先查阅官方文档熟悉 numpy 的基本数组操作和常用函数，然后逐步探索更高级的功能。

2.5.4　scipy 模块

scipy（scientific Python）是一个用于数学、科学和工程计算的 Python 库。它建立在 numpy 的基础之上，提供了更多的科学计算工具。scipy 主要可用于优化和拟合算法、线性代数运算、积分和微分方程求解、信号和图像处理、统计功能、多维图像处理。scipy 组织了各种高级数学算法和工具箱，使得复杂的科学和工程计算变得更加容易。

实例 **2.5**　应用 **scipy** 计算定积分

定义了一个函数 integrand(x) $=$ $x^2 * e^{(-x)}$，使用 scipy.integrate.quad 计算这个函数从 0 到无穷大的定积分，输出积分结果和估计误差。

```
import numpy as np
from scipy import integrate


def integrand(x):                              # 定义被积函数
    return x ** 2 * np.exp(-x)


result, error = integrate.quad(integrand, 0, np.inf)    # 计算定积分


print(f"定积分结果：{result:.6f}")           # 输出：定积分结果：2.000000
print(f"估计误差：{error:.6e}")              # 输出：估计误差：1.045424e-10
```

这个例子展示了如何使用 scipy 进行基本的数学计算，可以尝试修改被积函数，观察结果的变化。可以查阅 scipy 的官方文档，解决更复杂的科学和工程问题。

2.5.5　sympy 模块

sympy 是一个免费开源的 Python 数学符号计算库，提供了强大的工具来进行符号数学运算、代数操作、求解线性或非线性方程、微积分、矩阵运算、常/偏微分方程求解等。它广泛应用于数学教学、物理学、工程学、统计学和概率论等领域。

使用 sympy 前需要先用 pip install sympy 进行安装，再用 import 导入。

```
import sympy          # 导入 sympy 模块，引用时在函数或方法前加 sympy
from sympy import *   # 导入 sympy 模块中的所有函数和方法，引用时不用加 sympy
```

在使用符号之前，先要利用 symbols 函数定义符号，symbols 函数接收一个字符串参数，该参数可以包含多个符号的名称，以逗号分隔。下面是一个示例：

```
from sympy import *


x, y, z = symbols('x, y, z')               # 新建符号 x、y、z


x = symbols('x', positive = True)          # 新建符号 x 并指定其定义域为正数
```

实例 **2.6**　求解微分方程

$$f''(x) - 2f'(x) + f(x) = \sin(x)$$

```
from sympy import *
from sympy.printing.latex import LatexPrinter


x = symbols('x')                # 定义符号变量 x
```

```
init_printing(use_unicode=True)                      # 初始化打印设置，使用 Unicode 字符

f = symbols('f', cls = Function)                     # 定义 f 为一个函数
# 建立微分方程：f"(x)-2f'(x)+f(x)= sin(x)
diffeq = Eq(f(x).diff(x, 2) - 2 * f(x).diff(x) + f(x), sin(x))
eq = dsolve(diffeq, f(x), formatter = "latex")       # 解微分方程并以 LaTex 格式输出

printer = LatexPrinter()                             # 创建 LaTex 打印机
latex_expr = printer.doprint(diffeq)                 # 将微分方程转换为 LaTex 格式表达式
print(latex_expr)                                    # 输出 LaTex 表达式

latex_expr = printer.doprint(eq)                     # 将方程的解转换为 LaTex 格式表达式
print(latex_expr)                                    # 输出 LaTex 表达式
```

输出结果：

$$f(x)-2\frac{d}{dx}f(x)+\frac{d^2}{dx^2}f(x)= \sin(x)$$

$$f(x)= (C_1+C_2 x)e^x+\frac{\cos(x)}{2}$$

本章小结

　　本章主要介绍了 Python 语言中整数、浮点数和复数类型及数据类型转换。eval( ) 函数可将字符串转换为可执行的 Python 表达式并返回表达式的执行结果，适合简单的数学计算或表达式求值。但 eval( ) 函数存在严重的安全隐患，可能执行恶意代码，性能较差，应谨慎使用，并优先考虑更安全的替代方案。random 用于产生随机数和序列，在需要产生稳定序列时，需设置随机数种子，使用时要注意不同方法产生的随机序列可能不同。math 模块提供了对 C 标准定义的数学函数的访问，这些函数不适用于复数，如果需要计算复数，需使用 cmath 模块中的同名函数。numpy 模块主要用于数组相关的运算，scipy 提供了众多科学计算工具，sympy 用于符号数学运算、代数操作、求解线性或非线性方程、微积分、矩阵运算、常/偏微分方程求解等。完成本章的学习，可以掌握基本的数学运算能力并了解应用第三方库进行多种数学运算的方法。

本章练习

　　1. 在三行中输入表示三角形的三条边 a、b、c 的长度的浮点数，计算并依次输出三角形的周长和面积，结果严格保留 2 位小数，三角形面积计算公式：

$$area = \sqrt{s(s-a)(s-b)(s-c)}$$

其中：

$$s = \frac{a+b+c}{2}$$

2. 根据下面公式：

$$x = \frac{-b+\sqrt{2a \times \sin(60) \times \cos(60)}}{2a}$$

计算并输出 x 的值（精确保留两位小数，保留输出数字末尾的 0），a 和 b 是由用户输入的数值，括号中的数字是角度值，要求圆周率的值使用 math 库中的圆周率常数 math. pi，开平方使用 math 库中的开平方函数，三角函数的值用 math 库中对应的函数进行计算。

3. 中国证券交易市场上股票的交易单位为"股"，100 股＝1 手，委托买入数量必须为 100 股或其整数倍。张三是一名股票投资者，他在某天以 15 元每股的价格购买了 5 500 股"大学教育"的股票，从购入后的第二天起的 n 个交易日这只股票都是涨停（较前一日收盘价涨 10%），帮他计算一下，若他在第 n 个涨停后卖出股票，他将获利多少元？

4. 利用 AI 辅助设计一个数学计算器，用内置模块 tkinter 开发界面，支持基本运算和常见数学函数，并包含单位转换功能。

第 3 章

函数

函数是可以重复使用的、实现特定功能的一组程序语句，可以通过函数名进行调用，并通过传递不同参数获得不同的返回值。函数是模块化程序设计的基础，不仅可以实现代码的重用，还可以保证代码的一致性和扩展性。

3.1　内置函数

Python 内置函数是 Python 解释器提供的一组已经实现好的函数，可以直接在代码中使用，无须额外导入或安装。这些内置函数有着多种不同的用途，它们的主要意义如下。

（1）提供基本操作和功能。Python 内置函数包括一些用于数学运算、字符串处理、类型转换等基本操作的函数，这些函数可以帮助程序员轻松地执行常见任务，提高代码的可读性和可维护性。

（2）简化编程任务。内置函数可以简化编程任务，避免开发者从头开始编写复杂的功能。例如，len( )函数用于获取容器对象的长度，而不需要手动计算元素数量。

（3）增强代码的可读性。使用内置函数可以使代码更加自然和易于理解，因为它们通常具有直观的名称和功能，可以减少代码的复杂性。

（4）提高代码的性能。内置函数的算法是经过优化的，并且部分是使用 C 语言实现，通常来说使用内置函数相比于用户自己定义函数实现相同功能，在执行效率和对内存的分配和使用上是要更加理想的。例如，sorted( )函数使用的排序算法 Timsort 的时间复杂度为 $O(n\log n)$，在大多数情况下都具有良好的性能，尤其在处理大型数据集时表现出色。Timsort 使用了一些优化策略，这使得它对于已经部分有序的数据也能表现出色。

（5）促进代码重用。内置函数是 Python 编程语言的一部分，因此它们可以在任何 Python 环境中使用，无须额外安装或导入。例如，序列求和可以直接使用 sum( )函数，无须再编写循环代码，这有助于促进代码的重用和共享。

表 3.1 列出常用的内置函数，通过使用这些内置函数，程序员可以更快速、更有效地开发 Python 应用程序，同时保持代码的清晰和易读。

表 3.1　常用内置函数

函 数 类 型	函 数 名 称
入门函数	input( )，print( )，help( )，id( )，type( )
数学函数	sum( )，abs( )，max( )，min( )，pow( )，divmod( )，round( )
数值类型函数	int( )，bin( )，oct( )，hex( )，bool( )，float( )，complex( )
数据类型函数	range( )，tuple( )，list( )，set( )，frozenset( )，dict( )，str( )
序列函数	len( )，sorted( )，all( )，any( )
迭代器函数	zip( )，map( )，iter( )，filter( )，enumerate( )，reversed( )
对象操作函数	format( )，eval( )，open( )，chr( )，ord( )，dir( )

3.2　函数式编程

　　函数式编程是一种"编程范式"，一种编写程序的方法论。主要的编程范式有三种：命令式编程、声明式编程和函数式编程。相比命令式编程，函数式编程更加强调程序执行的结果而非执行的过程，倡导利用若干简单的执行单元让计算结果不断渐进，逐层推导复杂的运算，而非设计一个复杂的执行过程。虽然 Python 不是一个纯粹的函数式编程语言，但它支持许多函数式编程的概念和特性。

　　举个例子，计算 100 以内所有整数的和，命令式编程与函数式编程如下：

```
# 命令式编程
total = 0                    # 设累加器初值为 0
i = 1                        # 设置计数器初值为 1
while i <= 100：             # 当 i 小于或等于 100 时重复执行缩进的语句
    total = total + i        # 将当前数字加到累加器上
    i = i + 1                # 每次循环时，将 i 增加 1，逐渐变大
print(total)                 # 输出计算结果 5050

# 函数式编程
print(sum(range(101)))       # 输出 1,2,…,100 的整数的和 5050
```

　　筛选出列表中值为 True 的元素的操作，命令式编程与函数式编程如下：

```
# 命令式编程，筛选出列表中值为 True 的元素
ls = [59,96,0,90,77,"]       # 一个包含不同值的列表
ls_new = []                  # 初始化一个空列表用于存储筛选后的元素
for x in ls：                # 遍历列表中的元素
    if x：                   # 如果当前元素的布尔值为 True
        ls_new.append(x)     # 将该元素添加到新列表中
```

```
print(ls_new)                                    # 输出筛选结果，值为[59, 96, 90, 77]

# 函数式编程，过滤掉列表中值为 False 的元素
print(list(filter(None, [59,96,0,90,77,""])))    # [59, 96, 90, 77]
```

简单来讲，就是要把过程逻辑写成函数，定义好输入参数，只关心它的输出结果。即是一种描述集合和集合之间的转换关系，输入通过函数都会返回且只返回一个输出值。

函数式代码通常更简洁、更易于理解，可读性好，具有良好的可测试性，避免了可变状态，更容易并行化。函数作为基本单元，代码更容易模块化和重用。通过避免状态变化和副作用，可以减少程序中的错误。函数式编程与数学概念紧密相连，有助于解决某些类型的问题。

虽然 Python 不是一个纯函数式语言，但它的这些特性允许开发者在适当的情况下利用函数式编程的优势。在实际开发中，通常会将函数式编程与面向对象编程等其他编程范式结合使用，以获得最佳的代码结构和性能。

3.3 函数的定义与调用

在程序设计中，函数是指用于进行某种计算或具有某种功能的一系列语句的有名称的组合。函数必须具有一个名字、零个或多个参数、一组程序语句组成的函数体，函数返回值可有可无，函数定义时一般要求有文档注释。函数定义格式如下：

```
def 函数名([参数列表]):          # 冒号结尾，参数可以是 0 个或多个
    """文档字符串"""            # 可以省略
    函数体
    [return 返回值]            # 可以无返回值，无返回值时返回 None
```

def 是用于函数定义的关键字，该语句必须以半角冒号（:）结束，def 后的空格接函数名。函数名必须由字母下划线数字组成，不能是关键字，不能以数字开头。建议函数名用有一定的意义、能够简单说明函数功能的单词及单词的组合。函数名一般应该为小写，需要用多个单词时，可以用下划线分隔单词以增加可读性，如 add_number、find_number 等。函数名后跟一个小括号，括号里面为参数列表，括号中的变量不需要先赋值，其值由函数调用时传入。参数列表中的参数可以是 0 个、1 个或多个。return 语句存在时，会将函数的处理结果返回给函数的调用处，return 语句不存在时，一般在函数中要有 print() 或绘图等其他能将处理结果呈现给用户的方式，此时函数的返回值为 None。

Python 遵循先定义后使用的规则，即在程序中要先声明函数的定义，再写函数的调用语句，调用自定义的函数实现特定的功能。下面给出一个简单的函数的定义，用于计算两个数字的和。

```
def add_numbers(a, b):
    """
```

```
        这个函数接受两个数字参数, 计算并返回它们的和
        参数: a (float or int) 为第一个数字, b (float or int) 为第二个数字
        返回值: float or int 类型, 为 a 和 b 的和
        """
        result = a + b
        return result


# 主程序, 不缩进, 与 def 对齐
num1 = 5
num2 = 3
sum_result = add_numbers(num1, num2)        # 调用函数时传递相同数量的参数
print(f'{num1} + {num2} = {sum_result}')    # 输出 5 + 3 = 8
```

函数 add_numbers(a, b) 执行一个非常简单的任务, 接受两个参数 a 和 b, 函数体中的语句只有一条, 即计算两个数字的和, 函数的返回值是传入的两个参数的加和。函数定义语句后面三对双引号中的信息称为 "文档字符串"(docstring), 用于描述函数的功能、参数和返回值, 这有助于用户理解函数的用途和如何使用它, 建议每个自定义的函数都写文档字符串。

sum_result = add_numbers(num1, num2) 语句赋值符号右侧是函数调用, num1 和 num2 的值被传递给函数中的 a 和 b, 函数计算两个数字的和, 并将结果返回给调用处并赋值 sum_result 继续处理或输出。

一般情况下无返回值的函数的处理结果应该以其他形式呈现, 例如, 用 print() 直接在函数中进行输出, 也可能利用绘图语句直接绘制图形。返回值为多个时, 默认以元组形式返回。return 是函数在调用过程中执行的最后一个语句, 每个函数可以有多个 return 语句, 但在执行过程中, 只能有一个被执行到。一旦某个 return 语句被执行, 函数调用即结束, 将返回值返回给调用函数的位置。一般来说, 多个 return 需要与分支语句结合使用。

return 语句可以同时返回多个值, 这些值会被作为一个元组返回, 例如:

```
def f(x, y):
    """接收 2 个参数 x 和 y, 返回其整数商和模"""
    a = x // y                  # 计算 x 除以 y 的商
    b = x % y                   # 计算 x 对 y 取模的结果
    return a, b                 # 以元组类型 (a, b) 将整商和模返回给调用处


c, d = f(13, 3)                 # 将返回值 (4, 1) 中的元素按顺序赋值给 c 和 d
print(c, d)                     # 输出 c, d 的值 4, 1
print(f(13, 3))                 # 可将函数作为 print() 函数的参数, 直接输出函数的返回值
```

程序中定义的函数只有在被调用时才运行。定义好的函数可以通过名字来调用, 函数被调用时, 函数名后面的括号中要给出与函数定义时相同数量的参数, 这些参数称为实际参数, 调用时传入的参数必须具有确定的值, 这些值会被传递给函数定义中的形式参数, 相当于一个赋值的过程。

实例演示：
计算球的表面积
与体积

实例 3.1　计算球的表面积与体积

定义两个函数，给定球的半径，分别用于计算并返回球的表面积和体积。

球的体积公式：$V = \dfrac{4}{3} \times \pi \times r^3$

球的表面积公式：$A = 4 \times \pi \times r^2$

其中，r 是球的半径，π 是圆周率，使用 math 库中的 pi 值，V 是球的体积，A 是球的表面积。需要注意的是，涉及较大规模浮点数计算时，例如，计算地球体积时，因浮点数精度和有效位数限制，不同的计算顺序结果可能会有所不同。

```python
import math

def sphere_volume(r):
    """计算球的体积，r 为球的半径，返回球的体积"""
    return (4/3) * math.pi * r ** 3

def sphere_surface_area(r):
    """计算球的表面积，r 为球的半径，返回球的表面积"""
    return 4 * math.pi * r ** 2

# 示例调用
radius = 5           # 半径为 5
area = sphere_surface_area(radius)
print(f"半径为 {radius} 的球的表面积是：{area:.2f}")
volume = sphere_volume(radius)
print(f"半径为 {radius} 的球的体积是：{volume:.2f}")
```

3.4　函数的参数传递

当函数的定义中存在多个参数时，其参数传递形式主要有以下五种，分别为位置传递、关键字传递、默认值传递、包裹传递和解包裹传递。

Python 中数字、列表和函数都是对象。变量是对象的一个引用，对象的操作都是通过引用来完成的。函数调用过程中，传递的是对象，本质上是名字到对象的绑定过程。

3.4.1　位置传递

位置固定，参数传递时按照形式参数定义的顺序提供实际参数。其优点是使用方便，缺点是当参数数目较多时，函数调用容易混淆。

```
def fun(name, city, hobby):                              # name、city、hobby 未绑定对象，无值
    """接收用户名、城市和爱好，返回一个字符串"""
    return f'我的名字是{name}，来自{city}，爱好是{hobby}。'

user_name, user_city, user_hobby = input().split()       # 输入：夏琪武汉羽毛球
print(fun(user_name, user_city, user_hobby))             # 我的名字是夏琪，来自武汉，爱好是羽毛球。
# 调用时以 user_name、user_city、user_hobby 的顺序传递参数或值给形参 name、city、hobby
```

在 fun() 函数定义时，参数 name、city、hobby 尚未绑定对象，没有值。在调用 fun() 函数时，将用户输入的字符串 "夏琪 武汉 羽毛球" 根据空格切分为列表['夏琪','武汉','羽毛球']，将列表中的元素，即字符串对象，按顺序赋值给变量 user_name、user_city、user_hobby，或者说把这三个标签按出现的顺序分别贴在'夏琪'、'武汉'、'羽毛球'这三个字符串对象上。只有经过函数调用后，才会把调用时的参数值赋值给函数定义中的参数，函数体中的变量才具有值。

3.4.2 关键字传递

在函数调用时，提供实际参数对应的形式参数名称，根据每个参数的名称传递参数，关键字并不需要遵守位置的对应关系。其优点是明确标示实际参数和形式参数的对应关系，参数书写顺序更灵活。缺点是增加了函数调用时的代码书写量。

```
def fun(name, city, hobby):
    """接收用户名、城市和爱好，返回一个字符串"""
    return f'我的名字是{name}，来自{city}，爱好是{hobby}。'

user_name, user_city, user_hobby = input().split()       # 切分字符串，分别赋值
print(fun(user_name, hobby=user_hobby, city=user_city))  # 位置参数要在关键字参数前
```

关键字传递和位置传递混用时，按位置传的参数要出现在按关键字传递的参数前面。否则，编译器无法明确知道除关键字以外的参数出现的顺序。

```
def fun(name, city, hobby): return f'我的名字是{name}，来自{city}，爱好是{hobby}。'

user_name, user_city, user_hobby = input().split()       # 切分字符串，分别赋值
print(fun(user_name, hobby=user_hobby, city=user_city))  # 位置参数要在关键字参数前
```

Python 3.8 之后的文档中，函数参数中经常会出现斜杠（/）和星号（＊），这两个符号单独出现时，斜杠（/）用来指明位于 "/" 前面的函数参数必须使用位置参数而非关键字参数的形式，但对于其后面的参数不做限定。星号（＊）单独出现在参数中表示 "＊" 后面的参数必须为关键字参数的形式。

```
divmod(x, y, /)                  # "/" 前面只能是位置参数
sum(iterable, /, start=0)        # "/" 前面是位置参数，不限制后面参数形式
```

```
sorted(iterable, /, *, key=None, reverse=False)      # "*"后面的参数必须为关键字参数的形式
max(iterable, *[, key, default])                     # "*"后面的参数必须为关键字参数的形式
```

3.4.3 默认值传递

在定义函数时，可以使用形如 city='武汉'的方式给参数赋予默认值。在函数调用时，如果该参数得到传入值，按传入的值进行计算，否则使用默认值。其优点是可以降低调用函数的难度。

默认值参数必须放在必选参数之后。当函数的参数有多个时，默认值参数必须在后面，非默认值参数在前面，一旦出现了带默认值的参数，后面的其他参数都必须带默认值了。

```
def fun(name, city, hobby='唱歌'):              # 默认值参数必须放在后面
    return f'我的名字是{name}，来自{city}，爱好是{hobby}。'

def fun(name, city='武汉', hobby='唱歌'):         # 可以有多个默认值参数
    return f'我的名字是{name}，来自{city}，爱好是{hobby}。'

def fun(name='夏琪', city, hobby='唱歌'):         # 位置参数应排在前面
    return f'我的名字是{name}，来自{city}，爱好是{hobby}。'
# "SyntaxError: non-default argument follows default argument"
```

前两个函数的定义方法正确，第三个函数的定义有语法错误，因为有非默认值参数 city 在默认值参数 name='夏琪' 后面。运行时会报 "SyntaxError: non-default argument follows default argument" 的错误。

```
def fun(name, city, hobby='唱歌'):              # hobby 使用默认值
    return f'我的名字是{name}，来自{city}，爱好是{hobby}。'

user_name, user_city = input().split()         # 只输入姓名与城市 2 个值，输入夏琪武汉
print(fun(user_name, city=user_city))          # 默认值参数可以不传值
输出：我的名字是夏琪，来自武汉，爱好是唱歌。
```

默认值参数可指向不可变对象，如整型（int）、字符串（string）、浮点型（float）、元组（tuple）等，不能指向字典（dict）和列表（list）等可变对象。

```
def fun(x, ls=[]):          # ls 默认值为空列表[]，可变对象
    ls.append(x)           # 列表 ls 的末尾增加一个元素 x
    return ls              # 返回列表 ls

print(fun(1))             # 第 1 次调用，输出 [1]
print(fun(3))             # 第 2 次调用，输出 [1, 3]
print(fun(5))             # 第 3 次调用，输出 [1, 3, 5]
```

按函数调用规则，每次函数调用时，形参应该会被重新赋值，在三次调用中，形参 x

分别被赋值为 1、3、5，带默认值的形参 ls 每次应该被重新赋值为空列表。但程序的运行结果表明，在多次调用过程中，ls 并没有被重新赋值为空列表，导致 ls 中的元素累积下来。

这是因为列表 ls 是可变对象，在函数定义时被创建，其后所有函数调用都引用这个列表对象。Python 规定参数传递都是传递引用，也就是传递给函数的是原变量实际所指向的内存空间。而 append() 方法并不会改变列表的内存地址，也就是说不会重新创建列表对象，只是向其中增加元素。所以每次调用该函数时，一直引用函数定义时创建的列表对象 ls，导致元素累积。

如果一定要用这种方法，可以做如下修改：

```python
def fun(x, ls=None):          # ls 为默认值，设为不可变对象 None
    if ls is None:            # 若 ls 值为 None，说明是重新调用
        ls = []              # 将列表置为空
    ls.append(x)             # 列表 ls 的末尾增加一个元素 x
    return ls                # 返回列表 ls


print(fun(1))                # 第 1 次调用，输出 [1]
print(fun(3))                # 第 2 次调用，输出 [3]
print(fun(5))                # 第 3 次调用，输出 [5]
```

3.4.4 包裹传递

在 Python 中，包裹传递（packing）和解包裹传递（unpacking）是处理多个参数或值的常用技巧，可以更简洁、灵活地传递和处理数据。包裹传递也称为不定参数传递，用于在定义函数时不能确定函数调用时会传递多少个参数时使用。用 *args 将多个位置参数打包成一个元组，或用 **kwargs 将多个关键字参数打包成一个字典。通常用于接收多个位置参数或关键字参数。函数每次调用时，传递的参数数量可以不同。当传入参数是位置传递时，所有传入参数被收集打包合并成一个元组，再传递给函数。

```python
def add(*number):
    """接收不确定数量位置传递的参数，合并为一个元组 number 在函数体内使用"""
    print(number)            # 输出传入的对象，查看参数类型，元组，形如 (1, 3, 5, 7, 9)
    result = 0               # 定义一个变量，用于存储求和结果
    for i in number:         # 遍历元组中的每个元素
        if type(i) in (int, float):   # 对参数进行了类型检查（数值型的才能求和）
            result = result + i       # 求和
    return result            # 返回求和结果


if __name__ == '__main__':
    print(add(1, 3, 5, 7, 9))              # 输出 25
    print(add(1, 2, 3, 4, 5, 6, 7, 8, 9, 10))   # 输出 55
    print(add(1, 2, 'hello', 3.45, 6))     # 输出 12.45
```

当传入参数是关键字传递时，所有传入的关键字参数会以参数名作为字典的键，参数值作为字典的值，组装成一个字典，再传递给函数。

```python
def add( ** number):
    """接收不确定数量的关键字参数，合并为字典 number 在函数体内使用"""
    print(number)                          # 输出形如{'a': 1, 'b': 3, 'c': 5}的字典
    return sum(number.values())            # 对字典的值求和，返回结果


# 以下为主程序，调用 add 函数传入不同参数，观察输出结果
print(add(a=1, b=3, c=5))                              # 输出 9
print(add(m=1, n=2, o=3, p=4, q=5, i=6, j=7, k=8))    # 输出 36
```

3.4.5 解包裹传递

解包裹传递是指通过"*"或"**"操作符将一个可迭代对象（如列表、元组）或字典的内容展开，并传递给函数。解包可以有效地将组合数据中的元素映射到函数的参数中。

```python
def add(a, b, c):
    """接收三个位置传递参数，返回其加和"""
    return a + b + c                       # 返回三个参数的加和


# 以下是主程序，调用函数，传递参数
num1 = (1, 3, 5)                           # 位置传递参数
print(add( * num1))                        # 调用函数，传递参数，输出结果9
num2 = {'a': 1, 'b': 2, 'c': 3}            # 关键字传递参数
print(add( ** num2))                       # 调用函数，传递参数，输出结果6
```

3.5　匿名函数

匿名函数是一种临时使用的没有函数名的小函数，在 Python 中使用 lambda 关键字创建匿名函数，主要应用在函数式编程中。

lambda 函数的语法：

```
lambda 参数列表:表达式（或条件表达式）
```

相当于函数定义：

```python
def fun(参数列表):     # 参数可以是一个或多个
    return 表达式
```

Python 提供了很多函数式编程的特性，如具有 sorted()、map()、filter()等函数，这些函数都支持函数作为参数，lambda 函数可以应用在函数式编程中。

列表 ['58', '01', '9', '920'] 的排序可以使用 sorted() 函数，语法为：

```
sorted(iterable, *, key=None, reverse=False)
```

其中 key 可以接受函数，以函数返回值为排序依据。reverse=False 表示默认升序排序，reverse=True 表示逆序，即降序排序。

```
ls = [-5, -9, 6, 10, 8]
# 按整数值升序排序
print(sorted(ls))                       # [-9, -5, 6, 8, 10]
# 按各元素的平方升序排序输出
print(sorted(ls,key=lambda x:x**2))     # [-5, 6, 8, -9, 10]

ls = ['58', '01', '9', '920']
# 按字符串升序排序
print(sorted(ls))                       # ['01', '58', '9', '920']
# 按其对应整数值升序排序输出
print(sorted(ls,key=lambda x:int(x)))   # ['01', '9', '58', '920']
# 按字符串长度升序排序输出
print(sorted(ls,key=lambda x:len(x)))   # ['9', '58', '01', '920']
```

lambda 函数拥有自己的命名空间，不能访问自有参数列表之外或全局命名空间的参数。lambda 表达式不需要 return 来返回值，表达式本身的计算结果就是函数的返回值。lambda 的主体是一个表达式，而不是代码块，仅能在表达式中封装有限的逻辑，不允许包含其他复杂的语句，最多只能用于类似条件表达式这样的三元运算。

在 Python 中，可以将一些逻辑拿到函数外面，定义一个裁减过的 lambda 函数以实现目标功能。这种方式更为高效、优雅，而且可以减少异常错误。lambda 的使用可简化代码，使代码简洁清晰。不过，这种方法会在一定程度上降低代码的可读性，而且 lambda 函数能够支持的功能有限，不支持多分支程序和异常处理程序，lambda 函数的功能被隐藏，对于编写代码之外的人员来说，理解 lambda 代码需要耗费一定的时间成本。

3.6　递归函数与递归算法

递归（recursion）是指在函数的定义中使用函数自身的方法。基本思想是把规模大的问题转化为规模小的相似的子问题来解决。在函数实现时，因为解决大问题的方法和解决小问题的方法往往是同一个方法，所以就产生了函数调用自身的情况。这个函数必须有明确的结束条件，以避免产生无限递归的情况。

在函数内部，可以调用其他函数。如果一个函数在内部调用函数本身，这个函数就是递归函数。递归的问题是可以用同样的解题思路来回答除了规模大小不同、其他完全一样的问题。比如阶乘、Fibonacci 数列等，用递归方法来解决这类问题，可以用较少的代码完成。

下面以阶乘的计算为例说明递归的过程。

```
def fact(n):
    """接收一个正整数为参数，用递归方法计算其阶乘值并返回，返回值为整型"""
    if n == 0:                    # 当 n=0 时
        return 1                  # 返回 1，终止函数递归调用
    return n * fact(n - 1)        # 每调用一次，问题规模减小 1

print(fact(5))                    # 调用递归函数，输出结果 120
```

函数 fact(5) 首次调用时，传入的数字为 5，返回值为 5 * fact(4)，此时 fact() 函数的传入值为 4，返回值为 4 * fact(3)，以此类推，函数每调用一次，问题的规模减小 1，直至遇到函数的结束条件，终止函数的调用，再逆向运算出结果。

递归函数的特性如下。

（1）必须有一个明确的递归终止条件。递归在有限次调用后要进行回溯才能得到最终的结果，那么必须有一个明确的临界点，程序一旦到达了这个临界点，就不用继续函数的调用而开始回溯，该临界点可以防止无限递归。

（2）给出递归终止时的处理办法。在递归的临界点应该直接给出问题的解决方案。

（3）每次进入更深一层递归时，问题规模相比上次递归都应有所减少或更接近于解。

能用递归解决的问题必须可以分解为若干规模较小、与原问题形式相同的子问题，这些子问题可以用相同的解题思路来解决。从程序实现的角度而言，需要抽象出一个简单的重复的逻辑，以便使用相同的方式解决子问题。

递归函数的优点是定义简单，逻辑清晰。理论上，所有的递归函数都可以写成循环的方式，但循环的逻辑不如递归清晰。递归的缺点是效率不高，而且使用递归函数需要注意防止栈溢出。

在计算机中，函数调用是通过栈（stack）这种数据结构实现的，每当进入一个函数调用，栈就会加一层栈帧，每当函数返回，栈就会减一层栈帧。由于栈的大小不是无限的，所以，递归调用的次数过多，会导致栈溢出。Python 3.12 默认递归深度在 1 000 左右，Python 3.13 以后默认深度为 3 000，使用 Python 写的递归程序如果递归太深，那么可能因为超过系统默认的递归深度限制而触发异常。

RuntimeError: maximum recursion depth exceeded in comparison

解决这个问题有两种方法。

（1）改成非递归实现，例如，用循环的方法实现。

（2）设置递归深度，方法如下：

```
import sys

sys.setrecursionlimit(5000)       # 括号中的值为递归深度
```

实例演示：
递归求解猴子吃
桃问题

实例 3.2　递归求解猴子吃桃问题

猴子第一天摘下若干桃子，当即吃了一半，还不过瘾，又多吃了一个。第二天早上又将剩下的桃子吃掉一半，又多吃了一个。以后每天早上都吃了前一天剩下的一半零一个。到第 10 天早上想再吃时，发现只剩下一个桃子。求第一天共摘了多少个桃子。

递归实现方法如下。

定义一个递归函数 peaches( )，接受天数 n 作为参数。

基本情况：如果 n 为 10，返回 1。

递归情况：如果 n 小于 10，返回（peaches(n + 1) + 1) * 2。

```
def peaches(n):
    """ 参数 n 为天数，递归计算桃子数量，返回第一天摘了多少个桃子 """
    if n == 10:                          # 第 10 天只剩下一个桃子
        return 1
    else:
        # 第 n 天的桃子数是第 n+1 天的桃子数加一后的两倍
        return (peaches(n + 1) + 1) * 2


# 主程序，示例调用
total_peaches = peaches(1)                    # 计算第一天共摘了多少个桃子
print(f"第一天共摘了 {total_peaches} 个桃子")  # 第一天共摘了 1 534 个桃子
```

实例演示：
递归计算斐波那
契数列

实例 3.3　递归计算斐波那契数列

斐波那契数列又称黄金分割数列，这个数列从第 3 项开始，后一项的值总是与它前面两项的和相等。

0,1,1,2,3,5,8,13,21,34,55,89,144,233,377,610,987,…

在数学上，可以给出归纳方法定义：

$$f(n) = n \qquad (n \leqslant 1)$$
$$f(n) = f(n - 1) + f(n - 2) \qquad (n \geqslant 2, n \in N*)$$

很明显这是一个分段函数，可以用二分支来实现

```
def fibonacci(n):
    """定义递归函数，接收非负整数 n，返回斐波那契数列的第 n 项"""
    if n <= 1:                           # 前两项为 0 或 1
        return n
    else:
        return fibonacci(n - 1) + fibonacci(n - 2)  # 后一项等于前两项之和


num = int(input())                       # 输入非负整数
print(fibonacci(num))                    # 调用递归函数求斐波那契数列的第 n 项并输出
```

实例演示：
汉诺塔问题

实例 3.4　汉诺塔问题

汉诺塔问题是一种经典的递归问题。假设有三根柱子，柱子上有若干直径不同的圆盘，初始所有圆盘最开始都堆在第一根柱子上，最小的圆盘在最上面。目标是将所有圆盘从第一根柱子移动到第三根柱子，且在移动过程中遵循每次只能移动一个圆盘和任何时候都不能将较大的圆盘放在较小的圆盘上的规则。

递归方法求解如下。

（1）如果只有一个圆盘，直接从起始柱子移动到目标柱子。

（2）如果有多个圆盘，可以将问题分解为三个子问题。

① 先将 n-1 个圆盘从起始柱子移动到辅助柱子。

② 再将第 n 个（最大的）圆盘从起始柱子移动到目标柱子。

③ 最后将 n-1 个圆盘从辅助柱子移动到目标柱子。

```python
def hanoi(n, source, helper, target):
    """使用递归方法解决汉诺塔问题
    参数 n：圆盘的数量, source：起始柱子, helper：辅助柱子, target：目标柱子
    """
    if n == 1:                                      # 只剩一个圆盘时, 直接从 source 移到 target
        print(f"移动圆盘 1 从 {source} 到 {target}")
    else:
        hanoi(n - 1, source, target, helper)        # 递归地将 n-1 个圆盘从 source 移到 helper
        print(f"移动圆盘 {n} 从 {source} 到 {target}")  # 移动第 n 个圆盘到 target
        hanoi(n - 1, helper, source, target)        # 递归地将 n-1 个圆盘从 helper 移到 target

# 示例调用
n = 3                                               # 圆盘数量
hanoi(n, 'A', 'B', 'C')
```

3.7　函数文档测试

在函数的文档字符串中可以增加文档测试，利用文档测试可以检验函数的输出是否与预期相符。在函数的文档字符串中用引导符"＞＞＞"加函数调用，下一行写函数预期返回值，可以进行函数文档测试，这样运行函数时可以尽早发现问题。下面例程中会用 1900、2000、2001、2012 四个年份测试函数代码功能是否正确。

```python
def is_leap(year):
    """接收一个年份, 判断是否是闰年, 返回 True 或 False
```

```
>>> is_leap(2000)
True
>>> is_leap(2001)
False
>>> is_leap(1900)
False
>>> is_leap(2012)
True
"""
if year % 4 == 0 and year % 100 != 0 or year % 400 == 0:
    return True
else:
    return False

if __name__ == '__main__':
    print(is_leap(2000))
```

3.8　函数注释

　　函数注释是一个可选功能，它允许在函数参数和返回值中添加任意的元数据。无论是 Python 本身还是标准库，都使用了函数注释，第三方项目可以很方便地使用函数注释来进行文档编写、类型检查，或者是其他用途。PEP 484 中建议每个函数的参数和返回值都加上类型提示。参数的类型提示是在参数后加半角逗号和类型；返回值的类型提示是在函数定义的冒号前加"->"和类型名，无返回值函数的返回值类型为"None"。

　　下面的 greeting 函数规定了参数 name 的类型是 str，返回值的类型也是 str。

```
def greeting(name: str) -> str:
    """接收表示名字的字符串为参数，返回一句问候语，字符串类型"""
    return 'Hello ' + name

if __name__ == '__main__':
    print(greeting(input()))    # 以输入的名字为参数，输出问候语
```

　　typing 模块定义了常用的参数类型，如 List、Tuple、Dict、Sequence、TextIO 等，导入 typing 模块后就可以对各种对象类型进行声明了。

　　下面以 List 为例简单介绍，List 是 list 的泛型，基本等同于 list，其后紧跟一个方括号，里面代表了构成这个列表的元素类型，阅读下面示例代码的文档字符串中的文字便可理解具体应用方法。

```
from typing import List, TextIO

def csv_to_list(csv_file: TextIO) -> List[str]:
    """返回由字符串构成的列表,检查返回值类型如['2', '3.14', 'whut']"""
    pass  # 什么都不做,仅用于占位,表示这是一个完整的函数定义

def csv_to_list(csv_file: TextIO) -> List[int or float]:
    """返回由整数或浮点数构成的列表,检查返回值类型如[2, 3.14]"""
    pass

def csv_to_list(csv_file: TextIO) -> List[List[int]]:
    """返回由元素为整数的子列表构成的列表,检查返回值类型如[[1, 2], [3, 4]]"""
    pass

def csv_to_list(csv_file: TextIO) -> List[List[str]]:
    """返回由元素为字符串的子列表构成的列表
    检查返回值类型如
    [['7090', 'Danforth Ave / Lamb Ave', '43.681991', '-79.329455', '15', '4', '10'],
    ['7486', 'Gerrard St E / Ted Reeve Dr', '43.684261', '-79.299332', '24', '5', '19'],
    ['7571', 'Highfield Rd / Gerrard St E - SMART', '43.671685', '-79.325176', '19', '14','5'],
    ...
    ]
    """
    pass
```

3.9　模块化程序设计

　　模块化程序设计是一种将大型程序划分为若干较小、独立和可复用模块的编程方法。每个模块通常包含相关的函数、类或变量,负责实现特定的功能。通过这种划分,程序的复杂性得以降低,代码的维护和扩展变得更加容易。

　　模块是一个包含 Python 代码的文件,文件名以".py"结尾。每个模块都可以被其他模块或程序导入并使用,形成一个独立的小程序组件。模块可以包含函数、类、变量,甚至是可执行代码,但它们的主要目的是提供可以被其他模块调用的功能。

　　模块化设计带来了多个方面的优势,包括提高代码复用性、简化调试与维护、增强可读性、提高扩展性和避免命名冲突等。模块与函数都是程序设计中的结构化工具,但它们在层次和用途上有所不同。函数是实现特定任务的代码块,通常用于封装一段逻辑,并在需要时被调用。函数是程序中最基本的可复用代码单元。模块是一个包含多个相关函数、类和变量的文件。模块可以看作是更高层次的封装,它将多个函数组织在一起,形成一个

自包含的单元，使得代码结构更加清晰。在模块化设计中，函数是模块的组成部分。通过将相关函数组合成模块，不仅能使代码更加有序，还能为程序提供更强的灵活性和扩展性。

模块化设计在优化程序结构方面发挥了重要作用。

（1）分而治之：通过将大型程序分解为多个小模块，开发者可以专注于每个模块的实现，而不必同时处理整个程序的复杂性。这样的分解方式符合"分而治之"的编程思想，有助于降低开发难度。

（2）减少耦合：模块化设计能够减少程序中各部分的耦合度。每个模块只需实现特定功能，模块之间的依赖关系减少，修改一个模块通常不会影响其他模块。这种低耦合、高内聚的设计使得代码更加健壮和灵活。

（3）便于协作：在团队开发中，模块化设计可以让不同开发者负责不同的模块，彼此之间的依赖较少。这种分工协作方式可以提高开发效率，同时也方便代码的合并与集成。

（4）便于测试：每个模块通常能够独立测试。通过单元测试，可以验证各个模块的功能是否正确，从而确保整个程序的稳定性。这种逐一测试的方式比调试整个程序要更加高效和准确。

模块化设计既能提升程序的结构化程度，又能为开发、调试、维护和扩展提供便利，使得程序更加简洁、灵活和易于管理。在现代编程实践中，模块化设计已经成为不可或缺的设计方法。

3.9.1　创建和导入模块

创建模块非常简单，只需将 Python 代码保存为扩展名为".py"的文件。将以下代码保存为"mymodule.py"，这个文件就是一个模块，名为"mymodule"。其中包含一个 greet 函数，可以在其他 Python 文件中导入并使用。

```python
def greet(name):
    return f"Hello, {name}!"
```

使用模块中的函数或变量，需要将模块导入到当前的 Python 文件中。假设有一个新的文件"test.py"，其中需要使用"mymodule"模块：

```python
import mymodule

result = mymodule.greet("Alice")
print(result)                   # 输出：Hello, Alice!
```

使用 import 语句可以将整个模块导入，之后通过"模块名.函数名"的方式调用模块中的函数或变量。

3.9.2　__name__属性与模块入口

每个模块都有一个特殊的属性"__name__"，表示模块的名字。当一个模块被直接运行时，"__name__"的值是"__main__"，而当模块被导入时，"__name__"的值是模块的名字。

可以通过检查"__name__"来控制模块是作为脚本运行，还是被当作模块导入。例如，在"mymodule. py"中添加以下代码，将"__name__ == "__main__""作为 if 分支的条件，比较运算结果为 True 时才执行此分支下的语句块。

```python
def greet(name):
    return f"Hello, {name}!"


if __name__ == "__main__":
    print(greet("World"))    # 如果直接运行 mymodule. py, 会输出: Hello, World!
```

如果直接运行"mymodule. py"，"__name__"的值是"__main__"，比较运算结果为 True, if __name__ == "__main__": 下的代码会被执行，输出"Hello, World!"。如果模块是通过 import 方式导入的，__name__ == "__main__"的结果为 False, if 分支下面这部分代码将不会被执行。

在模块开发过程中，测试和调试是确保代码质量的重要环节。通过合理的测试机制和日志记录，开发者可以有效地发现并修复错误，提升代码的健壮性和可维护性。

可以借助 if __name__ == '__main__'来编写简单的测试代码。当模块被直接运行时，触发其中的测试代码，而当模块被导入时，测试代码不会执行。这样可以方便开发者在模块内部进行功能验证，而不会干扰其他模块的使用。

模块 math_utils. py 中包含一个计算平方的函数，if __name__ == '__main__'块下的测试代码仅在直接运行 math_utils. py 时执行，而不会在被其他模块导入时执行。

```python
def square(x):
    return x * x


if __name__ == '__main__':
    print(square(5))         # 测试代码，输出: 25
    print(square(0))         # 测试代码，输出: 0
```

3.9.3 包的创建与使用

在 Python 中，包是一个组织多个模块的文件夹。包的本质是一个包含有"__init__. py"文件的文件夹，它可以将多个模块组合在一起，形成一个有层次结构的模块集合。通过包，开发者可以更加有效地管理和组织项目中的模块，尤其是在大型项目中，包的引入帮助我们将代码分门别类，保持代码的整洁和可维护性。简单来说，包是模块的集合，模块是代码的集合。这种分层设计可以让代码更好地组织和重用。

创建包非常简单，只需要创建一个目录，这个目录将作为包的容器，包含所有相关的模块文件。在包的目录中创建一个"__init__. py"文件。这个文件告诉 Python 解释器，这个目录应该被视为一个包。没有"__init__. py"的文件夹不能作为包被导入。

创建一个名为 my_package 的包，包含两个模块 module1. py 和 module2. py：

```
my_package/
    __init__. py
```

```
module1. py
module2. py
```

module1. py 的文件内容：

```
def hello():
    return "Hello from module1!"
```

module2. py 的文件内容：

```
def greet(name):
    return f"Hello, {name}!"
```

__init__. py 可以为空，也可以初始化包的一些内容：

```
# 可以在这里导入包中的模块，便于外部使用
from . module1 import hello
from . module2 import greet
```

创建好包之后，就可以在其他 Python 文件中导入包中的模块或包本身。可以通过以下方式导入包中的某个模块：

```
import my_package. module1

print(my_package. module1. hello())        # 输出：Hello from module1!
```

如果只想导入模块中的特定函数，可以使用 from …import …语法：

```
from my_package. module1 import hello

print(hello())        # 输出：Hello from module1!
```

如果在__init__. py 中进行了模块的导入配置，那么可以直接导入包，而不需要指定具体模块，通过这种方式，包的使用更加简洁，外部调用者无须关心包内部的模块细节。

```
import my_package

print(my_package. hello())            # 输出：Hello from module1!
print(my_package. greet("Alice"))     # 输出：Hello, Alice!
```

通过包，可以更好地组织和管理项目中的模块。包的创建非常简单，只需要一个目录加上__init__. py 文件。导入包中的模块时，可以使用绝对导入或相对导入的方式，具体选择取决于项目的规模和需求。模块化和包结构的合理使用，可以极大地提高代码的可维护性和复用性。

3.9.4　第三方模块的安装与管理

在 Python 开发中，第三方模块（库）能够极大地扩展 Python 的功能，帮助开发者快速实现各种功能，例如 Web 开发、数据处理、科学计算等。Python 提供了 pip 工具来安装

和管理第三方模块，同时，虚拟环境可以帮助我们在不同项目中管理和隔离依赖。

pip 是 Python 官方提供的包管理工具，用于安装、更新、卸载第三方模块。它从 Python 包索引（PyPI）上下载和安装模块。

安装某个模块的基本命令格式如下：

```
pip install 模块名
```

例如，安装常用的 HTTP 请求库 requests：

```
pip install requests
```

安装成功后，可以在 Python 代码中导入该模块并使用：

```
import requests

response = requests. get("https://abooks. hep. com. cn/")
print(response. status_code)    # 返回状态码 200，表示请求成功
```

如果需要安装某个模块的特定版本，可以在模块名后指定版本号：

```
pip install requests == 2. 32. 3
```

如果需要将某个模块更新到最新版本，可以使用以下命令：

```
pip install --upgrade 模块名
```

例如，更新 requests 模块：

```
pip install --upgrade requests
```

要查看当前环境中已安装的模块及其版本，可以使用以下命令：

```
pip list
```

这将列出所有已安装的模块和对应的版本号：

```
Package     Version
---------- -------
pip         24. 2
requests    2. 32. 3
```

如果要卸载某个模块，可以使用以下命令：

```
pip uninstall 模块名
```

例如，卸载 requests 模块可以使用下面命令，pip 会提示确认信息，输入 y 确认卸载。

```
pip uninstall requests
```

通过 pip 可以方便地安装、更新和卸载第三方模块。结合虚拟环境工具 venv，可以为每个项目创建独立的 Python 环境，避免模块冲突，并更好地管理项目依赖。

模块化设计是编写可维护、可扩展且易于调试的 Python 程序的核心实践之一。在实际项目中，模块化设计可以帮助团队更好地组织代码，促进协作，简化测试与调试流程。通

过将大型程序分解为多个独立且功能明确的模块，开发者可以专注于每个模块的功能实现，同时确保代码的可复用性和扩展性。

本章小结

内置函数的算法是经过优化的，可以高效地解决很多常见问题，简化编程任务，提高代码性能。函数式编程通常更简洁、更容易并行化。递归代码简洁，在适当的场景下使用递归可以使代码更清晰、更易维护。但递归空间复杂度高，性能不如迭代方法，还可能导致栈溢出，需要谨慎使用并考虑其限制和优化策略。利用分治思想，将复杂问题分解为若干子问题，定义函数分别实现子问题，便于协作和测试。这种思想更容易解决复杂工程问题，且容易把问题限制在函数级，方便调试和维护，代码更容易模块化和重用。

本章练习

1. 编写函数计算圆的面积，将接收半径作为参数，返回圆的面积，圆周率使用 3.14。
2. 编写函数判断一个数是否为偶数，返回布尔值 True 或 False。
3. 编写函数计算 BMI 指数，接收身高（米）和体重（千克），返回 BMI 值，结果保留一位小数。
4. 编写函数计算两点之间的距离，接收四个参数(x1，y1，x2，y2)，返回两点间距离。
5. 编写函数计算商品折扣价，接收原价和折扣率（默认 0.9），返回折扣后价格。
6. 编写函数生成个性化问候语，接收姓名（必选）和时间（可选，默认为"早上"）。
7. 编写函数，接收一个元素均为整数的列表为参数，返回最大值、最小值和平均值。
8. 定义一组计算几何体体积的函数，包括长方体、球、圆柱体、圆锥体和正三棱柱，根据输入调用不同函数完成计算。在函数的文档字符串中给出文档测试，函数定义中加函数注释，设置参数类型和返回值类型。

第 4 章
流程控制及应用

4.1 分支结构

分支结构是一种基本的控制结构，用于根据条件的不同采取不同的操作或执行不同的代码块。

4.1.1 if…elif…else 分支

Python 语言用 if…elif…else 关键字或其组合来选择要执行的语句。分支语句的基本结构如下：

```
if 条件测试表达式 1:
    语句块 1
elif 条件测试表达式 2:
    语句块 2
elif 条件测试表达式 3:
    语句块 3
    ……
else:
    语句块 n
```

if…elif…else 语句将整个区间分为若干区间，当满足其中某一个区间的条件时，一定不会再满足后续的其他条件，程序即终止判定，如图 4.1 所示。

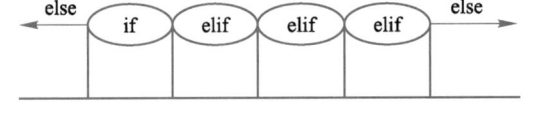

图 4.1 分支结构示意图

if、elif 和 else 是分支结构的关键词，分支结构由 1 个 if、0 个或多个 elif 和 1 个或零个

else 组成。由这三个关键词开始的语句都以冒号结束，同时要求其后面满足该条件时要执行的语句块缩进，同一组分支结构中的每个关键词必须要对齐。

if 和 elif 子句后都有条件测试表达式，当表达式的值为真（非 0 数字、非空对象或 True）时执行对应的语句块，各分支后的条件互斥，只能满足其中一个条件，一旦满足其中一个条件，便不再进行后续分支语句的判定。else 子句后面无条件测试表达式，直接以冒号结束，不满足前面条件的其他情况都进入 else 分支。

实例 4.1　百分制分数转五分制

输入一个整数，当输入不在[0,100]区间时输出提示"Data error!"，在输入满足要求的前提下，用多分支结构实现百分制转五分制。转换规则是根据分数所在区间 [0,60)、[60,70)、[70,80)、[80,90)、[90,100]，分别输出字符"E""D""C""B""A"。

实例演示：
百分制分数转五分制

```python
def convert_score_to_grade(score):
    """接收一个整数为参数，返回其对应的五分制字符，数据异常时返回'Data error!'"""
    if score > 100 or score < 0:        # 不合理分数时输出'Data error!'
        return 'Data error!'
    elif score >= 90:                    # 区间为 90 <= score <= 100
        return 'A'
    elif score >= 80:                    # 区间为 80 <= score < 90
        return 'B'
    elif score >= 70:                    # 区间为 70 <= score < 80
        return 'C'
    elif score >= 60:                    # 区间为 60 <= score < 70
        return 'D'
    else:                                # 区间为 0 <= score < 60
        return 'E'


# 主程序，示例调用
score = int(input("请输入百分制分数："))
grade = convert_score_to_grade(score)    # 调用函数，获取五分制字符
print(grade)                             # 输出转换后的五分制字符
```

Python 也支持传统的二分支方法，但这个方法当分支较多时，需要嵌套使用分支结构。此时，每个 else 和它前面离它最近且与之对齐的 if 匹配。Python 根据缩进量来判断层次结构，使用嵌套分支结构时务必严格控制各级别代码块的缩进量，这决定各代码块的从属关系以及各代码块能否被正确地执行。嵌套结构需多层缩进，不利于阅读，一般能用 if…elif…else 一组多分支语句实现时，不建议用二分支嵌套方法。

Python 也支持单分支方法，所有条件都用 if 语句判定。与 if…elif…else 语句相比，其缺点是不论前面是否已经找到满足条件的分支，后续所有 if 语句都会被执行，需要判定每个 if 语句中的条件，降低效率并容易引入错误。

4.1.2　match 语句

Python 3.10 中引入了 match 语句，这是一种强大的模式匹配工具，用于简化复杂的条件判断，比传统的 if…elif…else 语句更强大，可以匹配数据的结构和类型，不仅限于简单的值比较。

match 语句的基本结构如下：

```
match 变量：
    case 模式 1：
        # 匹配模式 1 时执行的代码
    case 模式 2：
        # 匹配模式 2 时执行的代码
    case _：
        # 默认匹配，类似于 "else"
```

match 变量：指定要匹配的对象。

case 模式：每个 case 语句定义一个模式来匹配 match 语句中的变量。

_：通配符，表示没有匹配到其他模式时执行的代码，相当于 else。

最基本的用法是匹配具体的值，就像 if…elif…else 语句一样。

实例 **4.2　HTTP** 错误状态码

HTTP 状态码是用以表示网页服务器 HTTP 响应状态的 3 位数字代码。根据 400、401、403、408 等数字代码分别给出出错提示信息。

```
def http_error(status)：
    """根据参数中给定的状态码，返回 http 出错提示信息"""
    match status：
        case 400：
            return "Bad request"                        # 错误请求
        case 401 | 403：                                  # 可匹配多个条件
            return "Not allowed"                        # 未授权或禁止访问该资源
        case 404：
            return "Not found"                          # 找不到请求的资源
        case 408：
            return "Request Timeout"                    # 请求超时
        case _：
            return "Something's wrong with the Internet"

print(http_error(400))                                  # Bad request
print(http_error(404))                                  # Not found
print(http_error(418))                                  # Some thing's wrong with the Internet
```

match 还可以根据数据的类型进行匹配：

```
def process_data(value):
    """ 处理数据 """
    match value:
        case int():                  # 匹配整数
            return f"'{value}'是一个整数"
        case str():                  # 匹配字符串
            return f"'{value}'是一个字符串"
        case list():                 # 匹配列表
            return f"列表'{value}'的长度是'{len(value)}'"
        case _:                      # 匹配其他类型
            return "Unknown type"

print(process_data(42))              # 输出：'42'是一个整数
print(process_data("hello"))         # 输出：'hello'是一个字符串
print(process_data([1, 2, 3]))       # 输出：列表'[1, 2, 3]'的长度是'3'
```

还可以在 case 语句中添加条件限制，匹配用 if 语句来指定的条件：

```
def check_number(num):
    """判断一个数是正数、负数还是零 """
    match num:
        case n if n > 0:
            return "正数"
        case n if n < 0:
            return "负数"
        case 0:
            return "零"

print(check_number(10))      # 输出：正数
print(check_number(-5))      # 输出：负数
print(check_number(0))       # 输出：零
```

match 语句用于简化条件判断，尤其是复杂的模式匹配。比传统的 if…elif…else 更灵活，能够匹配具体的值、数据类型、解构嵌套结构，并结合守卫条件（if 语句）进一步精确匹配。初学者可以从简单的值匹配开始，逐步掌握如何匹配复杂的数据结构和类型。

4.1.3　条件表达式

只有两个分支的程序，可以用如下所示的一条语句实现，这种语句称为条件表达式：

```
x if 条件表达式 else y
```

if…else 将一条语句分成三部分，是一个三元操作符的条件表达式。首先对条件表达式求值，若值为 True，则计算 if 前面的表达式 x 的值并返回其运算结果；当条件表达式结果为 False 时，计算 else 后面表达式 y 的值并返回其运算结果。

用分支结构程序将用户输入的两个数中的较大者命名为 max_number 并输出，可以用以下代码实现。

```
m, n = map(int, input( ).split( ))      # 输入用空格分隔的两个整数, 切分后映射为整数赋值给 m 和 n
if m > n:                               # 判断 m 是否大于 n
    max_number = m                      # 如果 m 大于 n, 将 m 赋值给 max_number
else:                                   # 如果 m 不大于 n
    max_number = n                      # 将 n 赋值给 max_number
print(max_number)                       # 输出 max_number
```

用条件表达式可以更简洁地实现输出两个数中最大值，代码如下：

```
m, n = map(int, input( ).split( ))      # 输入用空格分隔的两个整数, 切分后映射为整数赋值给 m 和 n
max_number = m if m > n else n          # 如果 m > n 为 True, max_number = m, 否则 max_number = n
print(max_number)
```

4.2 循环结构

在问题求解过程中，很多时候需要重复做一件事情很多次。这时可以选择重复使用这些语句来解决问题，也可以使用循环控制结构来完成。

循环结构可以把需要重复做的工作放在一个语句块中反复执行。人类重复做某件事情次数越多，出错的概率越大，所以数学家们研究了各种等差数列、等比数列的求和公式、求积公式，把重复多次的工作变成一个表达式的求解，以降低出错的概率。计算机与人不同，计算机可以快速精准地完成重复性的工作，而循环结构的使用，既可以减少代码行数、又可以简化业务逻辑，提高程序的可读性。

Python 中有 for 和 while 两种循环结构。

for 循环一般用于循环次数可确定的情况下，用于遍历已知数量的元素，一般也被称为遍历循环。

while 循环一般用于循环次数不确定的情况下，用于根据某个条件反复执行，直到条件不再满足，也称为条件循环语句。while 循环还有一个重要的应用就是构造无限次循环，在循环体中使用 if 语句判定是否达到结束循环的条件，当满足条件时，用 break 语句终止循环。此时需要注意，在程序执行过程中，务必要有使 if 语句中的表达式结果趋于 False 的语句，以避免程序陷入无限循环。

4.2.1 for 循环

for 语句可以依据可遍历结构中的子项，按它们的顺序进行迭代。这些可遍历结构包括 range( )、字符串、列表和文件对象等可遍历（可迭代）数据类型。

```
for 循环变量   in 可遍历结构:
    语句块
```

```
[else:]
    [语句块]
```

　　程序执行时，从可遍历结构中逐一提取元素，赋值给循环变量，每提取一个元素执行一次语句块中的所有语句，总的执行次数由可遍历结构中元素的个数确定。

　　else 子句部分可以省略，这部分语句只在循环正常结束时被执行（包含循环执行 0 次），如果在循环语句块中遇 break 语句跳出循环或遇到 return 语句结束程序，则不会执行 else 部分的语句块。

　　range 是序列数据类型，表示一个不可变的等差数列（算术级数），常用于 for 循环中。在仅控制循环次数或需要使用一个等差数列求解数学问题时，可以使用 range() 函数控制循环。

　　range() 的参数必须为整数。当 range(stop) 仅有一个整数参数时，可产生 0，1，2，3，4，…，stop-1，初值为 0、步长为 1 的等差数列。当参数值小于或等于 0 时，产生空序列。当 range(start, stop[, step]) 有 2 个或 3 个整数参数时，range 生成的数列第 i 项 $r[i] = start + step * i$，当 step 为正数，要求 i>=0 且 r[i] <stop，即可产生以 start 开始，步长为 step 的等差数列且最后一项小于 stop 值。当 step 为负数，要求 i>=0 且 r[i] > stop。如果 start 参数省略，默认值为 0；如果 step 参数省略，默认值为 1，step 值不可为 0。

```
range(stop)                    # 0, 1, 2, 3, 4, …, stop-1, 初值为 0、步长为 1 的等差数列
range(start, stop[, step])     # start, start+step, start+2 * step, …, 步长为 step 的等差数列
```

　　range() 函数相对于列表和元组的优点在于占用内存固定，占用内存较小，仅存储 start、stop 和 step 值，在需要时通过计算生成序列中的每个值。要全部输出 range() 生成的序列，可以用 print(list(range(n))) 或 print(tuple(range(n))) 的方法，将生成的序列转成列表或元组的形式输出，也可以用 print(*(range(n))) 将其内容解包输出。

　　print(range(5)) 会输出对象 range(0, 5)，说明 range 采用了惰性求值的方式产生数据，使用 print() 函数打印 range 数据并不能直接看到 range 数据的具体元素。但可以通过将其转换为列表或元组的方式，查看其生成的具体数据。

```
print(range(5))                # 输出 range(0, 5)
print(list(range(5)))          # 输出[0, 1, 2, 3, 4]
print( * range(5))             # 0 1 2 3 4
for i in range(5):
    print(i,end = ' ')         # 0 1 2 3 4
print(tuple(range(0,-5,-1)))   # (0, -1, -2, -3, -4)
print(list(range(1, 11)))      # [1, 2, 3, 4, 5, 6, 7, 8, 9, 10]
print(list(range(0, 40, 5)))   # [0, 5, 10, 15, 20, 25, 30, 35]
print(list(range(0)))          # range(0)输出[]
print(list(range(1,0)))        # 步长为 1, stop<start 时, 输出[]
```

　　range 是序列类型，每个元素有一个整数序号，正向序号从 0 开始，逆向序号从-1 开始，可用索引、切片等操作获取其中部分数据，但不可修改其中的数据。示例如下：

```
r = range(10)                  # range(0,10)
print(list(r[2:4]))            # 切片输出[2, 3]
print((range(10)[2:4][1]))     # 先切片再索引, 结果为 3
r = range(0,20,2)
print(list(r))                 # [0, 2, 4, 6, 8, 10, 12, 14, 16, 18]
print(list(r[:5]))             # 切片输出[0, 2, 4, 6, 8]
print(11 in r)                 # 测试 11 是否在 r 对象中, False
print(10 in r)                 # 测试 10 是否在 r 对象中, True
```

range([start,]stop[,step])常与 for 和控制变量一起使用，用于遍历 range()生成的对象并控制循环的次数。start 和 step 是可选参数，省略时，start＝0，step＝1。

```
for <variable> in range([start,]stop[,step]):
    <语句块>
```

variable 为循环控制变量，经常用 i、j 等表示，每次循环从 range()产生的数列中依次取一个值。首次进入循环时，变量取最小的值，即 start 值，当 start 省略时，取值为 0，后面每次循环依次取前一个值加步长 step 的值，当 step 值省略时，取前一个值加 1。

以计算等差数列和为例：

```
my_sum = 0                     # 设定初值为 0, 用于累加
for i in range(5, 10):         # range()生成序列 5,6,7,8,9, 依次赋值给 i
    my_sum = my_sum + i        # 每次循环将新的 i 值加到 my_sum 上
print(my_sum)                  # 输出 my_sum 的值 35
```

range(5,10)生成 5、6、7、8、9 的序列，range(start,stop)生成的序列是不包括右边界 stop 的值的。每次循环时，变量 i 依次被赋值为序列中一个值，加到变量 my_sum 上以获得这些项的和。

```
my_sum = 0                     # 设定初值为 0, 用于累加
for i in range(5, 11, 2):      # range()生成序列 5,7,9, 依次赋值给 i
    my_sum = my_sum + i        # 每次循环将新的 i 值加到 my_sum 上
print(my_sum)                  # 输出 my_sum 的值 21
```

设定不同的 start、stop 和 step 值，可以计算任意等差数列中某些项的加和，上面程序段中 range(5, 11, 2)会生成序列 5,7,9，数列差值为 2。

程序中不建议用"sum"做变量名，因其与内置函数 sum()同名，会导致当前程序无法调用内置的 sum()函数。变量 my_sum 在循环体中的赋值号右侧出现，所以在进入循环之前应该先创建一个对象 0 作为 my_sum 的初值。

在 Python 中，等差数列 n 项和的问题也可以直接用 sum()函数结合 range()函数来实现。range(1,n+1)可生成 1,2,…,n 的序列，将 range()函数直接作为 sum()函数的参数，可以直接获得 range()函数所生成序列中全部元素的和。

```
n = int(input())               # 将输入的字符转成整型, 10
print(sum(range(1, n + 1)))    # sum()函数可返回序列参数的元素的和, 55
```

改变 range( ) 函数中 start、stop、step 的值，便可以计算不同等差数列中连续 n 项和了。例如：

```
print(sum(range(50, 80, 5)))        # 序列 50, 55, 60, 65, 70, 75 的和为 375
```

修改 my_sum = my_sum + i 为 product = product ∗ i 就可以计算前 n 项的积，当然，如果用于求前 n 项的积，变量 product 的初值应该赋值为 1。做数字累乘时还需要注意，乘数 i 的初值不可为 0。

```
product = 1                          # 设定初值为 1, 用于累加
for i in range(5, 11, 2):            # range( )生成序列 5, 7, 9, 依次赋值给 i
    product = product * i            # 每次循环将新的 i 值乘到 product 上
print(product)                       # 输出 product 的值 315
```

当 range( ) 参数的起始值 start 和步长 step 都为 1 时，程序段的功能就是计算终值 stop 的阶乘了。

实例 4.3　计算麦粒数量

实例演示：
计算麦粒数量

相传国王要奖赏国际象棋的发明人，国王问他想要什么，他对国王说："陛下，请您在这张棋盘的第 1 个小格里，赏给我 1 粒麦子，在第 2 个小格里给 2 粒，第 3 小格给 4 粒，以后每一小格都比前一小格加一倍。请您把这样摆满棋盘上所有的 64 格的麦粒给我就可以了。"编程计算一共需要多少粒麦子。按照普通小麦的千粒重 40 g 计算，问共需麦子约多少亿吨？

```
def calculate_chessboard_grains( ):
    """计算棋盘上的麦粒总数"""
    total_grains = 0                                          # 棋盘上的麦粒总数初值
    grains_on_current_square = 1                              # 当前格子上的麦粒数
    for square in range(64):                                  # 64 个格子
        total_grains = total_grains + grains_on_current_square        # 累加当前格子上的麦粒数
        grains_on_current_square = grains_on_current_square * 2        # 下一格麦粒数是当前的 2 倍
    return total_grains                                       # 返回棋盘上的麦粒总数


# 主程序, 调用函数计算棋盘上麦粒总数和质量
total_grains = calculate_chessboard_grains( )
total_weight = total_grains * 40/1000    * 1e-3 * 1e-3 * 1e-8
print(f"共需 {total_grains} 粒麦子。")                        # 共需 18 446 744 073 709 551 615 粒麦子
print(f'总质量为{total_weight:.2f}亿吨')                      # 总质量为 7 378.70 亿吨
```

Python 中的 for、while 循环都有一个可选的 else 子句，在循环迭代正常完成之后执行（包括执行 0 次）。当循环体中遇到 break、return 或异常时，程序将略过 else 子句。或者说，只有当循环以正常方式结束时，else 子句中的语句才能被执行。

实例演示：
判定素数

实例 4.4　判定素数

素数又称为质数，一个大于 1 的自然数，除了 1 和它自身外，不能被其他自然数整除

的数叫做素数；否则称为合数（规定 1 既不是质数也不是合数）。

根据素数的定义，对于大于 1 的自然数 n，可以遍历从 2 到 n-1 之间的数字，判断其中是否存在这个数 n 的因子，若其中存在 n 的因子，则数 n 不是素数。若遍历结束，未发现其因子存在，则数 n 为素数。

在遍历过程中，只要找到一个因子就可以确定整数 n 不是素数，不需要继续遍历后续的数字，这时可以用 break 提前结束循环，略过后续的遍历操作。这样设计的优点一是可以减少循环次数，提高程序效率；二是可以设置一个与 for 语句匹配的 else 子句，将对素数的操作放到 else 子句中执行。若循环中遇到 break 语句，说明整数 n 不是素数，则跳过 else 分支中的语句。若循环中未遇到 break 语句，说明整数 n 除 1 和它自身外，不能被其他自然数整除，是素数，执行 else 分支下的语句。

```python
n = int(input('请输入一个自然数:'))# 输入一个自然数
if n < 2:                          # 自然数包括 0 和 1，0 和 1 以及负数都不是素数
    print(f'{n}不是素数')
for i in range(2, n):              # 遍历从 2 到 n-1 的数字
    if n % i == 0:                 # 当存在能被整除的数时，不是素数
        print(f'{n}不是素数')
        break # 确定不是素数后不需要继续判定，略过后续语句，直接结束循环
else:                              # 与 for 子句匹配，for 循环中未遇到 break 语句时执行此语句，i 等于 2 时也进入此分支
    print(f'{n}是素数')
```

将这个程序定义为一个函数，则循环中若遇到 return 语句时跳过 else 分支下的语句，循环中未遇到 return 语句时，执行 else 分支下的语句。下面程序做了一点优化，若一个数 n = a * b，如果 a 和 b 相等，则 a=b=$\sqrt{n}$；如果 a 与 b 不相等，则 a、b 一定分处于 $\sqrt{n}$ 两侧，例如，100=2×50，100=4×25，100=5×20，100=10×10，所以在寻找因子时，只遍历到 $\sqrt{n}$+1 取整就可以了，加 1 的作用是保证当 $\sqrt{n}$ 正好为 n 的因子时，可以取到这个值。这样可以缩小遍历区间，提高程序的执行效率。

```python
def is_prime(n):                        # 判断正整数 n 是否为素数的函数
    """判断整数 n 是否为素数，返回布尔值 True 或 False"""
    if n < 2:                           # 0 和 1 以及负数都不是素数
        return False                    # False 为假，代表不是素数
    for i in range(2, int(n ** 0.5)+1): # 遍历从 2 到 int(n ** 0.5) 的数字
        if n % i == 0:                  # 当存在能被整除的数时，不是素数
            return False                # False 为假，代表 n 不是素数
    else:                               # 与 for 子句匹配，i == 2 时也进入此语句块
        return True                     # True 为真，代表 n 是素数


# 主程序，输入一个正整数，输出小于这个数的所有素数
num = int(input())                      # 输入一个正整数
for i in range(num):                    # 输出小于 num 的素数
    if is_prime(i):                     # 调用 is_prime 函数，若返回值为 True，i 是素数
        print(i, end=' ')               # 在同一行内输出小于 num 的素数
```

实例 **4.5**　寻找水仙花数

一个三位数称为水仙花数，当且仅当该数等于其各个位上数字的立方和。例如，$1^3+5^3+3^3=153$，所以 153 就是一个水仙花数，找出所有符合条件的三位数。

水仙花数的定义非常直接，即一个三位数等于其个位、十位和百位数字的立方和。因此，解决这个问题的关键算法思路为从 100 到 999 遍历所有可能的三位数，对于每个三位数，提取其百位、十位和个位，判断该数是否等于其各位上数字的立方和，如果满足条件，则输出该数字。产生所有三位数可以用 range(100,1000)实现，遍历所有三位数可以用 for…in 循环，实现语句如下：

```
for num in range(100, 1000)：      # 遍历所有的三位数，从 100 到 999
```

获取每个三位数各位上的数字数学的方法是用整除与取模来实现，num // 100 可以得到百位上的数字，num % 10 可以得到个位上的数字，(num // 10) % 10 先对 10 做整除去掉末位数字，再对 10 取模可以得到十位上的数字。

```
hundreds = num // 100        # 百位
tens = (num // 10) % 10      # 十位
ones = num % 10              # 个位
```

在 Python 中，由于字符串是可遍历对象，所以可以先将三位数转换为一个字符串，例如，str(371)可以将整数 371 转换为字符串'371'，再遍历这个字符串就可以得到每位上的数字字符'3'、'7'、'1'，再用 int('3')可以再将字符串'3'转回整数 3，参与后续的数学运算。

```
def find_narcissistic_numbers()：
    """找到所有的三位数的水仙花数并输出 """
    for num in range(100, 1000)：              # 枚举所有的三位数，从 100 到 999
        result = 0                            # 用于存储累加计算结果，设初值为 0
        for i in str(num)：                    # 将 num 转换为字符串，遍历该数的每一位
            result = result + int(i) ** 3    # 将每位上的字符转为整数，计算每一位的立方和
        if result == num：                     # 判断是否为水仙花数
            print(f"{num} 是水仙花数")

# 调用函数找到所有三位数的水仙花数并输出
find_narcissistic_numbers()
```

这个程序只应用了简单的数学运算与条件分支，不涉及复杂的数据结构，重点在于循环、条件判断以及数学运算。通过遍历所有三位数，确保不会遗漏任何可能的解。每次遍历一个数字后，用 str()将数字转换为字符串，使之可以遍历到上面的每一个字符，再用 int()将当前字符转换为整数，使之可以参与数学运算，通过简单的数学运算判断该数字是否符合水仙花数的条件。

实例 **4.6**　成绩统计分析

文本文件"his. txt"存在若干学生的成绩，数据格式如下，统计这些成绩的平均值。

```
91. 1748
81. 64305
......
95. 95105
60
```

open( )函数可以打开文件创建一个文件对象，文件对象是可遍历的，可以用 for 遍历这个文件对象，每次取得文件的一行。在这个例子里，每次可以读取到一个成绩数据。需要注意的是，遍历文件得到的是字符串，例如，读取第一行得到的是'91. 1748\n'，字符串不能直接参与数值运算，可以用 float('91. 1748\n') 将其转为浮点数 91. 1748，字符串后面的'\n'是数据在文件中的换行符标记，float( )在转换类型时会自动去除这个字符，不需要额外的操作。

要计算成绩的平均值，需要统计出成绩的数量和总成绩，可以用以下代码实现：

```
def calculate_average(file_path):
    """读取文件中的成绩，计算并返回平均成绩"""
    scores_total = 0                                    # 总成绩，初始值为 0
    scores_count = 0                                    # 成绩个数，初始值为 0
    with open(file_path, 'r', encoding='utf-8') as fr:  # 打开文件，创建文件对象
        for score in fr:                                # 逐行读取文件内容
            scores_total = scores_total + float(score)  # 成绩转换为浮点数并累加到总成绩
            scores_count = scores_count + 1             # 成绩个数加 1
    return scores_total / scores_count                  # 返回平均成绩


file_path = 'his. txt'                                  # 文件名
average_score = calculate_average(file_path)            # 调用函数计算平均成绩
print(f'平均成绩：{average_score:. 2f}')                # 保留 2 位小数，平均成绩：85. 27
```

4. 2. 2　while 循环

for 循环一般用于确定次数循环时使用，但有些情况无法确定程序应该执行多少次，这时用 while 循环就比较方便，while 循环可以根据给定条件决定循环次数。while 循环也可以嵌套使用，也允许 while 循环和 for 循环嵌套一起使用。

while 循环的语法如下：

```
while 判断条件:
    语句块
```

判断条件的返回值为布尔型，即 True 或 False。当判断条件表达式的结果为 True 时，执行 while 下面缩进部分语句块中的全部语句，然后再次检查判断条件的值，重复以上操作，直到判断条件的结果为 False 时结束循环。

在循环体的语句中，一定有一条语句会使循环判断条件的结果发生变化，使之在经过有限次运行后能够变 False，从而结束循环。

实例 4.7　计算圆周率

实例演示：
计算圆周率

用 $\dfrac{\pi}{4}=1-\dfrac{1}{3}+\dfrac{1}{5}-\dfrac{1}{7}+\dfrac{1}{9}-\cdots+\dfrac{1}{2n-1}$ 公式可以计算圆周率求 π 的近似值，直到最后一项的绝对值小于用户输入的精度为止。

公式中每一项的分母数字正好相差 2，符号正负交替，可以利用循环结构求解，循环次数不确定，可用 while 关键字实现。

```python
def calculate_pi( precision) :
    """计算圆周率，直到最后一项小于指定的精度值"""
    pi, i = 0, 1                 # 设定初值，i 用于改变分母
    sign = 1                     # sign 用于改变符号
    while 1 / i >= precision :   # 最末项大于等于指定精度值时执行循环体中的语句
        pi = pi + sign * 1 / i   # 累加，每次循环加上最后一项
        sign = - sign            # 每循环一次改变一次符号，实现正负项交替
        i = i + 2                # 每个分母的数字相差 2
    return pi * 4                # 公式是 π/4，乘 4 得到 π 的计算值

# 主程序，调用函数计算圆周率
precision = float( input( "请输入精度数值：" ) )
print( calculate_pi( precision) )
```

输入：1e-6

输出：**3.14159**0653589692

输入：1e-9

输出：**3.141592651**589258

在循环体中，每次循环改变 i 值，使 1/i 不断变小，使循环控制条件 1 / i >= precision 的结果由 True 逐渐变为 False，从而使循环可以在有限次数内结束。

结果表明增加计算的项数可以提高计算精度，但这个算法效率不高，想再提升精度计算时间就很长了，需要使用更高效的算法。

实例 4.8　分解质因数

实例演示：
分解质因数

分解质因数是指将一个正整数表示为若干质数的乘积。例如，12＝2×2×3，其中 2 和 3 是质数。质因数分解在数论、密码学、计算机科学等领域都有广泛应用。对于一个整数 n，要将其分解为一系列质数的乘积，可以从 2 开始，逐一尝试所有可能的因数。

```python
def is_prime( n) :
    """接受一个整数输入，判定是否为质数（素数），返回布尔值"""
    if n < 2 :
        return False                 # 0 和 1 不是素数
    for i in range( 2, int( n ** 0.5 ) + 1) :   # 保证效率
        if n % i == 0 :
            return False
```

```
    else:
        return True                          # for 循环正常结束未遇到 return 时返回 True


num = int(input())                           # 输入一个整数
for j in range(2, num + 1):                  # 2 开始遍历到 num
    while num % j == 0 and is_prime(j):      # 如果 j 是 num 的因子且 j 是质数
        print(j,end='')                      # 输出当前质因数 j
        num = num // j                       # 缩小 num 规模
```

主程序中有两重循环，函数中有一重循环，当前算法效率并不高。质因数分解在密码学中有着非常重要的应用，尤其是在公钥加密算法中。最著名的例子是 RSA 加密算法，它的安全性正是基于大数质因数分解的困难性。质因数分解是一个已知的 NP 难问题，随着 n 的位数增加，分解 n 的时间需求呈指数级增长。RSA 使用两个大质数的乘积构造一个模数，解密者想要破解消息，必须能够将该模数分解为这两个质因数，而这在现有的技术下是非常困难的，尤其当质数非常大时。所以提高分解质因数的效率就变得非常重要，下面方法可以减少循环，提高效率。

目前，已知的质因数分解算法如试除法、Pollard rho 算法、椭圆曲线因数分解法等都无法有效分解 2 048 位以上的 n，这也是 RSA 安全性的基础。

```
def prime_factors_brute_force(n):
    """ 使用暴力法分解质因数 """
    divisor = 2                              # 从 2 开始逐一尝试所有可能的因数
    while n > 1:                             # 当 n > 1 时，继续分解
        if n % divisor == 0:                 # 如果 n 能被 divisor 整除
            print(divisor, end='')           # 则 divisor 是 n 的一个因数
            n = n // divisor                 # 将 n 除以 divisor，更新 n 的值
        else:                                # 如果 n 不能被 divisor 整除
            divisor = divisor + 1            # 则考虑下一个可能


# 主程序，示例调用
prime_factors_brute_force(84)                # 输出：2 2 3 7
prime_factors_brute_force(100)               # 输出：2 2 5 5
```

算法从最小的质数开始，并且每次找到一个因子后都会将 n 除以这个因子，剩下的 n 仍然是待分解的部分，因此，所有找到的因子都是质数。

4.2.3 流程跳转

continue 语句和 break 语句都应用于循环语句中。一般置于条件判定语句块中，当满足某条件时触发该语句的执行。

continue 语句的作用是跳过本次循环中 continue 语句后面剩余语句的执行，提前进入下一次循环。

实例演示：
计算列表中的负
数的平方和

实例 4.9　计算列表中的负数的平方和

一个列表中有若干数字，其中包含正数和负数，编程计算列表中正数的平方和。

```python
def sum_of_squares(numbers):
    """计算列表中所有正数的平方和，忽略负数"""
    total = 0                               # 设一个初值，用于保存平方和
    for number in numbers:                  # 遍历列表中的每个元素
        if number < 0:                      # 判断是否为负数
            continue                        # 如果是负数，则跳过本次循环
        total = total + number ** 2         # 计算平方和
    return total                            # 返回平方和

# 主程序，示例调用
numbers = [1, 2, -3, -4, 5]                 # 列表中包含正数和负数
print(f"列表中所有正数的平方和是：{sum_of_squares(numbers)}")  # 30
```

Python 中，大部分使用 continue 的情况都可以通过改变条件回避其使用。本例中可以在 number > 0 时执行"total = total + number ** 2"语句计算平方和，不使用 continue 实现相同的功能。

break 语句用于跳过当前循环中未执行的次数，提前结束语句所在的循环。在循环次数未达到设定次数或未达到循环中止条件时跳出循环。例如，枚举时，找到一个满足条件的结果就中止循环。

while 关键字常用于构造无限循环，while 后面加 True 或一个结果为 True 的表达式，使循环判断条件永远为 True，此时循环可以无限地执行下去，除非在循环体内遇到 break 语句或 return 语句才能中止循环。计算圆周率程序可用下面的方法实现：

```python
def calculate_pi(precision):
    """计算圆周率，直到最后一项小于指定的精度值"""
    pi, i = 0, 1            # 设定初值，i 用于改变分母
    sign = 1               # sign 用于改变符号
    while True:
        if 1 / i < 1e-6:   # 当最后一项小于 10^-6 时结束循环
            break          # 略过循环中未执行的次数，提前终止循环
        pi = pi + sign * 1 / i   # 累加，每次循环加上最后一项
        sign = - sign      # 每循环一次改变一次符号，实现正负项交替
        i = i + 2          # 每个分母的数字相差 2
    return pi * 4          # 公式是 π/4，乘 4 得到 π 的计算值

# 主程序，调用函数计算圆周率
precision = float(input("请输入精度数值："))
print(calculate_pi(precision))
```

break 关键字只能中止当前层次的循环，若处于多重循环中，外层循环不能无条件中

止，可以在内层设定一个变量 flag 作为标记，一旦满足中止外层循环的条件，就改变变量 flag 的值。在外层循环中根据 flag 的值判定是否要用另一个 break 中止外层循环。

4.3 异常处理

异常是一个事件，该事件会在程序执行过程中发生，影响程序的正常执行。一般情况下，在 Python 无法正常处理程序时就会发生一个异常。在 Python 中，异常也是一个对象，表示一个错误。当 Python 程序发生异常时需要捕获处理它，否则程序会终止执行。

Python 提供了异常处理的方法，利用 try/except 语句来检测 try 语句块中的错误，从而让 except 语句捕获异常信息并处理。

4.3.1　程序中的错误

Python 中的错误分为三类：语法错误、逻辑错误和运行时错误。

（1）语法错误（SyntaxError）也称解析错误，是指不遵循语言的语法结构引起的错误，程序无法正常编译/运行。语法错误属于编译阶段的错误，会导致解析错误。有语法错误的程序无法正确地编译或运行，一般是指由于程序语句、表达式、函数等存在书写格式错误或语法规则上的错误。

常见的语法错误包括程序存在遗漏了冒号或括号等必要的符号、关键词拼写错误、缩进不正确、全角符号和空语句块等。这种错误一般会在 IDLE 或其他 IDE 中有明显的错误提示。

（2）逻辑错误是指程序可以正常运行，但其执行结果与预期不符。与语法错误不同的是，存在逻辑错误的程序从语法上来说是正确的，但会产生意外的输出或结果，并不一定会被立即发现。逻辑错误的唯一表现就是错误的运行结果。

常见的逻辑错误包括运算符优先级考虑不周、变量名使用不正确、语句块缩进层次不对、在布尔表达式中出错等。

例如，当输入的用户名为"admin"或"root"，且密码为"asd * -+"时，输出"登录成功"。

```
username, password = input( ).split( )          # 切分空格分隔的输入，分别赋值
if username == 'admin' or username == 'root' and password == 'asd * -+':
    print("登录成功")
```

这段程序没有语法错误，但由于 or 的优先级低于 and，一旦 or 左边结果为 True，右边会被短路，不做处理，直接输出"登录成功"。这里可以用括号改变优先级或分成两个 if 语句来写，确保逻辑的正确性。

```
username, password = input( ).split( )
if (username == 'admin' or username == 'root')  and password == 'asd * -+':     # 确保逻辑正确
    print("登录成功")
```

```
# 或分两个 if 语句进行判定
username, password = input( ). split( )
if username == 'admin' or username == 'root':
    if password == 'asd * -+':
        print("登录成功")
```

（3）运行时错误是指程序可以运行，但是在运行过程中遇到错误，导致程序意外退出。当程序由于运行时错误而停止时，也会说程序崩溃了，一般我们说的异常便是运行时错误，有时也会把所有错误都归于异常。

4.3.2 异常

异常是在程序执行过程中发生的一个事件，该事件会影响程序的正常执行。一般情况下，在 Python 无法正常处理程序时或者说程序在运行时发生错误而没有被处理时就会发生一个异常。这些异常会被 Python 中的内建异常类捕捉。异常的类型有很多，在前面的学习过程中，遇到过 SyntaxError、NameError 、TypeError、ValueError 等多个错误提示信息，这些都是异常。

当程序发生异常时需要捕获它并进行一些处理，使其平稳结束，否则程序会终止执行甚至直接崩溃。本节主要学习异常的一些处理方法和利用异常进行程序设计。

在程序设计过程中，要尽可能考虑全面，避免类似异常的存在，同时，尽可能对可能产生的异常进行处理，使程序具有更好的健壮性和容错性，避免程序崩溃。也可以利用异常处理的方法实现程序的不同的功能。

Python 中有许多内置的异常，有一个内置异常的完整层次结构，每当解释器检测到某类错误时，就能触发相对应的异常。在程序设计过程中，可以编写特定的代码，专门用于捕捉异常，如果捕捉到某类异常，程序就执行另外一段代码，执行为该异常定制的逻辑，使程序能够正确运行，这种处理方法就是异常处理。

4.3.3 try…except 子句

在 Python 中，可以使用 try、except、else 和 finally 这几个关键词来组成一个包容性很好的程序，通过捕捉和处理异常，加强程序的健壮性。用 try 可以检测语句块中的错误，从而让 except 语句捕获异常信息并处理。

try…except 语法如下：

```
try:
    <语句块 1>          # 需要检测异常的代码块
except <异常名称 1>:
    <语句块 2>          # 如果在 try 部分引发了异常名称 1 时执行的语句块
[except <异常名称 2>:
    <语句块 3>]         # 如果在 try 部分引发了异常名称 2 时执行的语句块
[else:
    <语句块 4>]         # 没有异常发生时执行的语句块
```

> [finally：
> <语句块 5>]

　　except 语句和 finally 语句都不是必需的，但是两者必须要有一个，否则就没有 try 的意义了。except 语句可以有多个，Python 会按 except 语句的顺序依次匹配指定的异常，如果异常已经处理就不会再进入后面的 except 语句。

　　程序首先执行 try 与 except 之间的语句块，如果未发生异常，忽略各 except 下面的语句块，直接执行 else 或以后的程序语句。

　　如果在执行 try 子句的过程中发生异常，且异常与某个 except 后面的错误类型相符，则执行该 except 后面的语句块。except 可以有多个，分别用于处理不同类型的异常，但程序只能执行到其中一个。

　　如果 try 里面的语句无法正确执行，则根据错误类型选择执行对应的 except 里面的语句，这里面可以是错误信息或者其他的可执行语句。

　　如果 try 里面的程序没有触发异常，语句可以正常执行，那么就执行 else 里面的语句。

　　finally 放在最后，其内容通常是做一些后事的处理，比如关闭文件、资源释放之类的操作。如果 try 中的异常没有在"Exception"中被指出，那么系统将会抛出默认错误代码，并且终止程序，接下来的所有代码都不会被执行。但如果有 finally 关键字存在，则会在程序抛出默认错误代码之前，执行 finally 中的语句。finally 语句块是无论如何都要执行的，即使在前面的 try 和 except 语句块中出现了 return，都会将 finally 语句执行完再去执行前面的 return 语句。这个方法在某些必须要结束的操作中颇为有用，如释放文件句柄，或释放内存空间等。

　　Python 允许在一个程序中同时对多类异常进行捕捉，触发哪个异常就执行哪个异常对应的语句。Python 内置的"Exception"类可以捕捉到所有内置的、非系统退出的异常以及所有用户定义的异常。表 4.1 列出了 Python 中常见的异常名称及其描述，可以参考 Python 文档查看所有异常类及其子类。

表 4.1　常见异常

异常名称	描述
Exception	常规异常的基类，可以捕获任意异常
SyntaxError	语法错误
NameError	未声明/未初始化的对象（没有属性）
SystemError	一般的解释器系统错误
ValueError	传入无效的参数，或传入一个调用者不期望的值，即使值的类型是正确的
IndentationError	缩进错误（代码没有正确对齐）
ImportError	导入模块/对象失败（路径问题或名称错误）
ModuleNotFoundError	模块不存在
ZeroDivisionError	除（或取模）零
OverflowError	数字运算超出最大限制

续表

异 常 名 称	描　　述
AttributeError	对象没有这个属性
IndexError	索引超出序列边界，如 x 只有 10 个元素，序号为 0~9，程序中却试图访问 x[10]
KeyError	映射中没有这个键（试图访问字典里不存在的键）
TypeError	对类型无效的操作
TabError	Tab 键和空格键混用
RuntimeError	一般的运行时错误

实例 4.10　简单计算器

实例演示：
简单计算器

接受用户任意输入两个数字和运算符号，输出其加、减、乘、除的结果，并输出"感谢使用计算器!"。

题目很简单，但要注意到 0 不能做除数，所以当第二个数字为 0 时，程序要能够对异常输入进行处理，使程序不至于因除零异常而崩溃。当用户在输入数字时输入了非数字字符，或是在输入运算符号时，输入了除"+、−、＊、/"以外的符号时，应该给出合适的处理。

```python
def calculator( ):
    """简单的计算器程序"""
    try:
        # 获取用户输入
        num1 = float(input("请输入第一个数字："))
        num2 = float(input("请输入第二个数字："))
        operation = input("请选择操作(+, −, ＊, /)：")

        # 根据操作符执行计算
        if operation == "+":
            result = num1 + num2
        elif operation == "−":
            result = num1 − num2
        elif operation == "＊":
            result = num1 ＊ num2
        elif operation == "/":
            result = num1 / num2                # 可能出现除以零的情况
        else:
            raise ValueError("无效的操作符")      # 手动触发异常

    # 处理用户输入非数字的异常
    except ValueError as ve:
```

```
        print(f"输入错误：{ve}")

    # 处理除以零的异常
    except ZeroDivisionError:
        print("错误：不能除以零")

    # 如果没有异常，输出计算结果
    else:
        print(f"结果：{num1} {operation} {num2} = {result}")

    # 无论是否发生异常，都执行以下代码
    finally:
        print("感谢使用计算器！")

# 调用计算器函数
calculator()
```

  try 语句块中放置可能会触发异常的代码。在 try 语句块中，获取用户输入的两个数字和一个操作符，尝试将用户输入转换为浮点数，如果用户输入如字母之类的非数字，这里可能会触发 ValueError。然后，根据用户选择的操作符执行相应的计算。例如，如果用户输入了"+"就执行加法，如果用户输入了无效的操作符，则用 raise 语句手动触发 ValueError 异常。

  except 语句块用于放置对可能触发的异常的处理。例程中使用了两个 except 块来处理不同类型的异常，ValueError 处理用户输入非数字或输入无效操作符的情况；ZeroDivision-Error 处理用户除以零的情况。

  else 语句块放置没有触发异常时的处理。如果 try 块中的代码没有发生任何异常，else 块中的代码会执行，例子中这部分放置了打印计算结果的语句。

  finally 语句块中放置无论是否触发异常都要执行的语句。无论是否发生异常，finally 块中的代码都会执行。例子在这里输出一条感谢信息，表示程序的结束。

  正常输入：

```
请输入第一个数字：10
请输入第二个数字：2
请选择操作（+，-，*，/）：/
结果：10.0 / 2.0 = 5.0
感谢使用计算器！
```

  输入字母：

```
请输入第一个数字：abc
输入错误：could not convert string to float: 'abc'
感谢使用计算器！
```

  除数为零：

```
请输入第一个数字：10
请输入第二个数字：0
请选择操作（+，-，*，/）：/
错误：不能除以零
感谢使用计算器！
```

　　无效操作符：

```
请输入第一个数字：10
请输入第二个数字：2
请选择操作（+，-，*，/）：x
输入错误：无效的操作符
感谢使用计算器！
```

　　虽然 try…except 可以捕捉和处理程序中的异常，但不能过于依赖这种方法。在程序设计过程中，首先应该尽可能排除语法错误与逻辑错误，防御性方式编码比捕捉异常方式更好，应尽量采取这种编程方式，提升性能并且使程序更健壮。

　　不要试图用 try 语句解决所有问题，这将会极大地降低程序的性能。只有在错误发生的条件无法预知的情况下，才使用 try…except 进行处理。

　　在程序设计过程中，一般情况下异常处理与程序主要的功能是没有关系的，过多地应用异常处理，会导致代码可读性变差。要尽量减少 try…except 语句块中的代码量，try 语句块的体积越大，期望之外的异常就越容易被触发，越容易隐藏真正的错误，从而带来严重后果。

　　使用 finally 子句来执行那些无论 try 语句块中有没有异常都应该被执行的代码，常用于终止处理程序，这对于清理资源常常很有用，例如关闭文件。

4.4　算法及问题求解

4.4.1　枚举算法

　　枚举算法又称为穷举法，是一种暴力搜索算法，其核心思想是通过遍历所有可能的解，从中找到满足问题要求的解。枚举算法通常适用于问题规模较小或者解空间有限的情况，因为它的时间复杂度通常非常高，随着问题规模的增大，计算量会呈指数增长。

　　枚举算法的基本步骤如下。

　　（1）确定解空间，确定所有可能的解的集合。

　　（2）遍历解空间，通过遍历所有的可能解，检查这些解是否满足问题的要求。

　　（3）筛选解，对于每一个可能的解，判断其是否符合条件，如果符合则记录下来。

　　（4）输出结果，最终输出符合条件的解，或者输出符合条件的最优解。

实例 **4.11** 百钱百鸡问题

百钱百鸡问题是中国古代的一个经典数学问题：用 100 文钱买 100 只鸡，其中公鸡 5 文钱 1 只，母鸡 3 文钱 1 只，小鸡 1 文钱 3 只。问如何买公鸡、母鸡、小鸡，使得总数为 100 只，且总花费为 100 文钱。

百钱百鸡问题是一个典型的整数解组合问题，即有鸡的种类、单价、数量和总金额等多个约束条件，需要找到所有满足条件的解，适合用枚举算法来解决。

约束条件：公鸡的数量为整数 x，母鸡的数量为整数 y，小鸡的数量为整数 z，隐含条件是小鸡的数量是 3 的倍数。

总数量约束：x+y+z＝100

总价格约束：5∗x+3∗y+z//3＝100

这个问题的解法可以使用枚举算法，即遍历所有可能的数量组合，然后筛选出符合条件的解。算法思路是先确定枚举范围，从问题描述中可以看出，公鸡、母鸡和小鸡的数量必须是非负整数且不大于 100。再确定枚举解空间，逐一枚举公鸡和母鸡的数量，通过约束条件计算小鸡的数量，并验证是否满足总花费为 100 文钱的条件。最后是筛选合法解，对于每一种公鸡和母鸡的组合，计算相应的小鸡数量，并判断是否满足条件。最终输出合法解。

以下使用枚举算法求解百钱百鸡问题：

```
def hundred_chickens():
    """用 100 文钱买 100 只鸡，输出所有可能的解 """
    for cock in range(101):        # 枚举公鸡的数量 cock
        for hen in range(101):        # 枚举母鸡的数量 hen
            for chick in range(101) # 枚举小鸡的数量 chick
                # 判断是否满足，小鸡数是 3 的倍数总花费为 100 文，总鸡数是 100 只
                if chick%3==0 and 5 * cock + 3 * hen + chick // 3 == 100 and cock + hen + chick ==
100:
                    print(f"公鸡：{cock} 只，母鸡：{hen} 只，小鸡：{chick} 只")

# 主程序，调用函数并输出结果
hundred_chickens()
```

虽然这个问题的解空间为 101×101×101，不是特别大，直接枚举的效率已经能够接受，但我们仍然可以做一些优化。

首先，减少无效枚举。考虑到当公鸡和母鸡数量确定时，小鸡数量可用 100−x−y 获得，且小鸡数量必须为 3 的倍数，可以只考虑小鸡数量为 3 的倍数的情况，通过额外的判断来减少一些无效的枚举可以缩小解空间。其次，由于公鸡和母鸡的价格较高，显然不可能买超过 20 只公鸡，而母鸡也不能超过 33 只，这样问题的解空间就减少到 21×34。

```
def hundred_chickens():
    """用 100 文钱买 100 只鸡问题，输出所有可能的解 """
    for cock in range(21):        # 枚举公鸡的数量 cock
```

```
        for hen in range(34):                # 枚举母鸡的数量 hen
            chick = 100 - cock - hen         # 小鸡的数量通过计算得到,不枚举
            # 先判定小鸡数是否是 3 的倍数,利用短路效应减少运算量
            if chick % 3 == 0 and 5 * cock + 3 * hen + chick // 3 == 100:
                print(f"公鸡:{cock} 只, 母鸡:{hen} 只, 小鸡:{chick} 只")

# 主程序,调用函数并输出结果
hundred_chickens()
```

枚举算法简单易懂,由于枚举算法的核心思想是遍历所有可能的解空间,适用于有明确约束条件并且解空间有限的问题。算法的逻辑通常非常简单,容易实现和理解。可以保证找到解,如果解存在,枚举算法最终一定能找到正确的解,因为它会遍历所有可能的情况。枚举算法适合小规模问题,在问题规模较小或解空间较小时,可以快速找到解。

枚举算法的缺点是效率低,枚举算法的时间复杂度通常是指数级或更高的,随着问题规模的增大,算法的运行时间会急剧增加,导致效率非常低下。枚举算法不适合大规模问题,当解空间非常大时,枚举算法不可行,因为它可能需要花费非常多的时间来寻找解。

枚举算法虽然效率不高,但在小规模问题上非常有效,广泛应用于各种组合、排列、优化问题中,例如组合优化问题,如背包问题、旅行商问题等,其中需要找到最优解;搜索问题,如数独、八皇后问题等,枚举所有可能的解,找到符合条件的解;密码破解,暴力破解密码是一种典型的枚举算法应用,通过尝试所有可能的密码组合,最终找到正确的密码;数论问题,包括质数判定、因数分解等问题;排列组合问题,如生成排列、组合、子集等。下面给出几个枚举算法的示例,帮助初学者了解枚举算法的基本原理和使用场景。

实例 4.12　寻找完全数

一个完全数是指一个正整数,它的所有真因数(即除了它本身以外的所有因数)之和等于这个数本身。例如,6 的真因数(1、2、3)的和为 6,所以 6 是完全数;28 的真因数(1、2、4、7、14)的和也是 28,所以 28 也是完全数。编写一个程序,找到指定范围内的所有完全数。

这个实例可以帮助学生掌握循环与条件判断,通过编写循环和条件判断来解决问题。优化算法,理解如何通过减少冗余计算来优化寻找完全数的算法。

对于一个数 n,它的真因数是所有比 n 小且能整除 n 的数。可以通过枚举 n 的所有可能因数来计算它们的和并判断是否等于 n。

算法步骤如下。

(1)枚举:遍历给定范围内的每个正整数。

(2)求真因数:对于每个数 n,找到它的所有真因数。

(3)计算因数和:将这些因数相加,判断是否等于 n。

(4)输出结果:如果是完全数,输出这个数。

```
def is_perfect_number(n):
    """判断一个数是否为完全数"""
```

```
    # 求 n 的真因数和
    sum_of_divisors = 0

    # 遍历 1 到 n-1，找出所有能整除 n 的数
    for i in range(1, n):
        if n % i == 0:
            sum_of_divisors += i

    # 判断真因数和是否等于 n，返回布尔值
    return sum_of_divisors == n

def find_perfect_numbers(limit):
    """ 找到指定范围内的所有完全数"""
    print(f"范围 1 到 {limit} 内的完全数有:")

    # 遍历 1 到 limit 范围内的每个数
    for num in range(1, limit + 1):
        if is_perfect_number(num):
            print(num)

# 示例调用：寻找 1 到 10 000 范围内的完全数
find_perfect_numbers(10000)
```

函数 is_perfect_number(n)用于判断一个数 n 是否为完全数。使用一个循环遍历从 1 到 n-1 的所有数，并判断它们是否是 n 的因数。将所有真因数相加，并返回它们的和是否等于于 n。函数 find_perfect_numbers(limit)用于寻找从 1 到 limit 范围内的所有完全数。它调用 is_perfect_number(num)来判断每个数是否为完全数。如果是完全数，则将其输出。

虽然上面的代码可以找到完全数，但时间复杂度较高，因为在 is_perfect_number 中遍历了从 1 到 n-1 的所有数来找因数。实际上，可以对这个过程进行优化。只需要遍历从 1 到 $\sqrt{n}$ 的数，因为对于每个因数 i，如果 i 是 n 的因数，那么 n//i 也是 n 的因数。例如，对于 n=28，因数 1 和 28、因数 2 和 14、因数 4 和 7。这样，可以减少循环的次数，进一步优化算法。

```
def is_perfect_number_optimized(n):
    """ 判断一个数是否为完全数，只需遍历 1 到 sqrt(n) 的范围，减少不必要的计算"""
    if n < 2:
        return False

    sum_of_divisors = 1   # 因数 1 一定是任何数的因数

    # 遍历 2 到 sqrt(n)，同时加上配对的因数 n // i
    for i in range(2, int(n ** 0.5) + 1):
```

```
        if n % i == 0:
            sum_of_divisors += i
            if i != n // i:  # 防止平方数重复添加因数
                sum_of_divisors += n // i

    # 判断真因数和是否等于 n
    return sum_of_divisors == n

def find_perfect_numbers_optimized(limit):
    """ 找到指定范围内的所有完全数"""
    print(f" 范围 1 到 {limit} 内的完全数有:")

    # 遍历 1 到 limit 范围内的每个数
    for num in range(1, limit + 1):
        if is_perfect_number_optimized(num):
            print(num)

# 调用函数: 寻找 1 到 10 000 范围内的完全数
find_perfect_numbers_optimized(10000)
```

在 is_perfect_number_optimized(n) 中，只遍历从 2 到 sqrt(n)，并同时添加配对的因数（即 i 和 n//i），减少不必要的计算，有效地将时间复杂度从 $O(n)$ 降低到 $O(\sqrt{n})$，从而减少了计算量。当 n 是平方数时，n//i 和 i 相同，因此需要在添加因数时进行检查，防止重复添加。

寻找完全数展示了如何使用基本的数学运算、循环和条件判断来解决问题。在优化版本中，通过减少不必要的计算，进一步提升了算法的效率。完全数在数学中很稀有，因此寻找更大的完全数是一个有趣的挑战。通过进一步优化算法，可以在更大的范围内找到完全数。

梅森素数和完全数的关系：梅森素数是形如 2^p-1 的素数，其中 p 本身必须是素数。通过寻找梅森素数，可以生成偶完全数。

已知的偶完全数都可以通过梅森素数生成。具体公式为

$$2^{p-1} \times (2^p-1)$$

其中，2^p-1 是一个梅森素数。可以进一步扩展程序，利用这一公式生成完全数。

算法步骤如下。

（1）寻找素数 p：枚举一些素数 p。

（2）验证梅森素数 2^p-1：对于每个素数 p，计算 2^p-1 并检查它是否是素数。

（3）生成完全数：如果 2^p-1 是梅森素数，则使用公式 $2^{p-1} \times (2^p-1)$ 生成完全数。

输出结果：输出找到的完全数。

使用梅森素数来生成完全数的方法利用了梅森素数的特殊性质，避免了枚举和逐一检查所有可能的完全数，非常高效。下面给出用梅森素数寻找完全数的程序：

```
def is_prime(n):
    """判断一个数是否为素数"""
    if n <= 1:
        return False
    if n == 2:
        return True
    if n % 2 == 0:
        return False
    for i in range(3, int(n ** 0.5) + 1, 2):
        if n % i == 0:
            return False
    return True


def find_mersenne_prime(limit):
    """找到所有小于或等于 limit 的梅森素数，并生成相应的完全数"""
    print(f"寻找梅森素数和生成的完全数(p <= {limit}):")
    for p in range(2, limit + 1):                        # 遍历从 2 到 limit 范围内的所有数
        if is_prime(p) and is_prime(2 ** p - 1):         # 如果 p 和梅森数 2^p-1 均为素数
            perfect_number = 2 ** (p - 1) * (2 ** p-1)    # 生成完全数
            print(f"p = {p}, 梅森素数 = {(2 ** p-1)}, 完全数 = {perfect_number}")


# 函数调用：找出 p <= 31 的梅森素数及其对应的完全数
find_mersenne_prime(31)
```

函数 is_prime(n)用于判断一个数 n 是否为素数。它通过遍历从 3 到 $\sqrt{n}$ 之间的所有奇数，检查是否存在能整除 n 的数，这是一个高效的素数判定方法。函数 find_mersenne_prime(limit)用于寻找 p 小于或等于 limit 的梅森素数及其生成的完全数。遍历从 2 到 limit 的所有数，检查 p 和梅森素数 2^p-1 是否为素数，如果二者都是素数，则根据公式 $2^{p-1} \times (2^p-1)$ 生成完全数，并输出。

调用 find_mersenne_prime(31)，寻找 p <= 31 时的梅森素数及其对应的完全数，运行结果如下：

```
寻找梅森素数和生成的完全数（p <= 31）:
p = 2, 梅森素数 = 3, 完全数 = 6
p = 3, 梅森素数 = 7, 完全数 = 28
p = 5, 梅森素数 = 31, 完全数 = 496
p = 7, 梅森素数 = 127, 完全数 = 8128
p = 13, 梅森素数 = 8191, 完全数 = 33550336
p = 17, 梅森素数 = 131071, 完全数 = 8589869056
```

p = 19, 梅森素数 = 524287, 完全数 = 137438691328
p = 31, 梅森素数 = 2147483647, 完全数 = 2305843008139952128

4.4.2　迭代算法

迭代算法是指通过重复执行一系列指令，逐步逼近问题的解。它通常通过循环结构来实现，每次循环都会根据当前的状态更新结果，直到满足某个条件停止。迭代是编程中最常见的概念之一，尤其在处理重复计算、递增、递减等操作时，迭代算法具有广泛的应用。

迭代算法是编程中的基础工具之一，是解决重复性问题的强大工具。在列表遍历、累积求和、阶乘、查找最大值最小值等任务中都有应用。学习迭代算法不仅能帮助理解程序的执行过程，还能提升此类问题的解决能力。

实例 4.13　迭代求斐波那契数列

斐波那契数列是一个著名的数列，其特点是前两个数为 0 和 1，从第三个数开始，每个数是前两个数之和。前几个斐波那契数为 0, 1, 1, 2, 3, 5, 8, 13, …。给定一个非负整数 n，求第 n 个斐波那契数。

算法思路如下。

（1）斐波那契数列的第一个数是 0，第二个数是 1。

（2）使用迭代法，从第 3 个数字开始，逐步计算到第 n 个数字。

（3）每次将前两个数字相加，得到当前数字。

实例演示:
迭代求斐波那契数列

```python
def fibonacci(n):
    """ 计算并返回第 n 个斐波那契数 """
    if n <= 1:                    # n 为 0 时返回 0, n 为 1 时返回 1
        return n

    a, b = 0, 1                   # 初始化前两个斐波那契数
    for i in range(2, n + 1):     # 从第 2 个数开始迭代, 计算到第 n 个数
        a, b = b, a + b           # 更新 a 和 b 的值, a 是当前数, b 是下一个数
    return b


# 主程序, 调用函数
n = 12
result = fibonacci(n)
print(f"第 {n} 个斐波那契数是: {result}")
```

斐波那契数列的第 n 个数等于前两个数之和。使用两个变量 a 和 b 来存储前两个斐波那契数，并在每次循环时更新它们的值。通过迭代，逐步计算出第 n 个斐波那契数。相比递归方法，迭代方法节省了大量的内存和时间。通过不断更新变量，能够轻松计算出较大的斐波那契数。

实例 4.14 迭代求解非线性方程

使用牛顿迭代法求解方程 $f(x) = x^2 - 2 = 0$ 的近似解。

牛顿迭代法（Newton's Method）是一种用于求解非线性方程（即形如 $f(x) = 0$ 的方程）近似解的数值方法。牛顿迭代法的核心思想是从初始猜测值出发，通过迭代逐步逼近方程的根。

牛顿迭代法的公式为

$$x_{n+1} = x_n - \frac{f(x_n)}{f'(x_n)}$$

x_n 是当前的近似解，$f'(x_n)$ 是函数 $f(x)$ 在 x_n 处的导数，x_{n+1} 是下一次迭代得到的解。通过不断更新 x_n，可以逐步逼近方程的根。

牛顿迭代法的步骤如下。

（1）选择初始猜测值 x_0。

（2）计算函数 $f(x)$ 和导数 $f'(x)$，此例中函数 $f(x) = x^2 - 2$，导数 $f'(x_n) = 2x$。

（3）通过牛顿迭代公式，计算下一次的近似值 x_{n+1}。

（4）检查收敛条件：如果 $|x_{n-1} - x_n|$ 足够小，或迭代次数达到最大值，则停止迭代。

（5）返回近似解。

```python
def newton_method(f, df, x0, tolerance = 1e-7, max_iterations = 100):
    """ 用牛顿迭代法求解 f(x) = 0 的近似解，返回近似解 x 和迭代次数
    f：目标函数 f(x)，df：目标函数 f(x) 的导数 f'(x)，x0：初始猜测值
    tolerance：解的精度（默认为 1e-7），max_iterations：最大迭代次数（默认为 100）
    """
    xn = x0                               # 初始猜测值
    for n in range(max_iterations):       # 迭代次数
        fxn = f(xn)                       # 计算 f(xn)
        dfxn = df(xn)                     # 计算 f'(xn)

        if dfxn == 0:                     # 如果导数为零，终止迭代，避免除零错误
            print("导数为零，无法继续迭代")
            return None

        xn_next = xn - fxn / dfxn         # 更新迭代值

        if abs(xn_next - xn) < tolerance: # 检查解的精度是否满足要求
            print(f"迭代次数：{n + 1}")   # 迭代次数：5
            return xn_next                # 返回近似解

        xn = xn_next                      # 更新迭代值
    else:                                 # 如果超过最大迭代次数仍未收敛，防止进入死循环或不收敛
        print("达到最大迭代次数，未能找到足够精确的解")
```

```
        return xn

def f(x):
    """ 定义目标函数 f(x) = x^2 - 2 """
    return x ** 2 - 2

def df(x):
    """ 定义目标函数 f(x) 的导数 f(x) = 2x """
    return 2 * x

# 主程序, 示例调用, 使用 x0 = 1.0 作为初始猜测值
initial_guess = 1.0
root = newton_method(f, df, initial_guess)
print(f"方程的近似解是：{root}")      # 方程的近似解是：1.4142135623730951
```

　　牛顿迭代法的优势是快速收敛和精度可控。牛顿迭代法在初始猜测值较好时，具有非常快的收敛速度。可以通过调节 tolerance 参数来控制解的精度，通常牛顿法可以达到非常高的精度。其局限性一是需要计算导数，牛顿迭代法依赖于函数的导数，这意味着必须能够明确地提供目标函数的导数。二是初始猜测值的敏感性，如果初始猜测值离真实根较远，牛顿法可能会收敛到错误的解，甚至不收敛。三是导数为零的问题，如果某次迭代过程中导数为零，方法会失败，因为无法继续更新迭代值。

4.4.3　二分法

　　二分法是一种用于求解在某个区间内单调递增或递减的单调连续函数的根的数值方法。它是根据中间值定理工作的：如果函数 $f(x)$ 在区间 $[a,b]$ 上连续，且满足 $f(a) \cdot f(b) < 0$，则区间 $[a,b]$ 内至少存在一个 c，使得 $f(c) = 0$。二分法通过不断将区间对半分，逐步缩小包含根的区间，最终逼近函数的根。

　　算法步骤如下。

　　（1）初始区间选择：找到一个区间 $[a,b]$，使得 $f(a) \cdot f(b) < 0$。

　　（2）计算中点：令 $m = \dfrac{a+b}{2}$，并计算 $f(m)$。

　　（3）检查中点是否是根：如果 $f(m) = 0$，则 m 就是根，停止迭代。

　　（4）缩小区间：如果 $f(a) \cdot f(m) < 0$，则根在区间 $[a,m]$ 中；否则，根在区间 $[m,b]$ 中。

　　（5）重复迭代：继续将区间对半分，直到区间长度小于设定的精度。

　　二分法基础代码：

```
def bisection_method(f, a, b, tolerance=1e-7, max_iterations=100):
    """
    用二分法求解 f(x) = 0 的近似解, 返回近似解 x 和迭代次数
    f: 目标函数 f(x), a: 区间的左端点, b: 区间的右端点
```

```
    tolerance：解的精度（默认为 1e-7），max_iterations：最大迭代次数（默认为 100）
    """
    if f(a) * f(b) >= 0：
        print("函数在给定的区间内没有根，或有多个根")
        return None

    for n in range(max_iterations)：
        # 计算中点
        m = (a + b) / 2
        fm = f(m)

        # 如果中点的值为零，或区间长度足够小，则认为找到了根
        if abs(fm) < tolerance or (b - a) / 2 < tolerance：
            print(f"迭代次数：{n + 1}")
            return m

        # 根据符号判断根在哪个子区间
        if f(a) * fm < 0：
            b = m
        else：
            a = m

    print("达到最大迭代次数，未能找到足够精确的解")
    return (a + b) / 2
```

应用二分法解决问题的关键点有三个：一是初始区间检查，确保函数在区间 $[a,b]$ 内有根，即 $f(a) \cdot f(b) < 0$。二是确定收敛条件，当函数值 $f(m)$ 足够接近零，或区间长度足够小，停止迭代。三是可设定最大迭代次数防止死循环，函数有最大迭代次数。

实例 **4.15** 二分法求平方根

求解 $\sqrt{2}$，这相当于求解方程 $f(x) = x^2 - 2 = 0$ 的根。

实例演示：
二分法求平方根

```
def bisection_method(f, a, b, tolerance = 1e-7, max_iterations = 100)：
    """二分法基础代码，默认值参数来传值，代码略"""
    pass

def f(x)：
    """定义函数 f(x) = x^2 - 2"""
    return x * *2 - 2

# 选择初始区间 [1, 2]，因为 f(1) = -1, f(2) = 2
a,b = 1,2
```

```
# 使用二分法求解
root = bisection_method(f, a, b)
print(f"方程的近似解是：{root}")    # 方程的近似解是：1.4142135381698608
```

实例 4.16　求函数的最大值

实例演示：
求函数的最大值

求函数 $f(x) = -x^2 + 4x + 5$ 的最大值。

在数学上，函数极值出现在导数为 0 的点，为了找到极值点，只需要求解该函数的导数 $f'(x) = -2x + 4 = 0$ 的根。由于函数是二次函数，且二次系数为负，极值点必然对应最大值。使用二分法找到导数 $f'(x) = 0$ 的根，并通过这个根来确定函数的最大值。

```
def bisection_method(f, a, b, tolerance=1e-7, max_iterations=100):
    """二分法基础代码，默认值参数来传值，代码略"""
    pass


# 定义目标函数的导数 f(x) = -2x + 4
def df(x):
    return -2 * x + 4


# 选择初始区间 [0, 5]，因为 df(0) = 4, df(5) = -6
a = 0
b = 5


# 使用二分法求解导数的根
root = bisection_method(df, a, b)
print(f"导数的近似解是：{root}")              # 导数的近似解是：2.0000000298023224


# 计算函数在该点的值
def f(x):
    return -x ** 2 + 4 * x + 5


max_value = f(root)
print(f"函数的最大值是：{max_value}")        # 输出：函数的最大值是：9.0
```

二分法的优点：一是简单且稳健，二分法结构非常简单，且只需要保证函数在区间两端的符号不同（即 $f(a) \cdot f(b) < 0$），就可以保证收敛。二是不需要导数，二分法不依赖函数的导数，只需要函数的值。三是全局收敛，二分法总是能够找到区间内的根，收敛性非常好。

二分法也有其局限性，一是收敛速度较慢，通常需要较多次迭代才能达到高精度。二是只能处理单根问题，二分法只能找到区间内的一个根，如果区间内有多个根，可能无法找到所有根。三是要求连续性，二分法要求目标函数在区间上是连续的，否则可能无法正确工作。

4.4.4 蒙特卡罗法

蒙特卡罗法是一种基于随机采样的数值计算方法，常用于解决复杂的数学问题，尤其是求解多维积分、模拟随机过程、估计概率等问题。其核心思想是通过大量随机样本来逼近问题的解，最终达到高精度的近似结果。

算法步骤如下。

（1）定义问题：将问题转化为可以通过随机样本求解的形式。

（2）采样：从问题的定义空间中生成大量随机样本。

（3）计算：对每个样本应用问题的数学模型，求得结果。

（4）求平均：将所有样本的结果求平均，得到问题的近似解。

蒙特卡罗法的特点是样本数量越多，结果越精确。它适用于高维度、复杂的计算问题，尤其是在传统方法难以求解的情况下。基础代码如下：

```python
import random

def monte_carlo_simulation(sample_count, func):
    """
    蒙特卡罗法的框架方法，返回估计的结果
    sample_count: 随机样本的数量，func: 应用于每个样本的目标函数
    """
    total_sum = 0
    for i in range(sample_count):
        sample = random.random()  # 生成随机样本（0 到 1 之间的随机浮点数）
        total_sum += func(sample)

    return total_sum / sample_count
```

先利用 random.random() 随机生成 $[0, 1)$ 区间内的随机浮点数。对于不同问题，采样可能会涉及更复杂的随机数生成。func() 是一个目标函数，描述了要在每个样本上进行的计算。最终结果是所有样本的计算结果的平均值。

实例 4.17　估算圆周率 π

假设有一个边长为 1 的正方形和一个半径为 1 的内接的 $\frac{1}{4}$ 圆，$\frac{1}{4}$ 圆的面积为 $\frac{\pi}{4}$，正方形的面积为 1。通过蒙特卡罗法估算圆周率 π。

可以通过以下方法估算 π。

（1）随机生成一系列点，均匀分布在正方形中。

（2）计算这些点中有多少点落在 $\frac{1}{4}$ 圆内。

（3）通过圆内点的比例估算 π。

具体来说，$\frac{1}{4}$ 圆内的点满足 $x^2 + y^2 \leqslant 1$，$\frac{1}{4}$ 圆的面积占正方形面积的比例为 $\frac{\pi}{4}$，因此可

以通过公式 $\pi \approx 4 \times \dfrac{\text{圆内点数}}{\text{总点数}}$ 估算 π 值。样本数越多，估算的 π 值越精确。例如，使用 1 000 000 个点时，可以估算出非常接近 π 的结果。虽然蒙特卡罗法非常简单，但它的收敛速度较慢，需要大量样本才能获得高精度结果。

```python
import random

def monte_carlo_pi(sample_count):
    """使用蒙特卡罗法估算圆周率, sample_count 为随机点的数量, 返回估算的 π 值"""
    inside_circle = 0
    for i in range(sample_count):
        # 随机生成[0, 1)范围内的点 (x, y)
        x = random.random()
        y = random.random()
        if x ** 2 + y ** 2 <= 1:           # 检查点是否在圆内
            inside_circle += 1
    return 4 * inside_circle / sample_count    # 圆内点占总点的比例乘以 4 得到 π 的估计值

# 示例调用, 使用 1 000 000 个随机点估算 π
estimated_pi = monte_carlo_pi(1000000)
print(f"估算的 π 值是: {estimated_pi}")         # 估算的 π 值是: 3.145504 (随机结果, 仅供参考)
```

实例 **4.18**　估算积分

使用蒙特卡罗法估算积分。假设想要估算以下积分：

$$I = \int_1^0 4x(1 - x^2)\,\mathrm{d}x$$

这个积分的解析解是 $I = 1$。

蒙特卡罗法计算定积分时还有另一种方法，叫平均值法。通过在 $[0,1]$ 区间内随机采样 x，并计算 $4x(1 - x^2)$ 的取值，最终求得这些值的平均数即可逼近积分结果。

```python
import random

def monte_carlo_integration(sample_count):
    """使用蒙特卡罗方法估算积分, sample_count 是随机样本的数量, 返回估算的积分值"""
    total_sum = 0                               # 用于累加 f(x) 的值, 设初值为 0
    for i in range(sample_count):               # 循环生成 sample_count 个随机样本
        x = random.random()                     # 在[0, 1)内随机生成 x
        total_sum += 4 * x * (1 - x ** 2)       # 计算 f(x) = 4x(1 - x^2) 的值并累加
    return total_sum / sample_count             # 返回积分的估计值

# 示例调用, 使用 1 000 000 个随机样本估算积分
```

```
estimated_integral = monte_carlo_integration(1000000)
print(f"估算的积分值是：{estimated_integral}")   # 估算的积分值是：0.9995044903025888
```

使用足够多的样本时，蒙特卡罗法能够非常接近积分的解析解。蒙特卡罗方法特别适合高维积分，在高维度下，数值积分方法难以有效处理，而蒙特卡罗法依然具备较好的性能。蒙特卡罗法每个样本的计算是独立的，可以很容易并行化。蒙特卡罗法的收敛速度较慢，需要大量样本才能获得高精度结果，对于某些问题效率较低。虽然理论上样本越多结果越精确，但由于随机性，可能会存在波动，需要通过多次实验或大量样本来减少误差。

本章小结

基本流程控制结构中，分支结构为程序提供基于条件的选择执行能力，循环结构包括遍历循环和条件循环，可实现语句的重复执行。异常处理机制确保程序的健壮性和可靠性。枚举算法思路简单直观，能够保证找到所有可能的解，适合处理规模较小的离散问题，可能存在大量无效的尝试，不适合处理大规模数据，适用于密码破解和安全测试、小规模最优化问题、数学问题求解等。迭代算法空间复杂度低，适合处理连续性问题，但收敛速度慢、可能陷入局部最优解、不一定保证收敛。二分法是高效的查找和求解方法，收敛速度快，精度可控，适用于有序数据的查找，要求问题具有单调性和明确的上下界，可用于查找、解方程和求平方根等。蒙特卡罗法基于随机采样的概率统计方法，可处理高维复杂问题，易于并行化实现，不需要精确的数学模型，适用于随机性问题。但计算精度受样本量限制，结果具有随机性。

本章练习

1. 实现一个简单的成绩评级系统，输入一个 0~100 的分数，90~100 为 A，80~89 为 B，70~79 为 C，60~69 为 D，60 以下为 E。使用异常处理机制处理输入错误的情况，允许连续输入多个分数，直到用户选择退出。

2. 实现 ATM 取款功能，初始余额 10 000，每次取款须验证密码（假设正确密码为 "123456"），密码最多可尝试 3 次。每次取款金额必须是 100 的倍数，使用循环实现连续操作，直到用户选择退出，加入异常处理机制。

3. 如果一个数恰好等于它的真因子之和，则称该数为"完美数"。使用枚举算法找出指定范围内的所有完美数（如 6 = 1+2+3），显示寻找过程，统计程序执行时间。

4. 使用迭代法实现带记忆的斐波那契数列计算器，支持计算第 n 项斐波那契数（n 由用户输入），实现记忆化功能以提高性能，比较并显示普通递归和记忆化迭代的时间差异，考虑处理大数情况。

5. 设计图书管理系统的搜索功能，预设 100 本图书信息（包含书号、书名、作者等），实现按书号的二分查找。

6. 实现"猜数字"游戏，计算机随机生成 1~100 之间的数，实现二分法策略的计算机玩家，实现蒙特卡罗策略的计算机玩家，允许人类玩家参与，比较不同策略的效率。

7. 股票交易模拟系统，使用蒙特卡罗法模拟股票价格变动，实现基于移动平均的交易策略，使用二分法优化买卖点判断，实现异常处理机制，统计和展示交易结果。

第 5 章
字符串与序列

序列（sequence）是一系列数据项的有序集合。序列中的每个数据项都有一个索引，索引从 0 开始。这类数据结构是 Python 中最常用的类型之一，主要用于存储和操作多个数据元素。

序列类型具有以下几个共同特性。

（1）有序性：序列中的数据项按插入顺序排列。

（2）索引访问：序列中的每个元素都有一个唯一的索引，可以通过索引访问特定元素。

（3）支持切片：序列可以通过切片操作来访问子序列。

（4）支持迭代：可以使用循环遍历序列中的元素。

Python 中有多种序列类型，最常见的包括如表 5.1 所示的几种。

表 5.1　常用序列类型

数据类型	函数	示　　例	描　　述	是否可变
字符串	str()	'Hello'、"1234"、"'这是一个函数'"、"""唐诗三百首"""	存储一系列字符	不可变
Range	range()	range(10) range(3,100,3)	表示一系列连续的整数	不可变
元组	tuple()	()、(2,)、(1,'abc',(2,3),['武汉','吉林'])	与列表类似，但元组是不可变的	不可变
列表	list()	[]、[3]、[5,'武汉',('a',3),['Tom',18]]	存储任意类型的元素，可以包含不同类型的数据	可变

5.1　序列通用操作

字符串属于字符序列类型，与列表、元组和 range 等序列数据类型具有一些共性。它们内部元素之间都存在先后顺序，都支持拼接、重复、索引、切片、测试长度、最大值、最小值和存在性测试等操作，各项操作的描述如表 5.2 所示。

表 5.2　序列通用操作

操　　作	描　　述
s[i]	索引，返回序列 s 的第 i 项
s[start:end[:step]]	切片，返回序列 s 从 start 到 end（不包括 end）的步长为 step 的字符生成新的序列，step 省略时，步长为 1，返回序号从 start 到 end 的子序列
s + t	拼接两个序列 s 和 t
s * n 或 n * s	n 为整数，将序列 s 重复 n 次生成新序列
len(s)	返回序列 s 的长度（包含元素的个数）
min(s, *[,key, default])	返回序列 s 的最小值，key 关键字省略时按元素值比较
max(s, *[,key, default])	返回序列 s 的最大值，key 关键字省略时按元素值比较
s.count(x)	序列 s 中 x 的个数
s.index(x[, i[, j]])	序列中第一个 x 的索引值，i 值表示从索引 i 处开始查找 x，j 表示 x 查找范围在 i 和 j 之间
x in s	如果序列 x 与序列 s 中的任一子序列或元素相等，返回 True，否则返回 False；当 x 与 s 的元素相等时返回 True，否则返回 False
x not in s	如果序列 x 与序列 s 中的任何子序列都不相等，返回 True，否则返回 False

5.1.1　索引

对于字符串，其中的每个字符拥有一个序号，对于元组、列表或 range 对象等，序列中每个元素拥有一个序号。序列数据内部的字符或元素按照顺序有序存储，可以使用"序号"取得相应的数据项。所谓的索引是指通过序列数据的序号返回其对应的值的操作，索引会创建一个新对象。

索引的方法：

序列名[序号]

Python 维护了两套索引：正向索引正向从 0 开始，终止值为序列长度减 1（len(s)-1）；逆向索引从-1 开始，终止值为负的序列长度（-len(s)）。两种序号体系可以同时使用，结合两种表示方法可以方便地对序列进行索引和切片。图 5.1 中以列表和字符串为例给出正向和逆向两种索引编号规则的示例，对字符串而言，英文、中文、空格和各种符号都各占一个字符位。

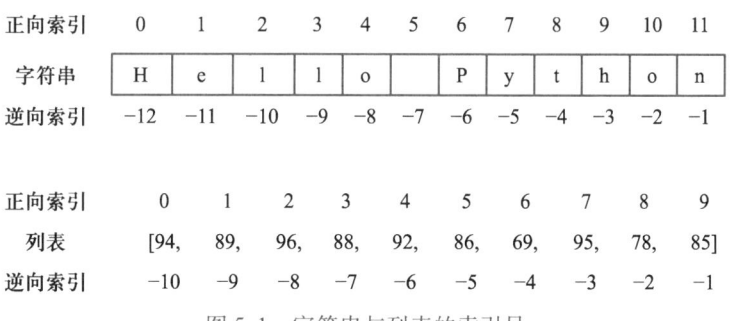

图 5.1　字符串与列表的索引号

序列中的元素可以按正向序号进行索引或按逆向序号进行索引，通过序号获取对应的元素。

```python
# 字符串序列
s = 'Hello World!'
print(s[4])                 # 按序号正向索引，返回索引号为 4 的字符 'o'
print(s[-1])                # 按逆向序号索引，返回最后一个字符 '!'

# 序列类型 — 列表
scores = ['李明', 84, 80, 95, 88, 76, 65, 85, 98, 55]
print(scores[0])            # 按序号正向索引，返回序号为 0 的元素'李明'
print(scores[4])            # 按序号正向索引，返回序号为 4 的元素 88
print(scores[-1])           # 按逆向序号索引，返回倒数第 1 个元素 55
print(scores[-3])           # 按逆向序号索引，返回倒数第 3 个元素 85

# 序列类型 — range
r = range(10)               # 获得 0,1,2,3,4,5,6,7,8,9 的序列对象
print(r[3])                 # 按序号正向索引，返回序号为 3 的元素  3
print(r[-3])                # 按逆向序号索引，返回倒数第 3 个元素  7
```

需要注意的是，当使用的索引值超出列表现有数据的索引时，Python 将会产生"索引超出范围"的错误。例如，试图用 scores[10] 获取列表 scores 中不存在的索引号 10 的数据，会得到"IndexError：list index out of range"的出错提示。

```python
print(scores[10])
# 输出：
Traceback (most recent call last)：
  File "<pyshell#1>", line 1, in <module>
    print(scores[10])
IndexError：list index out of range
```

索引序号必须为整数类型，不可为浮点数类型。当索引值是通过计算得到时，务必使其值为整数类型才可用作索引序号，或先用 int() 函数对其进行取整操作再用作索引序号。

当试图用浮点数做索引序号时，Python 将会产生 TypeError。浮点数除法或有浮点数参与的整除运算结果均是浮点数，例如，10/5 和 10.0//5 的结果都是 2.0，这是一个浮点数，当尝试输出 scores 列表中索引号为 10.0//5 的数据，因索引序号为浮点数，程序会返回"TypeError：list indices must be integers or slices，not float"的出错提示，提示用户"列表的索引必须是整数，不能是浮点数"。

```python
print(scores[10.0 // 5])
# 输出：
Traceback (most recent call last)：
  File "<pyshell#1>", line 1, in <module>
```

```
print(scores[10 // 5])
TypeError: list indices must be integers or slices, not float
```

　　元组与列表中的元素可为元组或列表等序列类型，如果索引结果仍是序列类型数据时，可以继续使用索引的方法获取元素中的数据。

　　列表['李明', 35, ('博士','副教授'), [96, 92, 85]]中包含用 3 个逗号分隔开的 4 个元素，分别是字符串'李明'、整数 35、元组('博士','副教授')和列表[96, 92, 85]。除整数以外的三个元素都属于序列类型，可以继续使用索引的方法获取元素内部的数据。例如，'李明'[0]的值为'李'、('博士','副教授')[1]的值为'副教授'。

```
cv = ['李明', 35, ('博士','副教授'), [96, 92, 85]]
# 包含字符串、数字、元组和列表等多种类型数据的列表
print(cv[0])                # 序号为 0 的元素为字符串: '李明'
print(cv[0][0])             # 序号为 0 的元素中序号为 0 的元素: '李'
print(cv[2])                # 序号为 2 的元素为元组('博士', '副教授')
print(cv[3])                # 序号为 3 的元素为列表[96, 92, 85]
print(cv[2][0])             # 序号为 2 的元素中序号为 0 的元素: 博士
print(cv[3][1])             # 序号为 3 的元素中序号为 1 的元素: 92
```

　　cv[2]索引的结果是一个元组：('博士', '副教授')，元组仍是一个序列类型数据，仍可应用索引获取其中的元素，所以 cv[2][0]相当于('博士', '副教授')[0]，元组对象('博士', '副教授')中序号为 0 的元素为'博士'，所以 cv[2][0]最终获取的数据为'博士'。

　　可以用字符串索引的方法对百分制转五分制的程序进行简化。先将区间 0~100 划分为[0,10)、[10,20)、[20,30)、[30,40)、[40,50)、[50,60)、[60,70)、[70,80)、[80,90)、[90,100)、[100] 共 11 个区间。各区间成绩分别对应五分制的"E、E、E、E、E、E、D、C、B、A、A"。如果将落在各区间的数分别对 10 做整除，正好可以得到 0、1、2、3、4、5、6、7、8、9、10 共 11 个数字，这些数字正好是字符串 "EEEEEEDCBAA" 中每个字符的序号。根据用户输入的分数整除 10，去掉其个位上的数字，得到其十位上的数字"i"，字符串中以"i"值作为索引的字符正好对应该分数段的五分制成绩。如输入 85，85//10 的结果为 8，输出字符串中序号为 8 的字符 "B"。

　　实例 5.1　索引法转换分数

实例演示：
索引法转换分数

```
def convert_to_five_point_scale(score):
    """将百分制分数转换为五分制分数, score 为百分制分数 (0~100), 返回五分制分数 (A~E)"""
    degree = 'EEEEEEDCBAA'              # 序号 0、1、2、3、4、5、6、7、8、9、10
    if score > 100 or score < 0:        # 排除不合法数据
        return ' Data error!'
    else:
        i = int(score // 10)            # 用 int()实现取整使索引号为整数
        return degree[i]                # degree[i]索引返回其中序号为 i 的字符

score = float(input('请输入一个百分制成绩:'))  # 输入为非负数
```

```
five_point_score = convert_to_five_point_scale(score)    # 调用函数
print(f'{score}转为五分制为{five_point_score}')            # 输出为 ABCDE 之一或 Data error!
```

利用 Python 中字符串索引和整除的方法，既提高了开发效率，又简化了程序的逻辑，使程序更清晰、简洁。利用条件表达式可用 3 行代码实现其功能。需要注意的是，浮点数整除 10 的结果是值为整数的浮点数，如 8.0。这里的 score 接受的是浮点数的输入，索引处需要用 int(score // 10)取整，以确保索引号为整数。

```
score = float(input())
degree = 'EEEEEEDCBAA'
print('Data error!') if (score > 100 or score < 0) else print(degree[int(score // 10)])
```

5.1.2 切片

序列类型数据都支持切片操作，切片不影响原序列，切片结果会创建一个新对象，切片的方法如下：

seq[start：end：step]

seq 为字符串及列表、元组或 range 等序列类型数据对象名。

start：表示切片开始的位置元素序号，是第一个要返回的元素的索引号。正向切片起始位置默认为 0，逆向切片起始位置默认为负的序列长度，即-len(seq)；即 start 省略时，正向切片从第一个元素开始，逆向切片从最后一个元素开始。

end：表示是切片结束位置后面一个元素的序号，切片不包含右边界，end 省略时切片结果包含最后一个元素。与索引不同，切片不会越界，不会触发"list index out of range"，所以切片想包含最后一个元素时，也可以设置超过序列长度的 end 值。

step：表示取值的步长，默认为 1，步长值不能为 0，步长为负值时，逆向切片，例如，'hello'[::-1]或'hello'[-1::-1]都是生成字符串'hello'逆序字符串'olleh'。

对于序列结构数据来说，索引号和步长都具有正负两个值，分别表示左、右两个方向取值。索引的正向从左往右取值，起始位置为 0；逆向从右往左取值，起始位置为-1。因此任意一个序列结构数据的索引号范围为-len(seq)到 len(seq)-1 范围内的连续整数。

切片的过程是从第一个要返回的元素开始，到第一个不想返回的元素结束。切片操作会按照给定的索引和步长，截取序列中的对象组成的新的片段对象，索引返回值可以视为只含有一个对象的片段。

在切片 seq[start：end：step]中，包含 seq[start]，不包括 seq[end]。所以如果想返回包含最后一个元素（len(s)-1）的切片时，结束位置的序号 end 应该设为 len(s)或省略结束位置序号，即应该使用切片 seq[start：len(s)]或 seq[start：]。

字符串类型切片示例：

```
# 字符串类型
s = 'Hello World!'
print(s[6:8])        # 根据序号[6:8]切片，输出不包括结束序号的字符'Wo'
print(s[:5])         # 从起点到序号为 5 的位置切片，不包括 5，输出'Hello'
print(s[6:])         # 从序号 6 向后到字符串结束切片，输出'World!'
```

```
print(s[-3:-1])        # 负向索引，不包含右边界元素，输出'ld'
print(s[6:-1])         # 混用正负索引，输出'World'
print(s[::])           # 从字符串开始到结束进行切片，输出'Hello World!'
print(s[::-1])         # 按步长为-1进行切片，输出'! dlroW olleH'
print(s[::2])          # 步长为2，输出序号为偶数的元素，输出'HloWrd'
```

列表类型切片示例：

```
scores = ['李明', 84, 80, 95, 88, 96, 76, 65, 85, 98, 55]
print(scores[5:])          # 从5到序列结束的元素，输出[96, 76, 65, 85, 98, 55]
print(scores[1:-1])        # 混用索引[84, 80, 95, 88, 96, 76, 65, 85, 98]
print(scores[1::2])        # 步长为2，隔一个，输出[84, 95, 96, 65, 98]
print(max(scores[1:]))     # 切片返回除序号 0 的列表，max 返回其最大值
print(sum(scores[1:]))     # 利用 sum() 函数对切片获取的序列求和，输出822
# len() 获得切片后的列表元素个数，输出切片后的序列元素的平均值82.2
print(sum(scores[1:])/len(scores[1:]))
```

range 类型切片示例：

```
# 序列类型——range
r = range(10)                       # 获得 0,1,2,3,4,5,6,7,8,9 的序列
print(r[3:6])                       # 对 range(10)切片，返回新对象 range(3, 6)
print(sum(r[1::2]))                 # 输出序号为奇数的元素的和 25
print(sum(r[0::2])/len(r[0::2]))    # 输出序号为偶数的元素的平均值 4.0
```

包含字符串、数字、元组和列表等多种类型数据的列表：

```
cv = ['李明', 35, ('博士','副教授'), [96, 92, 85]]
print(cv[2:4])   # 切片得到新列表[('博士', '副教授'), [96, 92, 85]]
```

实例 5.2　回文字符串

一个字符串，如果各字符逆序排列与原字符串相同，则称为回文，如 "12321" "上海自来水来自海上"，用户输入一个字符串，判断该字符串是否为回文，如是回文输出 "True"，否则输出 "False"。

判断输入的字符串是否是回文，可以从前到后将字符串的每一个字符与从后向前每一个字符一一比较，如果都一一相同，则是回文。Python 在处理字符串方面有更灵活的方法，可以利用切片方法（s[start：end：step]），令步长 step 值为-1，从最后一个字符开始，到字符串开始字符结束进行切片，即构造切片 s[-1::-1]或 s[::-1]，可以获得逆序字符串。比较逆序字符串与原字符串是否相同，相同则是回文。

```
s = input()          # 输入一个字符串
if s == s[-1::-1]:   # s[-1::-1]将字符串逆序，判断逆序字符串是否与原字符串相等
    print(True)
else:
```

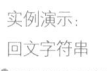

实例演示：
回文字符串

```
        print(False)
# 条件表达式结合赋值运算符实现
print(True) if (s := input()) == s[::-1] else print(False)
```

将此代码定义为函数，因比较运算的结果是布尔类型，所以可以不用分支语句，直接返回比较运算的结果。

```
def is_palindrome(s):
    """判定字符串是否为回文字符串，s 为输入字符串，返回布尔值 """
    return s == s[::-1]   # 判断字符串是否等于其逆序字符串，返回布尔值
```

输入：上海自来水来自海上
输出：True

5.1.3　序列拼接与重复

字符串、元组与列表支持拼接与重复的操作，range 序列类型不支持序列拼接或重复。尝试拼接或重复 range 对象时，会返回一个异常。

序列拼接是用 "+" 将两个相同类型的序列拼接为一个包含参与拼接的序列中所有元素的新序列。序列重复是将一个序列 s 乘以一个整数 n 产生一个新序列，新序列是 s 中的元素重复 n 次。当 n 小于或等于 0 时会被当作 0 来处理，此时序列重复 0 次的操作将产生一个空序列。

```
year = 2025
s = '年'
print('=' * 10)              # 字符串重复 10 次
print(str(year) + s)         # 字符串拼接，整数参与拼接要先转换为字符串
print('=' * 10)              # 字符串重复 10 次
```

输出：

==========

2025 年

==========

序列重复操作只是多次引用原序列中的元素，原序列 s 中的项并不会被复制，原序列 s 中元素的改变将会导致通过重复产生的序列中元素的变化。

```
ls = [[]]                    # 创建一个包含一个空列表的列表
ls_new = ls * 3              # 重复只包含一个空列表元素的列表 3 次
print(ls_new)                # 重复引用空列表元素 3 次产生一个新列表[[],[],[]]
ls[0].append(3)              # 向列表中序号为 0 的元素中增加一个元素 3
print(ls_new)                # 输出：[[3],[3],[3]]，列表 ls 中的元素是重复引用
```

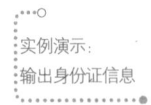
实例演示：
输出身份证信息

实例 5.3　输出身份证信息

中国的居民身份证号是一个 18 个字符的字符串，其各位上的字符代表的意义如下。

第 1、2 位数字表示所在省份的代码；第 3、4 位数字表示所在地区的代码；第 5、6 位数字表示所在市县的代码；第 7~14 位数字表示出生年、月、日；第 15、16 位数字表示身份证注册地的派出所的代码；第 17 位数字表示性别，奇数表示男性，偶数表示女性；第 18 位数字是校检码，用来检验身份证号的正确性，校检码可以是 0~9 中的一个数字，也可能是字母 X。

输入一个身份证号，编程判断其长度是否正确；输出其出生年月日。（注：本书案例所用身份证号是用程序模拟生成的虚拟号码。）

身份证号中提取生日，涉及判断、字符串长度、切片、拼接等知识点，可以使用 len( ) 函数测字符串的长度并判断长度是否为 18；用字符串切片的方法获取身份证号码中代表出生年月日的子串，用 "+" 拼接后输出。

```python
def get_date_of_birth(id_num):
    """接收一个身份证号码，返回出生日期，若输入位数不是 18，则输出错误提示信息"""
    if len(id_num) == 18:                                # 测试输入的字符串长度是否为 18
        year = id_num[6:10]                              # id_num 序号为 6、7、8、9 的字符串，年份
        month = id_num[10:12]                            # id_num 序号为 10、11 的字符串，月份
        day = id_num[12:14]                              # id_num 序号为 12、13 的字符串，日期
        birthdate = '出生于'+year+'年'+month+'月'+day+'日'  # 字符串拼接
        # birthdate = f'出生于{year}年{month}月{day}日'      # f-string 方法
        return birthdate
    else:                                                # 输入的字符串长度不是 18 时，输出错误提示信息
        return '输入的身份证号位数错'


if __name__ == '__main__':
    id_number = input()                                  # 输入一个表示身份证号的字符串
    print(get_date_of_birth(id_number))                  # 调用函数，输出出生日期或出错信息
```

输入：110111200011111121
输出：出生于 2000 年 11 月 11 日

在这个程序中，首先用 len(id_num) 测得用户输入是否是 18 个字符，然后通过字符串切片，用 id_num[6:10]、id_num[10:12]、id_num[12:14] 分别获取出生年份、月份和日期。在切片时，切分出来的子字符串包括左边界，但不包括右边界。语句 birthday='出生于'+year+'年'+month+'月'+day+'日'中，采用 6 个 "+" 将 4 个字符串和 3 个字符串变量拼接成一个新的字符串并输出。这里也可以用 "f" 前缀格式化字符串输出，这种方法不限制变量类型，使用更为方便，推荐使用。

实例 5.4　约瑟夫环问题

实例演示：
约瑟夫环问题

有 11 个人围坐在一张圆桌周围，从第 1 个人开始报数，数到 3 的那个人出列，他的下一个人又从 1 开始报数，数到 3 的那个人又出列；依此规律重复下去，直到圆桌周围的人数少于 3 时结束，输出剩下的人的序号。

问题中要求每数到 3 的人出列，那么最后只剩 2 人时结束。11 个人围成一个圈可以用一个列表来表示，每次将列表的第 3 个元素去除，同时将前 2 个元素拼接到列表的末尾，

这样就可以循环执行，直至列表长度小于 3 为止。

下面给出变化过程：

```
[1, 2, 3, 4, 5, 6, 7, 8, 9, 10, 11]          # ls = list(range(1,12))
3 [4, 5, 6, 7, 8, 9, 10, 11, 1, 2]           # ls = ls[3:] + ls[:3-1]
6 [7, 8, 9, 10, 11, 1, 2, 4, 5]              # ls = ls[3:] + ls[:3-1]
9 [10, 11, 1, 2, 4, 5, 7, 8]
1 [2, 4, 5, 7, 8, 10, 11]
5 [7, 8, 10, 11, 2, 4]
10 [11, 2, 4, 7, 8]
4 [7, 8, 11, 2]
11 [2, 7, 8]
8 [2, 7]
[2, 7]                                        # 剩余元素
```

约瑟夫环问题可以扩展为一圈共有 n 个人，从 1 开始报数，报到 m 的人出列，然后重新开始报数，剩余人数小于 m 时停止，输出每次出列的人的序号。程序中用 split( ) 函数把用空格分隔的输入切分为包含 2 个值的列表，map( ) 函数将这个列表中的所有值映射为参数指定的类型，此处为整数。再用多变量赋值的方法将这两个整数值分别赋值给 n 和 m。

```
def josephus(n, m):
    """接受两个参数，n 为总人数，m 为报数的数字，返回列表"""
    ls = list(range(1, n + 1))              # 构造一个元素 1 到 n 的列表
    while len(ls) > m - 1:                   # 列表长度大于 m-1 时，去掉第 m 个元素
        ls = ls[m:] + ls[:m - 1]            # 前 m-1 个元素拼接到 m 以后的列表末尾
    return ls                                # 循环结束后，返回列表中剩下的元素

total, num = map(int, input().split())       # 输入切分为列表并映射为整数
print(josephus(total, num))                  # [4, 7, 1, 8, 5, 2, 9, 6, 3, 10]
```

5.1.4 成员测试

"in" 和 "not in" 运算符用于测试某对象是否为字符串、列表或元组等序列或集合中的成员，返回布尔值。应用 "in" 测试时，如果该对象在指定的序列中存在，则返回 True，否则返回 False。应用 "not in" 测试时，正好相反，如果该对象在指定序列中不存在，则返回 True，否则返回 False。

成员测试一般用于条件运算，根据测试结果决定执行后续程序中的某个分支。

```
famous_book = ['水浒传','三国演义','西游记','红楼梦']
book_name = input()
if book_name in famous_book:
    print(f'{book_name}是中国四大名著之一')
```

```
else:
    print(f'{book_name}不是中国四大名著之一')
```

输入：西游记

输出：西游记是中国四大名著之一

实例 5.5 温度转换

实例演示：
温度转换

温度的表示有摄氏度和华氏度两个体系。用户输入温度数值和单位，请编写程序将用户输入的华氏度转换为摄氏度，或将输入的摄氏度转换为华氏度。

转换公式如下（C 表示摄氏度、F 表示华氏度）：

$$C = (F-32)/1.8$$
$$F = C * 1.8+32$$

要求输入输出的摄氏度单位用大写字母"C"或小写字母"c"，华氏度单位用大写字母"F"或小写字母"f"。温度可以是整数或小数，如 12.34C 指摄氏 12.34 度，87.65F 指华氏 87.65 度。

```
def convert_temperature(temperature):
    """将输入的温度值转换为另一种温标，temperature 为输入的温度值，字符串形式，以温度单位符
       号结尾，返回转换后的温度值或出错信息，字符串形式"""
    if temperature[-1] in 'Ff':                      # 符号是否在'Ff'中存在
        C = (float(temperature[:-1]) - 32) / 1.8     # 用华氏转摄氏公式计算
        return "{:.2f}C".format(C)                   # 返回转换后的温度和单位
    elif temperature[-1] in 'Cc':                    # 符号是否在'Cc'中存在
        F = 1.8 * float(temperature[:-1]) + 32       # 用摄氏转华氏公式计算
        return "{:.2f}F".format(F)                   # 返回转换后的温度和单位
    else:                                            # 末位不是"Cc"和"Ff"中的字符
        return 'Data error!'                         # 返回错误提示

# 主程序，示例调用
temperature_input = input("请输入温度值(例如 32F 或 0C):")
converted_temperature = convert_temperature(temperature_input)
print(f'{temperature_input}转换温标结果为{converted_temperature}')
```

输入：102.5F

输出：102.5F 转换温标结果为 39.17C

输入：41.5C

输出：41.5C 转换温标结果为 106.70F

5.1.5 最大值与最小值

max(s)和 min(s)可以用于获取序列对象的最大值和最小值。当元素为字符串时，依次比较每个字符的 unicode 值，unicode 值较大的字符开始的字符串较大，值相同时再向后比较，直至完成所有字符的比较。字符 x 的 unicode 值可用函数 ord(x)获得。

```
ls = [ ord( x) for x in '2020 年 9 月']      # 用 ord( )得到每个字符的 unicode 值列表
print( ls)                                    # [50, 48, 50, 48, 24180, 57, 26376]
print( max('2020 年 9 月') )                  # 输出字符串中 unicode 值最大的字符, 月
print( min('2020 年 9 月') )                  # 输出字符串中 unicode 值最小的字符, 0
```

max( )和 min( )函数可用 key 关键字指定判定最大值和最小值的规则，例如，根据长度比较时可以加参数 key = len 实现。

```
ls = ['a', 'baa', 'bcde', 'de']
print( max( ls) )                   # 比较各字符的 unicode 值, d 最大, 输出 de
print( min( ls) )                   # 比较各字符的 unicode 值, a 最小, 输出 a
print( max( ls, key = len) )        # 比较列表中各字符串长度, bcde 最大
print( min( ls, key = len) )        # 比较列表中各字符串长度, a 最小, 输出 a
num = ['01', '9', '10', '5']
print( max( num) )                  # 比较列表中各字符串长度, '9'最大
print( max( num, key = int) )       # 按各元素转整型后比较, '10'转整型 10, 最大
```

5.2   字符串

字符串是 Python 中最常用的数据类型，属于不可变数据类型。Python 中 input( )函数接收到的数据、读文本文件获得的数据都是字符串数据类型。字符串相关方法最主要的应用是文本分析处理和文件中的数据的处理。

字符串使用一对单引号(' ')、双引号（" "）或三引号（''' '''或""" """）为定界符，用成对引号包围起来的 0 个或多个字符就称为一个字符串。包含字符的个数称为字符串的长度，当包含 0 个字符时，其长度为 0，称为空字符串。

```
print( len('') )                    # 长度 0, 空字符串
print( len(' ') )                   # 长度 1, 空格字符串, 1 个空格字符
print( len('He said, "Good".') )    # 长度 16, 空格和标点符号各 1 个字符
print( len( "I'm here") )           # 长度 8, 字符串含单引号时外面用双引号
print( len('程序设计') )            # 长度 4, 每个汉字 1 个字符
```

5.2.1   字符串的创建

Python 中有很多种方法可以产生字符串对象，常用的方法有以下几种。

（1）将一个或多个字符放在成对的引号中。

用单引号创建的字符串中可以包含双引号，用双引号创建的字符串中可以包含单引号。

```
s_string = '这是字符串，允许包含"双引号" '
d_string = "这是字符串，允许包含'单引号' "
```

用三对引号括起的字符也可以作为字符串来进行处理，其间可以包含单引号、双引号和回车符。下述程序可以把一首宋词以字符串形式赋值给变量 poem，输出时会保留原文中的换行等格式。

```
# 三引号用于字符串可以保留原有格式不变
poem = '''
驿外断桥边，寂寞开无主。
已是黄昏独自愁，更着风和雨。
无意苦争春，一任群芳妒。
零落成泥碾作尘，只有香如故。
'''
'''
print(poem)
```

输出：

驿外断桥边，寂寞开无主。
已是黄昏独自愁，更着风和雨。
无意苦争春，一任群芳妒。
零落成泥碾作尘，只有香如故。

三引号也用于 Python 的注释和文档字符串。当三引号作为单独一条语句出现时，按注释处理。当把三引号引起来的内容赋值给变量或作为函数的参数时，按字符串处理。

（2）应用 str( ) 函数，返回一个对象的字符串形式。

str( ) 的语法如下：

```
str(object=b'', encoding='utf-8', errors='strict')
```

str( ) 函数包括三个默认值参数，参数为空则返回空字符串。encoding 或 errors 均省略时，str(object) 返回 object 对象的"非正式"或格式良好的字符串表示，encoding 或 errors 至少给出其中之一时，object 对象应该是一个字节类对象，例如 bytes 或 bytearray。此时将 object 对象用 encoding 指定的编码读取二进制流的内容。

```
print(str(1234)[1])           # 整数转字符串再索引，返回 '2'
print(str(1.234)[0:3])        # 浮点数转字符串再切片，返回'1.2'
print(str(1234)[1])           # 整数转字符串，返回'2'
print(str([1, 2, 3])[1])      # 列表转字符串，返回'1'，序号为 0 的元素为'['
print(str((1, 2, 3))[1])      # 元组转字符串，返回'1'，序号为 0 的元素为'('
print(str({1, 2, 3})[1])      # 集合转字符串，返回'1'，序号为 0 的元素为'{'
print(str({'a': 1, 'b': 2}))  # "{'a': 1, 'b': 2}"
```

```
print(str({'a': 1, 'b': 2})[1:4])        # 切片，序号为 1、2、3 的字符: 'a'

s = b'\xe4\xba\xba\xe7\x94\x9f\xe8\x8b\xa6\xe7\x9f\xad\xef\xbc\x8c\xe6\x88\x91\xe7\x94\
xa8Python!'
print(str(s, encoding='utf-8'))
# 以 utf-8 编码读取二进制流的内容"人生苦短，我用 Python!"
```

（3）读文件生成字符串。

应用 open( ) 函数可以打开一个文件并创建一个文件对象。用循环的方法对其进行遍历输出，每次循环把其中一行读取为一个以换行符"\n"结尾的字符串。下面代码中 with…as 为上下文管理器，将 open( ) 函数放在其中，可以在代码结束缩进后自动关闭文件，避免显式使用关闭文件的语句和发生关闭异常。

```
# 以只读模式打开文件，创建文件对象 file
with open('明日歌.txt','r',encoding='utf-8') as file:
    for line in file:            # 遍历输出文件对象中的每一行
        print(line)              # 每行为一个字符串，行末换行符解析为换行
```

输出结果的前几行如下：

明日歌

钱福

明日复明日，明日何其多。

我生待明日，万事成蹉跎。

print( ) 函数有一个"end='\n'"的默认值参数，输出后会自动换行。而文件中每行的末尾也有一个换行符，所以每输出一行会出现一个空行。

5.2.2 字符串常量

Python 内置了一些字符串常量，当需要构建表 5.3 所示的字符集时可以使用与之相对应的字符串常量，如 string. digits 代表 '0123456789'，可用于测试一个字符是不是属于 '0123456789'这个字符集。在使用字符串常量时，需先执行 import string 操作，常用的字符串常量如表 5.3 所示。

表 5.3 字符串常量

字符串常量	字　符　集
string. ascii_letters	'abcdefghijklmnopqrstuvwxyzABCDEFGHIJKLMNOPQRSTUVWXYZ'
string. ascii_lowercase	'abcdefghijklmnopqrstuvwxyz'
string. ascii_uppercase	'ABCDEFGHIJKLMNOPQRSTUVWXYZ'

续表

字符串常量	字　符　集
string. digits	'0123456789'
string. hexdigits	'0123456789abcdefABCDEF'
string. octdigits	'01234567'.
string. punctuation	'!"#$%&\'( ) * +,-. / :;<=>? @ [\\ ]^_`| } ~'
string. printable	'0123456789abcdefghijklmnopqrstuvwxyzABCDEFGHIJKLMNOPQRSTU-VWXYZ!"#$%&\'( ) * +,-. / :;<=>? @ [\\ ]^_`| } ~ \t\n\r\x0b\x0c'
string. whitespace	' \t\n\r\x0b\x0c'

实例 5.6　分类统计字符个数

输入一个字符串，以回车结束，统计字符串中英文字母、数字和其他字符的个数（回车符代表结束输入，不计入统计）。

```python
import string

def count_characters( my_string) :
    """统计字符串中的字母、数字和其他字符的数量, my_string 为输入字符串
    返回字母、数字和其他字符的数量
    """
    letter, digit, other = 0, 0, 0          # 用于计数的 3 个变量均设初值为 0
    for c in my_string:                     # 遍历, c 依次取值为字符串中的字符
        if c in string. ascii_letters:      # 若 c 在字母常量中存在, 则 c 是字母
            letter += 1                     # 字母计数加 1 个
        elif c in string. digits:           # 若 c 在数字常量中存在, 则 c 是数字
            digit += 1                      # 数字计数加 1 个
        else:
            other += 1                      # 否则其他字符计数加 1 个
    return letter, digit, other             # 返回字母、数字和其他字符的数量

# 主程序, 调用函数
my_string = input("请输入字符串: ")
letter, digit, other = count_characters( my_string)     # 获取返回值, 同步赋值给 3 个变量
print(f"字母{letter}个, 数字{digit}个, 其他字符{other}个")
```

通过遍历输入的字符串，依次判定每个字符的种类并做统计。程序中 string. digits 可直接用'0123456789' 代替，string. ascii_letters 可直接用 'abcdefghijklmnopqrstuvwxyzABC-DEFGHIJKLMNOPQRSTUVWXYZ' 代替，结果相同。

5.2.3　字符串的表示

Python 支持中文，默认使用 UTF-8 编码。UTF-8 编码是可变长度的编码，用 1 到 6

个字节编码 Unicode 字符。常用中文字符用 UTF-8 编码占用 3 字节（大约 2 万字），超大字符集中的更大多数汉字要占 4 字节，某些生僻字可能用 6 字节表示。UTF-8 编码既解决了 ASCII 编码容量不够的问题，又避免了使用 Unicode 编码浪费空间问题，并在最大限度上兼容了早期的 ASCII 编码，使一些早期使用 ASCII 编码的软件在 UTF-8 编码中可以继续正常工作。在 UTF-8 编码环境下，任何一个数字、英文字母、汉字都被按一个字符进行对待和处理。

```
s1 = '湖北省武汉市'              # 6 个中文字符，长度为 6
s2 = 'hubei'                    # 5 个英文字符，长度为 5
print(len(s1), len(s2))        # len( ) 是测试长度函数，输出 6  5
```

5.2.4 字符串的遍历

字符串的遍历是指用循环的方法依次获取字符串中的每个字符，字符串遍历的方法如下：

```
for c in string:               # 变量 c 依次取值为字符串中的字符
    语句块
```

string 为需要遍历的字符串，变量 c 依次被赋值为字符串中的字符，循环次数为字符串中字符个数。

实例演示：
字符串加密

实例 5.7 字符串加密

在一行中输入一个包括大小写字母和数字的字符串，编程将其中的大写字母用该字母后的第 4 个字母替换，其他字符原样输出，实现字符串加密。

```
def encrypt_string(plaincode):
    """将字符串中的大写字母用该字母后的第 4 个字母替换，其他字符原样输出
    plaincode 为输入的明文字符串，返回加密后的字符串
    """
    p = 'ABCDEFGHIJKLMNOPQRSTUVWXYZ'     # 原字符序列
    s = 'EFGHIJKLMNOPQRSTUVWXYZABCD'     # 替换字符序列，s=p[4:]+p[:4]
    ciphertext = ''                      # 空字符串，存放加密字符串
    for c in plaincode:                  # 遍历输入的明文字符串
        n = p.find(c)                    # 返回 c 在 p 中的位置序号，找不到时返回 -1
        if n == -1:                      # 值为 -1 表示 c 在 p 中不存在，不是大写字母
            ciphertext += c              # 将原字符拼接到 ciphertext 上
        else:                            # c 为大写字母，用序列 s 中对应位置的字母替换
            ciphertext += s[n]           # 替换的字符拼接到 ciphertext
    return ciphertext                    # 返回加密后的字符串

# 示例调用
plaincode = input("请输入字符串:")        # 输入明文字符串
```

```
ciphertext = encrypt_string(plaincode)        # 调用函数加密
print(ciphertext)                               # 输出加密后的字符串
```

输入：LIFE is SHORT，you NEED PYTHON

输出：PMJI is WLSVX，you RIIH TCXLSR

5.2.5　文件遍历

应用 open( ) 函数可以打开一个文件并创建一个文件对象：

```
with open('filename', mode='r', encoding = 'utf-8') as file:
```

参数中 filename 是读取的带路径和扩展名的文件名，读取模式参数 mode 的值为 "r" 表示只读取文件内容，不修改文件，mode 参数可省略，默认值为只读。with…as 为上下文管理器，file 为读取文件后创建的文件对象，用 print( ) 输出文件对象的信息会得到下面形式的数据：

```
<_io.TextIOWrapper name='文件名 . 扩展名' mode='r' encoding='utf-8'>
```

访问文件中的数据的常用方法有两种：一是用文件对象的 readline( ) 方法和 read( ) 方法读取其中的数据。二是对文件对象进行遍历，逐行输出其内容。本节介绍遍历方法，这也是处理数据文件的最常用方法。

用遍历文件对象的方法时，文件的每一行被作为一个字符串处理。每个行末有一个隐藏的换行符 "\n"，会被作为字符串的一部分，输出时，字符串中的 "\n"，会被解析为一个换行。

文件对象遍历的语法如下，file 为文件对象，变量 line 每次被赋值为文件的一行，循环次数为文件的行数。

```
for line in file:
    语句块
```

实例 5.8　遍历输出文件

有一个文本文件 "静夜思 . txt"，编码为 "utf-8"，文件内容如下，编程读取文件的内容：

静夜思
床前明月光，疑是地上霜。
举头望明月，低头思故乡。

```
with open('静夜思 . txt', 'r', encoding='utf-8') as poem:
    for line in poem:            # 对文件对象 poem 进行逐行遍历
        print(line)             # 每次循环输出文件中的一行内容
```

用 print( ) 函数对其进行输出时，行末的换行符 "\n" 会被解析为一个换行，导致输出的每一行数据后有一个空行存在。可以用 replace( ) 函数替换掉行末的换行符，或用

rstrip( )函数去掉行末的空白字符，使输出时不出现多余的空行。这里涉及 replace( )和 rstrip( )方法，这是字符串的操作方法，在本章后面会有详细讲述。

```
with open('静夜思.txt', 'r', encoding='utf-8') as poem:
    for line in poem:                          # 对文件进行逐行遍历
        print(line.rstrip())                   # 用 rstrip() 函数去掉行末的空白字符
        # print(line.replace('\n', ''))        # 或用 replace() 函数将'\n'替换为''
```

静夜思
床前明月光，疑是地上霜。
举头望明月，低头思故乡。

5.2.6　字符串处理方法

Python 内置的字符串处理方法非常多，这里只介绍一些特别常用的方法，见表 5.4。

表 5.4　常用字符串处理方法

方　法　名	描　　述
str.upper( )/str.lower( )	转换字符串 str 中所有字母为大写/小写
str.strip( )	用于移除字符串开头、结尾指定的字符（参数省略时去掉空白字符，包括\t、\n、\r、\x0b、\x0c 等）
str.join(iterable)	以字符串 str 作为分隔符，将可迭代对象 iterable 中字符串元素拼接为一个新的字符串。当 iterable 中存在非字符串元素时，返回一个 TypeError 异常
str.split(sep=None, maxsplit = -1)	根据分隔符 sep 将字符串 str 切分成列表，省略时根据空格切分，可指定逗号或制表符等。maxsplit 值存在且非 −1 时，最多切分 maxsplit 次
str.count(sub[, start[, end]])	返回 sub 在字符串 str 中出现的次数，如果 start 或者 end 指定，则返回指定范围内 sub 出现的次数
str.find(sub[, start[, end]])	检测 sub 是否包含在字符串 str 中，如果是则返回开始的索引值，否则返回−1。如果 start 和 end 指定范围，则检查是否包含在指定范围内
str.replace(old, new[, count])	把字符串 str 中的 old 替换成 new，如果 count 指定，则替换不超过 count 次，否则有多个 old 子串时全部替换为 new
str.index(sub[, start[, end]])	与 find( )方法一样，返回子串存在的起始位置，如果 sub 不在字符串 str 中会报一个异常
for <var> in <string>	对字符串 string 进行遍历，依次将字符串 string 中的字符赋值给前面的变量 var

str. upper( )和 str. lower( )分别用于将其前面的字符串转换成大写字母和小写字母，如 input( ). upper( )可以将用户输入的字符串中的小写字母都转换成大写字母。

例如，网页上经常可以看到输入验证码时是不区分大小写的，其后台的程序一般会将用户的输入和图片中的字符都统一转成大写字母（或统一转成小写字母），再去一一比较是否一致。

rstrip( )函数用于移除字符串结尾指定的字符，strip( )函数用于移除字符串开头和结尾指定的字符，当参数省略时，默认去掉字符串首尾的空白字符（不可见字符），包括" \t"（制表符）、" \n"（换行符）和" \r"（回车符）等。

```
s = '0089840'
print(s)                    # 原字符串 0089840
s1 = s. rstrip('0')         # 移除结尾的 0
print(s1)                   # 008984
s2 = s. strip('0')          # 去除字符串首尾 0
print(s2)                   # 8984
```

实例 5.9　隐私信息脱敏

手机号属于个人隐私信息，编程将用户输入的手机号的 4~7 位用"＊"替换。输入格式为 11 位数字的手机号码，如 13912345678。

实例演示:
隐私信息脱敏

```
def mask_phone_number(phone_number):
    """将手机号的 4~7 位用"＊"替换，phone_number 为 11 位数字的手机号码
    返回替换后的手机号码或出错信息
    """
    if len(phone_number) != 11 or not phone_number. isdigit():
        return "请输入 11 位数字的手机号码"
    return phone_number[:3] + "＊＊＊＊" + phone_number[7:]


# 主程序，示例调用
phone_number = input("请输入 11 位数字的手机号码：")
masked_phone_number = mask_phone_number(phone_number)
print(masked_phone_number)
```

这里采用的是字符串拼接的方法，从问题本身看似乎也可以考虑用替换的方法解决。info. replace(info[3:7], '＊＊＊＊')可以直接将字符串变量 info 中的序号第 3~6 这 4 个字符替换为"＊＊＊＊"。

```
info = input()                                  # 输入 13943214321
infoPvt1 = info. replace(info[3:7], '＊＊＊＊')      # 字符串替换
infoPvt2 = info. replace(info[3:7], '＊＊＊＊', 1)   # 仅替换 1 次
print(infoPvt1)                                 # 139＊＊＊＊＊＊＊＊
print(infoPvt2)                                 # 139＊＊＊＊4321
```

此类问题一般不建议使用 replace( ) 进行替换，因为默认情况下是不限定替换次数的，如果替换的字符后面还存在相同字符串，会被再次替换。例如，本题输入 13943214321 时，若不指定替换次数，当字符串中有与需替换的字符串相同的子串时，也会被替换掉，输出将变成"139＊＊＊＊＊＊＊＊"。再特殊一点，如果替换的子串与其他位置的子串相同，也会有问题，例如：

输入：13213213211

输出：＊＊＊＊32＊＊＊＊1
　　　＊＊＊＊3213211

除了前面讲述的常用的字符串处理方法外，Python 中还内置了大量的字符串处理方法，限于篇幅，不一一详述，可以根据需要查阅文档使用，表 5.5～表 5.10 给出这些方法的功能描述。

表 5.5　字符串大小写转换

方　　法	描　　述
str. capitalize( )	把字符串 str 的第一个字符大写
str. casefold( )	返回一个字符串的大小写折叠的复制，类似于 lower( )，但它移除在字符串中的所有差异。例如，德语的小写字母'ß'对应于" ss"，由于它已经是小写，所以 lower( )将不做任何处理，但 casefold( )会将它转换为" ss"
str. swapcase( )	翻转字符串 str 中的大小写字母
str. title( )	返回"标题化"的字符串 str，使所有单词都是以大写开始，其余字母均为小写（见 istitle( )）

表 5.6　字符串格式输出

方　　法	描　　述
str. center(width[, fillchar])	返回一个原字符串居中，并使用 fillchar 填充至长度 width 的新字符串，fillchar 省略时用空格填充。 print('python'. center(20,' ＊ ')) # ＊＊＊＊＊＊＊python＊＊＊＊＊＊＊
str. ljust(width)	返回一个原字符串左对齐，并使用空格填充至长度 width 的新字符串
str. zfill(width)	返回长度为 width 的字符串，原字符串 str 右对齐，前面填充 0
str. expandtabs(tabsize＝8)	把字符串 str 中的 tab 符号转为空格，tab 符号默认的空格数是 8
str. format(＊ args， ＊＊ kwargs)	格式化字符串
str. format_map(mapping)	与 str. format(＊＊ mapping)类似，只是 mapping 是直接使用的，而不是复制到一个字典

表 5.7　字符串搜索定位与替换

方　　法	描　　述
str. lstrip([chars])	删除字符串 str 左边的指定字符，默认去除空白字符
str. rstrip([chars])	删除字符串 str 右边的指定字符，默认去除空白字符
str. maketrans(x[, y[, z]])	maketrans()方法用于创建字符映射的转换表，对于接受两个参数的最简单的调用方式，第一个参数是字符串，表示需要转换的字符，第二个参数也是字符串，表示转换的目标
str. translate(table[, deletechars])	根据字符串 str 给出的表转换字符串 str 中的字符，要过滤掉的字符放到 deletechars 参数中
str. rfind(sub[, start[, end]])	类似于 find() 函数，不过是从右边开始查找
str. rindex(sub[, start[, end]])	类似于 index()，不过是从右边开始
str. rjust(width[, fillchar])	返回一个原字符串右对齐，并使用 fillchar 填充至长度 width 的新字符串，fillchar 省略时用空格填充
str. rpartition(sep)	类似于 partition() 函数，不过是从右边开始查找
str. rsplit(sep = None, maxsplit = -1)	通过 sep 指定分隔符对字符串进行分割并返回一个列表，默认分隔符为所有空白字符。类似于 split() 方法，只不过是从字符串右侧开始分割。如果指定 maxsplit 数量 max，则最多切分为 max 次

表 5.8　字符串联合与分割

方　　法	描　　述
str. partition(sep)	从第一次出现 sep 的位置起，把字符串 str 分成一个 3 元素的元组（string_pre_str,str,string_post_str），如果字符串 str 中不包含 sep 则返回一个包含字符串本身的三元组，后面跟着两个空字符串。（string_pre_str, ' ', ' '）
str. splitlines([keepends])	按照行('\r', '\r\n', '\n')分隔，返回一个包含各行作为元素的列表，如果参数 keepends 为 False，不包含换行符，如果为 True，则保留换行符

表 5.9　字符串条件判断

方　　法	描　　述
str. isalnum()	如果字符串 str 至少有一个字符，并且所有字符都是字母或数字，则返回 True，否则返回 False
str. isdigit()	如果字符串 str 只包含 Unicode 数字、半角数字或全角数字，则返回 True，否则返回 False
str. isnumeric()	如果字符串 str 中只包含 Unicode 数字、半角数字、全角数字、罗马数字、汉字数字以及①⒂⒀等类似数字，则返回 True，否则返回 False
str. isdecimal()	如果字符串 str 只包含十进制 Unicode 数字、半角数字或全角数字，则返回 True，否则返回 False
str. isalpha()	如果字符串 str 至少有一个字符，并且所有字符都是字母，则返回 True，否则返回 False

方　　法	描　　述
str. isidentifier( )	检测字符串是否是字母开头
str. islower( )	如果字符串 str 中包含至少一个区分大小写的字符，并且所有这些字符都是小写，则返回 True，否则返回 False
str. isprintable( )	如果字符串 str 是空串或其中的所有字符都是可打印的，返回 True，否则返回 False
str. isspace( )	如果字符串 str 中只包含空格、制表符（\t）和回车等空白字符，则返回 True，否则返回 False
str. istitle( )	如果字符串 str 是标题化的，则返回 True，否则返回 False
str. isupper( )	如果字符串 str 中包含至少一个区分大小写的字符，并且所有这些字符都是大写，则返回 True，否则返回 False
str. startswith (prefix [, start [, end]])	检查字符串 str 是否是以 prefix 开头，是则返回 True，否则返回 False。如果 start 和 end 指定值，则在指定范围内检查
str. endswith (suffix [, start [, end]])	检查字符串 str 是否以 suffix 结束，是则返回 True，否则返回 False。如果 start 和 end 指定值，则在指定范围内检查

表 5.10　字符串编码

方　　法	描　　述
str. decode (encoding = ' utf-8', errors ='strict')	以 encoding 指定的编码格式解码字符串 str，出错触发 ValueError 异常
str. encode (encoding = " utf-8", errors = " strict")	以 encoding 指定的编码格式编码字符串 str，出错触发 ValueError 异常

实例演示:
恺撒密码

实例 5.10　恺撒密码

在密码学中，恺撒密码是一种最简单且最广为人知的加密技术。这是一种替换加密的技术，明文中的所有字母都在字母表上向后（或向前）按照一个固定数目进行偏移后被替换成密文。例如，当偏移量是 3 时，所有的字母 A 将被替换成 D，B 变成 E，以此类推。

输入一个字符串明文，再输入一个正整数，代表偏移量，用恺撒密码对明文进行加密后输出。

实现加密的方法有很多，这里给出一种用字符映射转换方法实现的方案：

```
import string

def caesar_cipher( plaintext, shift) :
    """恺撒加密，plaintext 为输入的明文字符串，shift 为偏移量，返回加密后的密文字符串"""
    lower = string. ascii_lowercase          # 小写字母
    upper = string. ascii_uppercase          # 大写字母
    before = string. ascii_letters           # 全部大小写字母
```

```
        after = lower[shift:] + lower[:shift] + upper[shift:] + upper[:shift]
        table = str.maketrans(before, after)        # 创建映射表
        return plaintext.translate(table)           # 返回加密后的密文字符串

# 主程序，示例调用
plaintext = input("请输入要加密的明文字符串:")
shift = int(input("请输入偏移量:"))
ciphertext = caesar_cipher(plaintext, shift)
print("加密后的密文字符串:", ciphertext)
```

输入明文：Membership test operations

输入偏移量：3

输出密文：Phpehuvkls whvw rshudwlrqv

实例 5.11　模拟登录验证码

实例演示：
模拟登录验证码

在用户登录系统中，验证码可以有效防止恶意登录或机器人攻击。验证码会生成一些随机字符或数字，要求用户在登录时输入正确的验证码来证明自己是人类用户。

使用 Python 来模拟一个简单的验证码系统，验证码显示为随机生成的字符序列，用户需要正确输入该验证码才能通过验证。

程序功能要求如下。

（1）生成一个随机验证码。

（2）显示验证码，要求用户输入。

（3）验证用户的输入是否正确。

（4）如果输入错误，允许用户多次尝试。

```
import random
import string

def generate_captcha(length=6):
    """生成字母和数字组成的随机验证码，length 为验证码的长度，默认为6，返回生成的验证码"""
    # 字符库：大写字母、小写字母和数字
    characters = string.ascii_letters + string.digits
    # 随机选择 length 个字符并连接为一个字符串
    captcha = ''.join([random.choice(characters) for i in range(length)])
    return captcha

def captcha_verification_system(attempts=3):
    """简单的验证码验证系统，允许用户多次尝试，attempts 为最大尝试次数，返回布尔值"""
    captcha = generate_captcha()
    print(f"验证码是: {captcha}")
```

```
    for attempt in range(1, attempts + 1):
        user_input = input("请输入验证码：")

        # 验证用户输入
        if user_input == captcha:
            print("验证码正确，登录成功!")
            return True
        else:
            print(f"验证码错误。您还有｛attempts - attempt｝次尝试机会。")

    print("尝试次数已用完，登录失败。")
    return False

# 调用验证码系统
captcha_verification_system()
```

使用 random 和 string 模块来生成一个包含字母和数字的随机验证码。使用 string. ascii_ letters 获取所有大小写字母，使用 string. digits 获取数字 0~9。"+"的作用是将两个字符串拼接为一个字符串。使用 random. choice() 随机选择字符，生成指定长度的验证码。[random. choice(characters) for i in range(length)] 的作用是重复 length 次随机选取字符，". join() 的作用是将参数序列中的字符串元素拼接为一个字符串。

显示生成的验证码，并要求用户输入与之匹配的内容。为了更贴近真实的登录系统，可以允许用户在输入错误后多次尝试，直到正确输入验证码为止。generate_captcha() 函数生成验证码并显示给用户。通过 input() 函数获取用户输入的验证码，并与生成的验证码进行比对。如果用户输入正确，打印提示登录成功；如果错误，提示重新输入。attempts 参数控制用户可以尝试输入验证码的最大次数（默认为 3 次）。每次输入错误后，会告知用户剩余的尝试次数。如果超过最大尝试次数，提示用户登录失败。用户输入时不区分大小写，在验证前可以将用户输入的字符串和验证码中的大写字母都转为小写字母；或反过来，将所有小写字母转换为大写字母，再进行匹配验证。

实例 5. 12 《论语》文本处理

《论语》是春秋时期思想家、教育家孔子的弟子及再传弟子记录孔子及其弟子言行而编成的语录文集，较为集中地体现了孔子及儒家学派的政治主张、伦理思想、道德观念、教育原则等。"学而时习之，不亦说乎"就出自论语。文件"论语 . txt"中有原文、注释、译文、评析等内容，编程将其中的原文部分提取出来，并过滤掉其中的括号与数字等内容。

文本文件可以用 read() 方法读取为一个字符串，也可以用遍历文件对象的方法将文件的每行读取为一个字符串，所以可以用字符串的方法对其进行处理。

观察文本，发现所有原文所在行均以数字开头，其他行首字符均不是数字。利用这个特点，可以将原文所在行提取出来。

```
def extract_original_text(input_file):
    """提取原文，去除所有注释、翻译和评析内容，返回一个字符串"""
    original_text = ''                              # 用于存储原文的空字符串
    with open(input_file, 'r', encoding='utf-8') as fi:   # 以读模式打开文件，创建文件对象
        for line in fi:                             # 逐行遍历文件
            # 如果当前行非空且去除左边空白字符后，第 1 个字符是数字
            if line.lstrip() and line.lstrip()[0] in '0123456789':
                original_text = original_text + line.lstrip()   # 拼接到原文件字符串上
    return original_text                            # 返回拼接的字符串


# 主程序，调用函数处理文本
input_file = '论语.txt'
text = extract_original_text(input_file)            # 调用函数提取文件中的原文
print(text)                                         # 输出提取的文本
```

原文的左侧有空格，右侧有换行符，line.lstrip()的作用是去除字符串左侧的空白字符，保留右侧的换行符，使输出时可以保留原文中的换行。与 lstrip()功能类似的是 strip()方法，后者会去除字符串开头和结尾的空白字符，在本例中使用会去掉字符串末尾的换行符，导致丢失原来的格式。

处理结果如下：

1·1 子曰(1)："学(2)而时习(3)之，不亦说(4)乎？有朋(5)自远方来，不亦乐(6)乎？人不知(7)，而不愠(8)，不亦君子(9)乎？"
1·2 有子(1)曰："其为人也孝弟(2)，而好犯上者(3)，鲜(4)矣；不好犯上，而好作乱者，未之有也(5)。君子务本(6)，"本立而道生(7)。孝弟也者，其为仁之本与(8)？"
1·3 子曰："巧言令色(1)，鲜(2)仁矣。"
……
20·3 孔子曰："不知命，无以为君子也；不知礼，无以立也；不知信，无以知人也。"

现在得到的结果中除原文外还有一些括号及数字，下面继续去除括号和括号中的数字：

```
def extract_original_text(input_file):
    # 略
def remove_brackets_and_numbers(text):
    """去除字符串中所有括号和括号中的数字，text 为输入的字符串，返回处理后的字符串"""
    while '(' in text and ')' in text:              # 若字符串中还有括号
        start = text.find('(')                      # 找到第一个左括号的序号
        end = text.find(')', start) + 1             # 找到第一个右括号的序号
        text = text[:start] + text[end:]            # 去除括号及其中的内容
    return text


input_file = '论语.txt'
```

```
txt = extract_original_text(input_file)                    # 调用函数获取原文
cleaned_text = remove_brackets_and_numbers(txt)            # 调用函数移除数字和括号
print(cleaned_text)                                        # 输出处理结果
```

处理结果如下：

1·1 子曰："学而时习之，不亦说乎？有朋自远方来，不亦乐乎？人不知，而不愠，不亦君子乎？"
1·2 有子曰："其为人也孝弟，而好犯上者，鲜矣；不好犯上，而好作乱者，未之有也。君子务本，本立而道生。孝弟也者，其为仁之本与？"
1·3 子曰："巧言令色，鲜仁矣。"
……
20·3 孔子曰："不知命，无以为君子也；不知礼，无以立也；不知信，无以知人也。"

统计清理后的文本中"孔子"出现的次数：

```
def extract_original_text(input_file):
    # 略
def remove_brackets_and_numbers(text):
    # 略
def count_ziyue_occurrences(text):
    """统计字符串中"孔子"出现的次数，text 为输入的字符串，返回"孔子"出现的次数 """
    return text.count("孔子")                      # 用 count() 获取字符串中特定子串的出现次数

input_file = '论语.txt'
txt = extract_original_text(input_file)            # 调用函数获取原文
cleaned_text = remove_brackets_and_numbers(txt)    # 调用函数移除数字和括号
print(count_ziyue_occurrences(cleaned_text))       # 返回出现次数 68
```

根据换行符将清理后的文本切分开，找出所有包含"孔子"的句子，将"孔子"替换为"老师"再输出。

```
def extract_original_text(input_file):
    # 略
def remove_brackets_and_numbers(text):
    # 略
def count_ziyue_occurrences(text):
    # 略
def replace_kongzi_with_laoshi(text):
    """根据换行符将文本切分开，找出所有包含"孔子"的句子，将"孔子"替换为"老师"再输出 """
    modified_sentences = ''                        # 用于存储替换后的句子
    sentences = text.split('\n')                   # 根据换行符切分文本为句子的列表
    for sentence in sentences:                     # 遍历列表中的每个句子
        if '孔子' in sentence:                      # 若句子中包含"孔子"
            modified_sentences = modified_sentences + sentence.replace('孔子', '老师') + '\n'
```

```
        return modified_sentences              # 返回修改后的句子

# 主程序
input_file = '论语 . txt'
txt = extract_original_text( input_file)        # 调用函数获取原文
cleaned_text = remove_brackets_and_numbers( txt)   # 调用函数移除数字和括号
modified_text = replace_kongzi_with_laoshi( cleaned_text)
print( modified_text)
```

查看输出结果：

2·19 哀公问曰："何为则民服?"老师对曰："举直错诸枉，则
2·21 或谓老师曰："子奚不为政?"子曰："《书》云：'孝乎惟
……
20·3 老师曰："不知命，无以为君子也；不知礼，无以立也；不知信，无以知人也。"

从输出中发现 2. 19 和 2. 21 的语句均不完整，说明前面的处理方法存在问题，查看原文发现 2. 19 分行存储：

【原文】

2·19 哀公(1)问曰："何为则民服?"孔子对曰(2)："举直错诸枉(3)，则

民服；举枉错诸直，则民不服。"

【注释】

表明简单地根据行前的数字判定原文所在行是不准确的，观察文本发现，原文一定存在于【原文】和【注释】之间，可以根据这个特点重新提取原文：

```
def extract_original_text( input_file) :
    """提取原文，去除所有注释、翻译和评析内容，返回一个字符串"""
    original_text = ''              # 用于存储原文
    with open( input_file, 'r', encoding ='utf-8') as file：
        text = file. read( )         # 读取文件内容
    while '【原文】' in text：        # 若字符串中还有【原文】则循环进行处理
        start = text. find('【原文】') +4  # 找到第一个'【原文】'的序号，+4 是跳过'【原文】'的长度
        end = text. find('【', start)     # 找到'【原文】'后面第一个'【'的序号
        temp_txt = text[ start:end]      # 截取【原文】与下一个【之间的内容并去除数字和括号
        temp_txt_brackets = remove_brackets_and_numbers( temp_txt)
        # 去除首尾空格，替换字符串中间的换行符和空格为空字符串，拼接到原文件字符串上，再拼接一个换行符
        original_text = original_text + temp_txt_brackets. strip( ). replace('\n', ''). replace(' ', '')+'\n'
        text = text. replace('【原文】','', 1) # 替换【原文】为空字符串一次，使下次循环可以从下一个【原文】开始
```

```
      return original_text

def remove_brackets_and_numbers(text):
      # 略
def count_ziyue_occurrences(text):
      # 略
def replace_kongzi_with_laoshi(text):
      # 略

# 主程序
input_file = '论语.txt'
txt = extract_original_text(input_file)
cleaned_text = remove_brackets_and_numbers(txt)
print('==========以下为原文==============')
print(cleaned_text)
modified_text = replace_kongzi_with_laoshi(cleaned_text)
print('========以下为包含孔子的语句========')
print(modified_text)
```

处理结果：

2·19 哀公问曰："何为则民服？"老师对曰："举直错诸枉，则民服；举枉错诸直，则民不服。"
2·21 或谓老师曰："子奚不为政？"子曰："《书》云：'孝乎惟孝，友于兄弟。'施于有政，是亦为政，奚
其为为政？"
......
20·3 老师曰："不知命，无以为君子也；不知礼，无以立也；不知信，无以知人也。"

5.2.7　格式字符串

编写程序时，经常需要对字符串的格式进行处理，在 Python 2.6 之前用 % 格式符的方法，自 Python 2.6 开始，新增了一种格式化字符串的方法 str.format()，此函数可以方便快速地处理各种字符串，增强了字符串格式化的功能。自 Python 3.6 开始，又增加了一种格式化字符串字面值方法，也称为 f-strings。这种方法是带有 'f' 或 'F' 前缀的字符串字面值。字符串可包含替换字段，即以 {} 标识的变量或表达式，格式化字符串字面值实际上是会在运行时被求值的表达式。

str.format() 方法是官方推荐用的方式，% 格式符方式主要是兼顾其他编程语言的习惯而保留。本书推荐使用 str.format() 方法和 f-strings 方法格式化字符串。str.format() 方法有很多优点：不需要考虑不同数据类型的问题、单个参数可以多次输出、参数顺序可以不相同、填充方式十分灵活、对齐方式十分强大。

调用 str.format() 方法后会返回一个新的字符串，其使用格式如下：

<模板字符串>.format(<逗号分隔的参数>)

格式字符串包含以大括号 {} 括起来的"替换字段"。不在大括号之内的内容被视为字面文本，会原样输出。如果需要在字面文本中包含大括号字符，可以通过重复来转

义：{{ and }}。

str.format( )方法中<模板字符串>的大括号中除了包括参数序号，还可以包括格式控制信息。此时，位置的内部样式如下：

{<参数序号>：<格式控制标记>}

其中，<格式控制标记>用来控制参数显示时的格式，包括

[[fill]align][sign]["z"]["#"]["0"][width][grouping_option]["." precision][type]

<填充><对齐><符号><宽度><. 精度><类型>6 个字段，format 格式控制标记如表 5.11所示。

表 5.11　format 格式控制标记

整数	：	填充	对齐	符号	宽度	，	. 精度	类　　型
参数序号	引导符号	填充字符	< > ^ =	+ - 空格	输出宽度	数字千位分隔符	浮点数小数位数或字符串最小总字段宽度	c：Unicode 字符 d：十进制 b/o/x/X：二/八/十六进制 e/E：浮点数指数形式 f/F：浮点数标准形式 g/G：浮点数常规格式 %：以百分比显示

这些字段都是可选的，可以组合使用，下面逐一进行介绍。

<填充>：指<宽度>内除了参数外的字符采用什么方式表示，默认采用空格，可以通过<填充>更换。

<对齐>：指参数在<宽度>内输出时的对齐方式，分别使用<、>和 ^ 三个符号表示左对齐、右对齐和居中对齐。"="表示强制在符号之后数码之前放置填充。这被用于以 '+000000120' 形式打印字段，这个对齐选项仅对数字类型有效。

<宽度>：指当前位置的设定输出最小字符宽度，如果该位置对应的参数长度比<宽度>设定值大，则使用参数实际长度输出。如果该值的实际位数小于指定宽度，则位数将被默认以空格字符补充。

<,> （逗号）：<格式控制标记>中逗号用于显示数字的千位分隔符。

<. 精度>：表示两个含义，由小数点（.）开头，后面跟"f""g"等表示浮点数显示类型的符号。

<类型>："f"和"F"格式化的浮点数，精度表示小数点后保留的数字位数，浮点数末尾为零时也均保留下来，严格按要求位数输出。对于用"g"和"G"浮点数，精度表示小数点前面和后面保留的数字位数，且会舍去输出数据末尾的零，输出浮点数的最短表示。对于字符串，精度表示输出的最小长度。"%"将数字乘以 100 并显示为定点（'f'）格式，后面带一个百分号。

```
print('{:.8f}'.format(3141.59265300979))      # 3141.59265301
print('{:.8F}'.format(3141.59265300079))      # 3141.59265300
print('{:.8g}'.format(314.159265358979))      # 314.15927
print('{:.8G}'.format(314.150000358979))      # 314.15
```

```
print('{:.8}'.format('3141.59265300079'))        # 3141.592
print('{:.2%}'.format(0.314159265300079))         # 31.42%
```

<类型>：表示输出整数和浮点数类型的格式规则。对于整数类型，输出格式包括 6 种，对于浮点数类型，输出格式包括 4 种，浮点数输出时尽量使用<. 精度>表示小数部分的宽度，有助于更好控制输出格式。各类型与符号的功能描述见表 5.12～表 5.14。

表 5.12　整数和浮点数类型的格式规则

符　　号	功　　能
b	输出整数的二进制形式
c	输出整数对应的 Unicode 字符
d	输出整数的十进制形式
o	输出整数的八进制形式
x/X	输出整数的小写/大写十六进制形式
e/E	输出浮点数对应的小写字母 e/大写字母 E 的指数形式
f/F	输出浮点数的标准浮点形式，保留结果末尾的零，3.1500
g/G	输出浮点数，末尾的零会从结果中被移除，3.15
%	输出浮点数的百分形式，将 0.35 显示为 35%

表 5.13　字符串格式化符号

符　　号	功　　能
%c	格式化字符及其 ASCII 码
%s	格式化字符串
%d	格式化整数
%u	格式化无符号整型
%o	格式化无符号八进制数
%x 或 %X	格式化无符号十六进制数
%f 或 %F	格式化浮点数字，可指定小数点后的精度
%e 或 %E	用科学记数法格式化浮点数
%g 或 %G	自动选择 %f 和 %e 两种格式中较短的格式输出，并且不输出数字后面没有意义的零
%p	用十六进制数格式化变量的地址
%	当字符串中存在格式化标志时，需要用 %% 表示一个百分号

表 5.14　格式化操作符辅助指令

符　　号	功　　能
*	定义宽度或者小数点精度
−	用作左对齐
+	在正数前面显示加号（+）
<sp>	在正数前面显示空格
\#	在八进制数前面显示零（'0'），在十六进制前面显示'0x'或者'0X'（取决于用的是'x'还是'X'）
0	显示的数字前面填充"0"而不是默认的空格
%	"%%"输出一个单一的"%"
(var)	映射变量（字典参数）
m. n	m 是显示的最小总宽度，n 是小数点后的位数

```
print('{:b}'. format(15))                    # b 表示将整数转为二进制，1111
print('{:>22,. 3f}'. format(15703050635. 0)) # 22 字符居右，千位分隔，3 位小数
# 输出:    15,703,050,635. 000
print("{}{:. 2f}{:. 4}". format("圆周率",3. 1415926, '是无理数的一个典型例子'))
# . 2f 表示浮点数截取 2 位小数；. 4 表示将传入的字符串截取 4 个字符
# 输出:圆周率 3. 14 是无理数的一个典型例子
print('{: * <20}'. format('开始注释'))        # 宽 20 字符，居左，空位用 * 填充
# 输出:开始注释 * * * * * * * * * * * * * * * *
print('{: * ^20}'. format('这是注释'))         # 居中
# 输出: * * * * * * * * 这是注释 * * * * * * * *
print('{:^20}'. format('无填充字符'))          # 居中，无填充
# 输出:无填充字符
print('{: * >20}'. format('注释结束'))         # 居右对齐
# 输出: * * * * * * * * * * * * * * * * 注释结束
```

format 函数具有丰富的格式控制方法，可以方便、快速地进行各种格式的输出，一般建议使用 format 函数做输出格式控制。但由于历史的原因，同时考虑到其他语言程序员的习惯，Python 中目前仍保留了%格式符的用法，下面用几个例子介绍%格式符的语法。

```
print('Hi, %s, you have $%d. ' %('Michael', 1000000))
# %s 字符串，%d 整数
# 输出:Hi, Michael, you have $1000000.
print('--------%(p). 2f'%{'p':1. 23456})      # 保留 2 位有效小数
# 输出:--------1. 23
print('--------%(p)f'%{'p':1. 23456})         # 默认精度，保留小数点后 6 位
```

```
# 输出：--------1. 234560
print('***%c***%o***%x'%(65,15,15))
# %c 65 转 Unicode 值对应字符 A
# %o 整数 15 转成对应的八进制数 17
# %x 整数 15 转成对应的十六进制数 f
# 输出：***A***17***f
```

5. 2. 8　转义字符

转义字符是编程语言中的一种特殊字符，用于表示那些在字符串中具有特殊含义的字符。转义字符通常由反斜杠（\）开始，后面跟着一个或多个字符，表示一个特定的控制字符或转义序列。当转义字符放在字符序列时，它将对它后续的几个字符进行替代并解释。在格式化输出字符串时，可以用转义字符实现一些特殊的格式控制。下面在一条程序语句中用转义字符实现分行输出和输出格式控制，其中，"\n"表示换行，"\t"表示制表符。

```
print('\t\t 静夜思\n\t\t 李白\n 床前明月光，疑是地上霜。\n 举头望明月，低头思故乡。\n')
```

输出：

　　静夜思

　　李白

床前明月光，疑是地上霜。

举头望明月，低头思故乡。

Python 中有很多转义字符，表 5. 15 列出了一些常用的转义字符。

表 5. 15　常用转义字符

转 义 字 符	描　　述	示　　例
\n	换行	n：newline，用于行末，表示输出时到当前位置本行结束，后面字符在新的一行输出
\r	回车	r：return，回车，macOS 中表示换下一行
\t	水平制表符	功能与键盘上 Tab 键相同，光标水平移动若干字符，一般 3 个字符，也有解析成 4 或 6 个字符
\（在行尾时）	续行符	为避免一行太长，排版时在前一行末尾加"\"，解释器会将下一行内容接在前行末尾
\\	反斜杠符号	用于在字符串中输出一个反斜杠（\）
\'	单引号	用于在字符串中输出一个单引号

续表

转义字符	描　述	示　例
\"	双引号	用于在字符串中输出一个双引号
\b	退格（Backspace）	使光标回退一格，清除前面一个字符

5.3　元组

元组是置于圆括号"（）"中的一组数据，数据项之间用半角逗号"，"隔开。元组是序列类型数据的一种，可以用来存储一组数据。元组中的每个数据项称为一个元素，各元素类型可以相同，也可以不同，也可以将列表或元组作为元组的元素。

```
tup_a = (1, 2, 3, 4, 5)                           # 整数元素
tup_b = ('湖北', '河北', '山东', '山西')           # 字符串元素
tup_c = ('Susan', 'Female', 19, (85, 74), [99, 89, 92])   # 多种类型元素
```

上面的三个元组中，tup_a 中有 5 个整数类型数据，tup_b 中有 4 个字符串类型数据，tup_c 中有 5 个元素，其中包括 2 个字符串类型数据、1 个整数类型数据、1 个元组和 1 个列表。

元组支持用切片的方法访问元组中的元素，但不能使用切片的方法修改、增加或删除元组中的元素。可以使用 del 命令删除整个元组，但不能用 del 命令删除元组中的元素。

在 Python 中，元组的性能通常比列表稍高，因为元组是不可变的。元组一旦创建，不能修改。这使得元组在内存中可以进行优化，如缓存和优化访问速度，适合用于需要保证数据不被改变的场景。元组不需要额外的内存来处理动态变化，占用的内存通常比列表少。元组是可哈希的，可以作为字典的键，而列表不行。当程序运行需要的传递参数时，可以使用元组，以避免传递的参数在函数中被修改。

5.3.1　元组的创建

元组的创建有以下几种方法。
（1）用一对空的圆括号创建一个空元组。例如，（）。
（2）用半角逗号结尾的一个单独的元素，例如，a，或（a,）。
（3）用半角逗号分隔的多个元素，例如，a,b,c 或（a,b,c）。
（4）用内置的 tuple（）函数，参数为空、range 或列表等可迭代对象，例如，tuple（）或 tuple（range（5））。

下面代码用于产生一些元组并赋值给变量：

```
t1 = (1, 2, 3, 4)          # 生成一个元组(1, 2, 3, 4)并赋值给 t1
t2 = 1, 2, 3, 4            # 生成一个元组(1, 2, 3, 4)并赋值给 t2
```

```
print(t1,t2)              # t1、t2 相同，(1, 2, 3, 4) (1, 2, 3, 4)

t3 = (1, )                # 生成元组(1, )，(1, )不同于(1)，(1)等于整数 1
t4 = 1,                   # 生成一个元组(1, )并赋值给 t4
print(t3,t4)              # t3、t4 相同，(1,) (1,)

t5 = ()                   # 生成一个空元组( )并赋值给 t5
t6 = tuple()              # 使用元组生成器产生一个空元组赋值给 t6
print(t5,t6)              # t5、t6 相同，() ()

t7 = tuple(0,1,2)         # 将一个列表转换为元组(1, 2, 3)赋值给 t7
t8 = tuple(range(3))      # 将一个可遍历对象转换为元组(0, 1, 2)赋值给 t8
print(t7,t8)              # t7、t8 相同，(0, 1, 2) (0, 1, 2)
```

元组是不可变数据类型（immutable）。元组数据产生后，其内部元素无法增加、删除和修改。但当元组的元素包含列表等可变元素时，情况有些特殊，虽然不可直接改变元组元素的值，作为元素的列表是可变数据类型，列表的值是可以修改的。

```
t = (1,2,[3,4])           # t 为元组(1,2,[3,4])
t[2] = 0                  # 不可修改元组元素的值，触发 TypeError 异常
# 返回异常 TypeError：'tuple' object does not support item assignment

t[2][1] = 0               # t[2]是[3,4]，t[2][1]是 4，t[2][1]=0 是修改 4 为 0
print(t)                  # (1, 2, [3, 0])，列表值改变，元组序号 2 元素仍是列表

t[2].append(10)           # t[2] =[3,4]，t[2].append(10)的结果是[3, 0, 10]
print(t)                  # (1, 2, [3, 0, 10])，列表值发生变化，元组未变
```

元组 t 中元素 t[2]是一个列表[3,4]，元素 t[2]不能直接修改，但列表[3,4]可以修改并支持列表的所有操作。t[2][1]是索引列表[3,4]中序号为 1 的元素，结果为 4，t[2][1] = 0 的操作相当于将列表[3,4]中的 4 修改为 0。这是针对列表[3,4]的操作，而不是针对元组的操作。

因为元组数据是不可变类型的，使用 dir(tuple)或 dir(元组名)可以看到，元组的内置方法只有两个：count()和 index()，分别用于统计元素数量和返回元素首次出现的索引号。

```
t = (1,0,1,0,1,1,1,0)
print(t.count(1))         # 统计 1 的数量，结果为 5
print(t.index(0))         # 返回元素 0 第一次出现的位置序号，结果为 1
```

5.3.2 元组的应用

元组是一种不可变序列，一旦创建就不能修改，使其在某些场景下具有重要的工程应用价值。元组的不可变性确保了数据的安全性，尤其是在函数调用等场景中，传递元组可

以防止无意间修改数据。这种特性在函数参数传递、数据库连接配置、常量定义等场景中非常有用。由于元组是不可变的，它可以作为字典的键，而列表不行。元组的这种特性在处理多维数据或复杂键值映射时非常有用。元组由于不可变，通常比列表占用更少的内存，且访问速度更快。对于需要频繁访问而不需要修改的数据，使用元组可以提升程序的性能。元组常用于函数返回多个值，避免定义多个变量，或者表示坐标、数据库表中的一行数据等结构化数据。

5.4 列表

Python 中的列表（list）是置于方括号"[ ]"中的一组数据，数据项之间用半角逗号分隔。列表中的每个数据项称为一个元素，元素的数据类型无限制，各元素类型可以相同，也可以不同，可以将列表或元组作为列表的元素。

```
lsa = [1, 2, 3, 4, 5]                          # 整数元素
lsb = ['湖北', '河北', '山东', '山西']              # 字符串元素
lsc = ['Susan', 'Female', 19, [85, 74, 99, 89, 92]]   # 字符串、整数、列表
```

元组和列表最大的区别在于列表是可变数据类型（mutable），实际上，字符串、range、元组和列表这几种序列类型中，只有列表为可变数据类型。

5.4.1 列表的创建

列表的创建主要有以下几种方法。

（1）将置于方括号"[ ]"中、用逗号分隔的一组数据赋值给一个变量，数据可以是多个，也可以是 0 个，数据个数为 0 时创建一个空列表。

```
lsa = [88, 92, 73, 54, 65]                     # 元素为整数的列表
lsb = [ ]                                       # 空列表
```

（2）使用 list( )函数，将元组、range 对象、字符串、字典的键、集合或其他类型的可迭代对象类型的数据转换为列表，当参数为空时生成一个空列表。

```
print(list( ))                    # list( )参数为空，产生一个空列表:[ ]
print(list((1, 2, 3, 4)))         # 元组(1,2,3,4) 转为列表[1, 2, 3, 4]
print(list(range(5)))             # 对象 range(5)转为列表[0, 1, 2, 3, 4]
print(list('1234'))               # 字符串'1234'转为列表['1', '2', '3', '4']
```

（3）split( )函数可以根据指定字符将字符串切分为列表。函数参数省略时用空格切分，且多个空格被作为一个空格处理；参数为空格字符串' '时，根据一个空格进行切分，多个空格会被切分多次。当不确定分隔符是一个还是多个空格时，一般不加参数，多个空格只切分一次。

```
s = 'Life is   short, you need   Python'      # 用逗号和空格分隔的字符串
print( s. split(',') )                        # ['Life is   short', ' you need   Python']
print( s. split( ) )                          # ['Life', 'is', 'short,', 'you', 'need', 'Python']
print( s. split(' ') )                        # ['Life','is','', 'short,','you', 'need', '', 'Python']
```

列表常用于数据分析，"股票数据 2024. csv"中存储了一些股票的数据，本章将主要应用这个数据文件介绍列表的主要方法。

```
交易日期,股票代码,股票名称,收盘价,涨跌幅,成交金额
20231009,00467. HK,联合能源集团,1. 19,-3. 252,82363800
20231009,00665. HK,海通国际,1. 4,97. 1831,339839325
20231009,00700. HK,腾讯控股,307,0. 5898,882943330
20231009,00883. HK,中国海洋石油,13. 4,2. 2901,481550444
20231009,00941. HK,中国移动,65. 15,0. 6178,378169225
20231009,01801. HK,信达生物,40. 9,4. 8718,253810100
20231009,02015. HK,理想汽车,133. 9,-0. 8882,127258540
20231009,02020. HK,安踏体育,85. 3,2. 2169,138603070
20231009,02269. HK,药明生物,44. 9,2. 746,260473875
20231009,03690. HK,美团,108. 9,0. 554,1037139841
20231009,03988. HK,中国银行,2. 73,0,5,302114130
20231009,09868. HK,小鹏汽车,67. 55,-3. 0846,737821106
```

实例 5. 13　读股票数据

读文件查看数据，再将文件中的数据根据逗号切分后以列表类型输出。

```
with open('股票数据 2024. csv', 'r', encoding='utf-8') as fi:
    for line in fi:                  # 遍历文件中的每一行
        print([line])                # 查看当前行数据
```

代码中 open( )函数的作用是打开文件并创建一个可遍历的文件对象，为访问方便，命名为 fi。括号中的第一个参数是要读取的文件，可直接放包含路径的文件名的字符串，也可设置变量名，在函数调用时传入值。参数"r"表示以"读"模式创建这个文件对象，可以读取其中的数据。参数 encoding='utf-8'表示用"utf-8"编码读取文件中的数据，这个值依赖于文件保存时选择的编码，目前应用最多的是"utf-8"编码。若文件是在 Windows 下创建，默认会使用"GBK"编码，读取此类文件时，encoding 参数的值需改为"GBK"，否则会触发"UnicodeDecodeError：'utf-8' codec can't decode byte 0xbd in position 0：invalid start byte"异常。

open( )创建的文件对象可遍历，遍历时，每次读取文件的一行为一个字符串，语句 print([line])可用于查看当前行数据，加上"[ ]"的作用是为了避免字符串中的一些不可见字符或转义字符在输出时被解析，可以清晰地看到字符串中的所有字符。在做数据相关的处理时，随时查看数据是一个好习惯，可以了解数据的类型和具体构成，方便后续处理，若与预期处理结果不符也可以及时发现。遍历文件对象输出的结果如下：

```
['交易日期,股票代码,股票名称,收盘价,涨跌幅,成交金额\n']
['20231009,00467.HK,联合能源集团,1.19,-3.252,82363800\n']
['20231009,00665.HK,海通国际,1.4,97.1831,339839325\n']
......
['20231009,09868.HK,小鹏汽车,67.55,-3.0846,737821106\n']
```

输出结果中的列表符号"[ ]"是在输出语句中人为加上去的，其中字符串才是文件中存储的数据。可以看到每行末有一个换行符"\n"，这个换行符可以用字符串的 strip( )方法去除。剩余的字符串中的各项数据之间用逗号分隔，可以使用字符串的 split( )方法将其切分为列表：

```
line = '20231009,00665.HK,海通国际,1.4,97.1831,339839325\n'        # 逗号分隔的字符串

print(line.split())        # ['20231009,00665.HK,海通国际,1.4,97.1831,339839325'], 未切分成功

# 使用 split(',')方法, 将字符串按照逗号分隔, 最后一个元素包含换行符
print(line.split(','))        # ['20231009','00665.HK','海通国际','1.4','97.1831', '339839325\n']

# 使用 strip( )方法, 去掉字符串首尾的空格和换行符
print(line.strip())        # '20231009,00665.HK,海通国际,1.4,97.1831,339839325'

# 使用 strip( ).split(',')方法, 将字符串按照逗号分隔, 最后一个元素不包含换行符
print(line.strip().split(','))    # ['20231009','00665.HK','海通国际',…, '339839325']
```

将这条语句放到遍历文件的程序中，就可以将文件的每行读取并转为一个列表：

```
with open('股票数据 2024.csv', 'r', encoding='utf-8') as fi:
    for line in fi:                    # 遍历文件中的每一行
        print(line.strip().split(','))    # ['20231009', '00665.HK', '海通国际'…'339839325']
```

结果如下所示：

```
['20231009', '00467.HK', '联合能源集团', '1.19', '-3.252', '82363800']
['20231009', '00665.HK', '海通国际', '1.4', '97.1831', '339839325']
......
['20231009', '09868.HK', '小鹏汽车', '67.55', '-3.0846', '737821106']
```

（4）内置函数 sorted( )的作用是排序，其返回值是一个排序的列表。

```
print(sorted({88,67,54,90,96}))                # [54, 67, 88, 90, 96]
print(sorted('python'))                         # ['h', 'n', 'o', 'p', 't', 'y']
print(sorted({'Tom': 52, 'Jerry': 38, 'Pig': 23}))    # ['Jerry', 'Pig', 'Tom']
```

（5）列表推导式是一种创建新列表的便捷的方式。推导式又称解析式，可以从一个数据序列构建另一个新的数据序列的结构体。

推导式是 Python 的一种独有特性，本质上可以将其理解成一种集成了变换和筛选功能的函数，通过这个函数把一个序列转换成另一个序列。共有三种推导式：列表推导式、字

典推导式、集合推导式，本节介绍列表推导式。

列表推导式由 1 个表达式跟一个或多个 for 从句、0 个或多个 if 从句构成。

```
[x 表达式 for x in 序列 if 条件表达式]

[(x, y 表达式) for x in 序列 1 for y in 序列 2 if 条件表达式]
```

for 前面是一个表达式，in 后面是列表或其他可迭代对象。将 in 后面序列中的每一个数据作为 for 前面表达式的参数，再将计算得到的序列转成列表。if 是一个条件从句，可以根据条件返回新列表。

例如，计算 0~9 中每个数的平方，存储于列表中输出，可以用以下方法实现：

```
squares = []                          # 创建空列表 squares
for x in range(10):                   # x 依次取 0~10 中的数字
    squares. append(x ** 2)           # 向列表中增加 x 的平方
print(squares)                        # [0, 1, 4, 9, 16, 25, 36, 49, 64, 81]

# 用列表推导式实现
squares = [x ** 2 for x in range(10)]  # 用 range() 推导新列表
print(squares)                        # [0, 1, 4, 9, 16, 25, 36, 49, 64, 81]
```

$[x ** 2 \ for \ x \ in \ range(10)]$ 是列表推导式，推导式生成的序列放在新的列表中，for 从句前面是一个表达式，in 后面是一个列表或能生成列表的对象。将 in 后面列表中的每一个数据作为 for 前面表达式的参数，再将计算得到的序列转成列表。可以发现，用列表推导式实现的代码更简洁。

in 后面也可以直接是一个列表，推导式中可以包含条件运算，只根据满足条件的元素推导新列表。例如：

```
ls = list(range(6))                   # [0, 1, 2, 3, 4, 5]
squares = [x ** 2 for x in ls]        # 根据列表推导新列表
print(squares)                        # [0, 1, 4, 9, 16, 25]

squares = [x ** 2 for x in ls if x % 2 == 1]   # 根据奇数推导
print(squares)                        # 奇数平方的列表 [1, 9, 25]

ls = [-4, -2, 0, 4]
print([x * 2 for x in ls])            # 列表元素乘 2 [-8, -4, 0, 8]
print([x ** 2 for x in ls if x < 0])  # 正数元素平方 [16, 4]
print([abs(x) for x in ls])           # 用 abs() 函数推导 [4, 2, 0, 4]
```

for 前面的表达式也可以是一个内置函数、自定义函数或多个表达式构成的元组，例如：

```
def fun(x):
    return x + x ** 2 + x ** 3
```

```
y = [fun(i) for i in range(5)]              # 按函数 fun(x)推导新列表
print(y)                                     # [0, 3, 14, 39, 84]

fruit = ['  香蕉', '  苹果 ', '梨  ']        # 删除元素前后空字符
print([x.strip() for x in fruit])           # ['香蕉', '苹果', '梨']

# 生成一个每个元素及其平方构成的元组组成的列表
print([(x, x ** 2) for x in range(5)])      # 多个表达式组成的元组
# [(0, 0), (1, 1), (2, 4), (3, 9), (4, 16)]
```

可以用多个 for 从句对多个变量进行计算，例如，老张、老李、老赵的职业是电工、水工和木工中的一种，每个人的爱好是看电视、看报纸和听收音机中的一种，请输出所有可能的组合：

```
name = ['老张', '老李', '老赵']
action = ['收音机', '电视', '报纸']
job = ['电工', '水工', '木工']
result = [(n, a, j) for n in name for a in action for j in job]
print(result)
# [('老张', '听收音机', '电工'), ('老张', '收音机', '水工'), …, ('老赵', '看报纸', '木工')]
```

通过列表推导式可以创建一个列表。但是，创建一个包含很多个元素的列表，会占用很大的存储空间，如果仅仅需要访问前面几个元素，那后面绝大多数元素占用的空间都白白浪费了。

用列表推导式可以方便地读取文件中的数据到列表。

```
with open('股票数据 2024.csv', 'r', encoding='utf-8') as fi:
    stock_ls = [line.strip().split(',') for line in fi]
print(stock_ls)
```

遍历文件中的每一行，根据逗号切分为列表，再将列表作为外层列表的元素，得到一个嵌套的列表。

如果列表元素可以按照某种算法循环推算出来，那就不必创建完整的列表，从而节省大量的空间。在 Python 中，这种一边循环一边计算的机制称为生成器（generator）。生成器推导式的结果是一个生成器对象，不是列表也不是元组。

生成器对象可以用__next__()方法或 next()函数进行遍历，也可以将其作为迭代器对象使用。不管用哪种方法访问其中的元素，当所有元素访问结束以后，对象会变空。如果需要重新访问其中的元素，必须重新创建该生成器对象。创建生成器有很多种方法，一个简单的方法是把一个列表推导式的"[]"改成"()"，就创建了一个生成器。

```
g = (i ** 3 for i in range(6))              # 圆括号，生成器推导式
print(type(g))                              # <class 'generator'>，数据类型为生成器对象
```

```
print(g)                              # <generator object <genexpr> at 0x00000252266D9510>
print(list(g))                        # 转为列表可输出[0, 1, 8, 27, 64, 125]
print(list(g))                        # 生成器对象被遍历后会变成空[]

g = (i ** 3 for i in range(6))        # 重新创建生成器对象
print(next(g))                        # 输出 0
print(g.__next__())                   # 输出 1
print(next(g))                        # 输出 8
print(list(g))                        # 转为列表可输出[27, 64, 125]，前 3 个元素使用后被丢弃
```

可以看出，g 是一个生成器对象，也是一个可遍历对象，无法直接使用 print( ) 函数打印出元素的值，可以在循环中作为可遍历对象使用，也可以用 list( ) 或 tuple( ) 生成器把它转换成列表或元组显示出来。生成器对于生成大量的可遍历数据非常有效，可以大大提高程序对于内存的使用效率。

实例演示：
寻找自幂数

实例 5.14　寻找自幂数

自幂数是指一个 n 位数，它的每位上的数字的 n 次幂之和等于它本身，例如，$153 = 1^3 + 5^3 + 3^3$，称 153 是自幂数。编程寻找并输出 n 位的自幂数，n 由用户输入，每行输出一个数字。

想获取每位上的数字，最好的方法是遍历，但整数不支持遍历，可以先用 str(num) 将整数 num 转为字符串类型，变成可迭代对象。计算 num 中每位上的数字的 n 次方的和可以用列表推导式[int(i) ** n for i in str(num)]实现，依次取字符串类型的数各位上的数字，转整型后再计算其 n 次幂，构建一个列表，这个列表可以直接作为 sum( ) 函数的参数直接对其所有元素求和。

```
if num == sum([int(i) ** n for i in str(num)]):
```

列表推导式[int(i) ** n for i in str(num)]得到的是数字 num 转字符串后，每位上的字符转数字后的 n 次方的列表，sum( ) 函数可以对列表中可计算元素求和。

```
n = int(input())                               # 输入自幂数位数，如 3
for num in range(10 ** (n - 1), 10 ** n):      # 逐一遍历所有 n 位数
    if num == sum([int(i) ** n for i in str(num)]):
        print(num, end=' ')                    # 153 370 371 407
```

在寻找自幂数时，每次循环都要计算新得到的数中每位上的数字的 n 次幂，当 n 较大时，这个计算量是相当大的。为了减少时间开销，可以先计算 0~9 中每个数的 n 次幂，存放在一个列表中。需要时，用索引的方法从列表中取某个数的 n 次方的计算结果直接用于计算，可以减少很多次幂运算，这个方法相对于其他方法可以减少约 50% 的时间开销。

```
n = int(input())                               # 输入数字位数
ls = [x ** n for x in range(10)]               # 推导 0~9 中每个数的 n 次幂，存于列表
```

```
for num in range(10 ** (n − 1), 10 ** n):          # 遍历所有 n 位数
    if num == sum([ls[int(i)] for i in str(num)]):  # ls[int(i)]索引序号为 int(i)的元素
        print(num)
```

例如，计算 3 位自幂数时，先用列表推导式得到一个包含 0~9 的 3 次方的列表[0, 1, 8, 27, 64, 125, 216, 343, 512, 729]。在判断 100~999 范围内每个数是否为自幂数时，str(num)把数字转为字符串，遍历这个字符串，根据每个字符对应的序号到列表中索引其 n 次幂的结果，从而推导出一个新列表，新列表中的元素为字符串中字符对应的整数的 n 次幂。

例如，判断 371 时，将其转为字串'371'，'3'、'7'、'1'这 3 个元素分别对应于列表 ls 中的 27、343 和 1，从而产生新的列表[27, 343, 1]，再用 sum()函数对列表求和并比较是否等于 371，如果相等，可判定该数为自幂数。

5.4.2　列表的更新

赋值语句是改变对象值的最简单的方法，在列表中，也可以通过索引赋值改变列表中指定序号元素值。索引赋值的方法如下：

ls[i] = a

其中，i 为列表中的元素序号，要求 i 为整数且在列表序号范围内（−len(ls)<= i < len(ls)），当 i 值超出列表序号范围时，触发索引越界异常：IndexError: list assignment index out of range。

a 为新对象，其值可以与列表中原有元素的数据类型相同，也可以不同，甚至可以是一个列表或元组。

```
ls = [88,56,95,46,100,77]         # 通过赋值创建列表 ls
ls[2] = 66                        # 序号 2 的元素被替换为 66
print(ls)                         # [88, 56, 66, 46, 100, 77]
ls[3] = 'pass'                    # 序号 3 的元素被替换为字符串'pass'
print(ls)                         # [88, 56, 66, 'pass', 100, 77]
ls[5] = ['True','False']          # 序号 5 的元素被替换为列表['True','False']
print(ls)                         # [88, 56, 66, 'pass', 100, ['True', 'False']]
```

除了按索引赋值以外，还可以用切片赋值的方法更新列表中的数据，切片赋值要求新值也是列表。其操作相当于将原列表中切片中的元素删除，同时用新的列表中的元素代替切片的位置。当切片连续时（如 ls[i:j]），新列表长度不限，可为空列表、与切片等长列表或超出切片长度的列表。

```
ls = [88, 56, 95, 46]             # 通过赋值创建列表 ls
ls[1:3] = [33, 44]                # 序号为 1、2 的元素被替换为 33、44
print(ls)                         # [88, 33, 44, 46]
ls[1:3] = [33, 44, 55, 66]        # 序号为 1 和 2 的元素被替换为 33、44、55、66
print(ls)                         # [88, 33, 44, 55, 66, 46]列表长度增加 2
ls[1:3] = []                      # 序号为 1 和 2 的元素被替换为空值
print(ls)                         # [88, 55, 66, 46]
```

当切片不连续时（如 ls[i:j:step]），要求用于替换的新列表与原列表切片元素数量相等，再按顺序一一替换。替换元素数量不同时触发 ValueError。

```
ls = [88, 56, 95, 46, 100, 77]              # 通过赋值创建列表 ls
print(ls[0:6:2])                            # 切片，输出[88, 95, 100]
ls[0:6:2] = [10, 20, 30]                    # 用新列表中对应元素替代原位置元素
print(ls)                                    # [10, 56, 20, 46, 30, 77]
ls[0:6:2] = ['Python', 'C', 'VB']           # 新列表元素的数据可为任意类型
print(ls)                                    # ['Python', 56, 'C', 46, 'VB', 77]
ls[0:6:2] = ['Python', 'C']                 # 新列表元素数量与切片数量不同，触发异常
# ValueError：attempt to assign sequence of size 2 to extended slice of size 3
```

如果查看每次输出 id(ls)更新操作前后列表 ls 的 id，可以发现，更新前后列表的 id 并没有发生变化，也就是说，列表的更新是原地操作。

可以这样理解，列表从被创建后一直到被销毁之前，可以向列表中增加各种类型的元素、修改列表中的元素或删除列表中的部分或全部元素，列表的 id 将一直保持不变。只要对列表的操作不产生返回值（返回值为 None）、只改变作用对象的值不产生副本，那么这个操作就应该是在原地进行的，不会产生新的列表对象，列表 id 不会改变。

除了通过赋值和切片赋值等方式直接修改列表元素以外，Python 还提供了 append()、extend()和 insert()三种方法用于向列表中添加元素，这三种方法也都是原地操作，无返回值或者说返回值为 None，不产生新对象，列表的 id 不改变。

（1）ls.append(x)：用于向列表末尾追加一个元素，ls 为操作的列表名，x 为增加的元素。

```
ls = [88, 56, 95, 46]                       # 通过赋值创建列表 ls
ls.append(100)                              # 列表末尾增加新元素 100
ls.append('python')                         # 列表末尾增加新元素'python'
print(ls)                                    # [88, 56, 95, 46, 100, 'python']
```

如果输出 id(ls)，可以发现，应用 append()方法向列表中增加元素时，可以增加同类型元素，也可以增加不同类型元素，其列表的 id 不变，说明只是修改了原列表而没有重建列表。

（2）ls.extend(L)：将另一个列表中的所有元素追加到当前列表的末尾。与 ls.extend(L)功能类似的一个操作是赋值运算"+="。"+="运算符会调用__ladd__方法。extend()方法的参数是可迭代对象（iterable），也就是说，L 的类型并不局限于列表，可以是元组、range、字符串、集合和字典等，会先将其他类型的对象转为列表类型，再附加到列表的末尾。

```
ls = [88, 56, 95, 46]
L = [10, 20, 30]
ls.extend(L)                                # 在原列表末尾增加新列表中的元素 10、20、30
print(ls)                                    # 输出[88, 56, 95, 46, 10, 20, 30]
```

```
ls += L                              # 不创建新对象，在原列表末尾增加新列表中的元素 10、20、30
print(ls)                            # [88, 56, 95, 46, 10, 20, 30, 10, 20, 30]
```

（3）ls.insert(i, x)：向列表中序号为 i 的位置插入一个元素，ls 为操作的列表名，i 为插入位置的序号，x 为增加的元素。

```
ls = [88, 56, 95, 46]
ls.insert(2, 99)                     # 在序号为 2 的位置插入新值 99
print(ls)                            # 输出 [88, 56, 99, 95, 46]
```

实例 5.15　股票数据转列表类型

读取"股票数据 2024.csv"中的数据，将每行数据根据逗号切分为一个列表，再将这个列表作为嵌套列表的子列表。

前一节读文件时，将每行切分为一个列表，出现了多个对象，这样不方便后续的数据处理，可以先创建一个空列表，在遍历文件时，用列表的 append() 方法把每行切分得到的列表作为一个元素加入到一个列表中，得到一个元素仍为列表的列表，这种列表也称为嵌套列表。

```
def file_to_list(input_file):
    """读 csv 文件中的数据到嵌套列表"""
    stock_ls = []                                    # 创建一个空列表用于存储数据
    with open(input_file, 'r', encoding='utf-8') as fi:
        for line in fi:                              # 遍历文件中的每一行
            stock_ls.append(line.strip().split(','))  # 将数据以逗号切分为列表再加到列表中
    return stock_ls


input_file = '股票数据 2024.csv'
stock_lst = file_to_list(input_file)                 # 读取数据到列表
print(stock_lst)                                     # 打印列表数据
```

输出结果为如下所示的嵌套列表：

```
[['交易日期', '股票代码', '股票名称', '收盘价', '涨跌幅', '成交金额'],
 ['20231009', '00467.HK', '联合能源集团', '1.19', '-3.252', '82363800'],
 ['20231009', '00665.HK', '海通国际', '1.4', '97.1831', '339839325'],
 ['20231009', '00700.HK', '腾讯控股', '307', '0.5898', '882943330'],
 ......
 ['20231009', '09868.HK', '小鹏汽车', '67.55', '-3.0846', '737821106']]
```

嵌套列表同样支持索引和切片：

```
title = stock_lst[0]             # 索引获取标题行，列表类型
print(title)                     # ['交易日期','股票代码','股票名称','收盘价','涨跌幅','成交金额']
data = stock_lst[1:]             # 切片获取标题行以外的数据，嵌套列表
```

```
print(data)
htgj_data = stock_lst[2][2:]        # 索引得到海通国际数据，切片取后 4 列
print(htgj_data)                    # ['海通国际', '1. 4', '97. 1831', '339839325']
```

5.4.3 列表的删除

有 3 个方法可被用于删除列表中的元素，这三个方法分别为 pop( )、remove( )和 clear( )，这三个方法都是原地操作，无返回值，下面分别介绍其用法。

（1）ls. pop(i)：用于移除列表中序号为"i"的一个元素。其中，ls 为要操作的列表名，i 为要删除的列表元素的序号。当括号中无参数时，默认移除列表的最后一个元素，此处 i 为整数且不超过列表序号范围。pop( )方法是唯一能删除列表元素又能返回值的列表方法，其返回值为被移除的元素。

```
ls = list('08974')       # 将字符串转为列表['0', '8', '9', '7', '4']
ls. pop( )               # 移除列表中最后一个元素'4'
print(ls)                # ['0', '8', '9', '7']
s = ls. pop( )           # 移除列表最后一个元素'7', 并将其命名为 s
print(ls, s)             # 输出列表元素和移除的元素['0', '8', '9'] 7
ls. pop(2)               # 移除列表中序号为 2 的元素'9'
print(ls)                # ['0', '8']
s = ls. pop(-2)          # 移除列表中序号为-2 的元素, 并将其命名为 s
print(ls, s)             # 输出列表元素和移除的元素['8'] 0
```

（2）ls. remove(x)：删除列表中第一个与参数"x"值相同的元素，列表中存在多个与参数"x"值相同的元素时，只删除第一个，保留其他元素。当列表中不存在与参数"x"相同的元素时，抛出错误"ValueError：list. remove(x)：x not in list"。其中，ls 为要操作的列表名，"x"为要删除的数据。

```
ls = list('08984')       # 将字符串转为列表 ['0', '8', '9', '8', '4']
ls. remove('8')          # 删除列表中字符串元素'8', 只移除第一个'8'
print(ls)                # ['0', '9', '8', '4']
ls. remove(9)            # 删除列表中整数元素 9, 存在字符串'9', 不存在数字 9
# 删除对象不在列表中存在, ValueError：list. remove(x)：x not in list
```

（3）ls. clear( )：删除列表中全部元素，即清空列表。若 ls 为当前操作的列表，则 ls. clear( )作用与 del ls[:]相同。

```
ls = list('08984')       # 将字符串转为列表 ['0', '8', '9', '8', '4']
ls. clear( )             # 删除列表中全部元素
print(ls)                # 输出没有元素的空列表[]
ls = list('08984')       # 将字符串转为列表 ['0', '8', '9', '8', '4']
del ls[:]                # 删除列表中全部元素
print(ls)                # 输出没有元素的空列表[]
```

当一个列表不再使用时，可以用 del 命令删除列表对象，del 命令也可以被用于删除列表中的元素。

```
ls = list(range(1, 10, 2))        # range 转列表[1, 3, 5, 7, 9]
del ls[1]                         # 删除列表 ls 中序号为 1 的元素 3
print(ls)                         # [1, 5, 7, 9]
del ls[:]                         # 删除列表中全部元素
print(ls)                         # 输出没有元素的空列表[]
del ls                            # 删除列表对象 ls，列表 ls 不存在了
print(ls)                         # NameError: name 'ls' is not defined
```

5.4.4　列表的排序

Python 提供了 sort( ) 和 reverse( ) 两个方法对列表元素进行排序。

1. ls. sort(∗ , key=None, reverse=False)

ls. sort( ) 方法可以对列表 ls 中的数据在原地进行排序，默认规则是直接比较元素大小，字符串的比较是逐位比较每个字符的大小，如字符串'13'<'5'。省略时参数 reverse=False，为升序排序；当设置参数 reverse=True 时，为降序排序。排序后，列表中的元素变为一个有序序列。

参数 key 可以指定排序时应用到每个参与排序元素上的规则，不影响列表中元素的值。例如：

```
ls = ['app', 'Apple', 'at', 'AM']        # 元素为字符串的列表 ls
ls. sort( )                              # 默认排序规则，直接比较字符串
print(ls)                               # ['AM', 'Apple', 'app', 'at']
ls. sort(key=lamda x:x. lower( ))        # 字符串中的字符按小写比较排序
print(ls)                               # ['AM', 'app', 'Apple', 'at']
ls. sort(key=len)                        # 按各元素字符串长度排序
print(ls)                               # ['AM', 'at', 'app', 'Apple']
ls = ['73', '13', '9', '5', '04']        # 元素为字符串的列表 ls
ls. sort(key=int)                        # 按各元素转整型结果排序
print(ls)                               # ['04', '5', '9', '13', '73']
```

sort( ) 方法不使用 key 参数时，严格按照列表元素中每个字符的 Unicode 码大小排序，'A'<'a'，故所有'A'开头的字符串都在'a'开头的字符串之前。当提供了参数 key=lamda x：x. lower( ) 时，执行的操作是将 key 参数值依次应用于列表中的每个数据项，将字符串中所有字符转换为小写字符，并以此结果作为依据进行排序。排序后，列表中实际存储的数据项仍为原数据项值，并不会受排序参数 key 得到的函数和方法影响，key 参数得到的函数或方法只作为排序依据使用。类似地，也可以使用 key=len 和 key=int 根据字符串长度排序或根据整数字符串转整数的结果进行排序。

2. ls. reverse( )

ls. reverse( ) 方法的作用是不比较元素大小，直接将列表 ls 中的元素逆序。

```
my_list = ['73', '13', '9', '82']      # 通过赋值创建元素为字符串的列表 my_list
my_list. reverse()                     # 将列表元素逆序
print(my_list)                         # ['82', '9', '13', '73']
```

sort()和 reverse()这两种方法都是原地操作，直接修改了原始的列表中的数据。若只是希望在输出时进行排序或逆序输出，不改变列表中的原始数据的顺序，可以使用内置函数 sorted()和 reversed()。

3. sorted(iterable, *, key=None, reverse=False)

sorted()是内置函数，根据可迭代对象参数 iterable 返回一个新的排序后的列表，与 sort()方法相同，也支持排序关键字参数 key 和反转参数 reverse。

参数星号（*）是位置参数和命名关键字参数之间的分隔，星号后面为命名关键字参数，星号本身不是参数，在实际调用时该位置不用传值。它表示后面的 key 和 reverse 都是命名关键字参数。所谓命名关键字参数就是给关键字参数限定指定的名字，输入其他名字不能识别。凡是命名关键字参数，在调用时必须带参数名字进行调用，否则会报错。

4. reversed(seq)

返回一个将序列 seq 中元素顺序反转的迭代器对象，如需查看反转结果可以用 list() 将反转结果转为列表。

这两个函数都是只返回排序或逆序的对象的结果，而不对原列表进行任何修改，也就是说，不会改变列表中元素原始的顺序。使用这两个内置函数对列表进行操作时，列表要放在括号中作为函数的参数。

```
my_list = ['73', '13', '9', '5', '04']
print(sorted(my_list))                 # ['04', '13', '5', '73', '9']
print(my_list)                         # ['73', '13', '9', '5', '04']
print(sorted(my_list, key=int))        # ['04', '5', '9', '13', '73']


print(reversed(my_list))               # 输出反转对象<list_reverseiterator object at 0x0000029FAB87DB20>
print(list(reversed(my_list)))         # ['04', '5', '9', '13', '73']
print(my_list)                         # ['73', '13', '9', '5', '04']
```

实例 5.16　股票数据分析

"股票数据 2024. csv" 存储了一些股票数据，统计文件中有多少只股票，所有股票成交额最大值、最小值和中位数各是多少，成交金额最高的前几只股票名称和成交金额，收盘价高于 100 的股票的股票代码、名称和收盘价，涨幅大于 0 的股票有哪些，先按收盘价升序排列，如果收盘价相同，则按成交金额降序排列。

```
交易日期,股票代码,股票名称,收盘价,涨跌幅,成交金额
20231009,00467. HK,联合能源集团,1. 19,-3. 252,82363800
20231009,00665. HK,海通国际,1. 4,97. 1831,339839325
......
20231009,09868. HK,小鹏汽车,67. 55,-3. 0846,737821106
```

列表经常会被用于数据分析处理相关业务，对于此类问题，较好的解决方案是将之分为若干独立的子问题，每个子问题用一个函数实现。输入部分通过读文件获取其中的数据，转为列表存储并被其他函数调用处理。输出部分是按要求对处理结果进行格式化输出。处理部分可以将每个子问题定义为一个函数，完成子问题的要求，并把处理结果返回给输出函数再输出。

首先要做的便是将文件中的数据读到列表中，实现过程可参考实例 5.13。

（1）将文件中的数据读取到嵌套列表中。

```
def read_stock_data(file_path):
    """读取股票数据，返回一个列表，列表中的每个元素是一个列表，代表一只股票的数据"""
    stock_ls = []                              # 创建空列表，容纳股票数据
    with open(file_path, 'r', encoding='utf-8') as fi:   # 打开文件，创建文件对象
        for line in fi:                        # 逐行读取文件
            stock_ls.append(line.strip().split(','))   # 去掉换行符，按逗号切分，添加到列表
    return stock_ls                            # 返回嵌套列表
```

先创建一个空列表用于容纳数据，再用 open() 函数以"读模式"打开文件，创建一个可遍历的文件对象并命名为 fi，遍历这个文件对象，每次读取文件中的一行得到一个字符串，用 strip() 去除行末的换行符，用 split(',') 根据逗号将之切分为列表，再用列表的 append() 方法将切分得到的列表加入到列表中，得到元素为子列表的嵌套列表。因 csv 文件中的数据之间用半角逗号分隔，在切分时用','做参数，根据逗号将当前行的字符串切分为一个列表，例如，读取到文件第二行时，不同的处理会导致不同的切分结果。

这个操作也可以用列表推导式更简洁地实现，推荐使用以下方法：

```
def read_stock_data(file_path):
    """读取股票数据，返回一个列表，列表中的每个元素是一个列表，代表一只股票的数据"""
    with open(file_path, 'r', encoding='utf-8') as fi:
        stock_ls = [line.strip().split(',') for line in fi]
    return stock_ls
```

（2）输出文件中有几只股票。

文件读取到列表中后，列表长度就是其中元素的数量，可用 len() 获取列表长度，需要注意的是，文件中包含标题行，所以统计股票数量时，需减去标题行数。

```
def count_stocks(stock_ls):
    """统计股票数量，返回股票数量"""
    return len(stock_ls) - 1        # 减去标题行
```

（3）输出成交额最大值、最小值和中位数。

只关注成交额相关信息时，可以用一个列表推导式把成交额提取出来放到一个列表中，这样对嵌套列表的处理就简化成了对列表的处理。可以用 max() 和 min() 函数获取列表元素的最大值和最小值，也可以用列表的 sort() 方法或内置函数 sorted() 对列表进行排序，再通过索引首尾元素得到最大值和最小值。因中位数需要排序，所以这里推荐使用排序后用索引方法获取最大值和最小值。

中位数又称中值，是统计学中的专有名词，是按顺序排列的一组数据中居于中间位置的数。对于列表，可以在排序后找出正中间的一个元素作为中位数。如果元素有偶数个，取最中间的两个元素的平均数作为中位数，所以在计算中位数时要考虑元素数量有奇、偶两种情况，要用分支进行处理。下面函数直接返回最大值、最小值和中位数三个数值，虽然没有括号，但返回值是以元组类型存在的，将元组作为函数的返回值也是元组的重要应用之一。

```python
def calculate_amount_stats(stock_ls):
    """计算成交额的最大值、最小值和中位数，返回这三个值"""
    amount_ls = [float(stock[5]) for stock in stock_ls[1:]]      # 跳过标题行，取出成交额
    amount_ls.sort()                                              # 升序排列
    amount_len = len(amount_ls)                                   # 成交额列表长度
    amount_max = amount_ls[-1]                                    # 最大值
    amount_min = amount_ls[0]                                     # 最小值
    if len(amount_ls) % 2 == 1:
        amount_median = amount_ls[amount_len // 2]
    else:
        amount_median = (amount_ls[amount_len // 2] + amount_ls[amount_len // 2 - 1]) / 2   # 中位数
    return amount_max, amount_min, amount_median   # 返回最大值、最小值和中位数，元组类型
```

（4）找出成交金额最高的前 3 只股票，并输出其股票名称和成交金额。

将嵌套列表进行降序排列，在排序时注意要先用 stock_ls[1:] 切片去掉标题行再进行，reverse=True 表示降序排列，使成交额最高的排在前面。嵌套列表排序时一般要用到排序关键字 key，其值设为一个匿名函数 key=lambda x: x[n]，表示嵌套列表中的元素 "x" 仍是一个列表，x[n] 表示根据子列表中序号为 n 的元素值进行排序，例如，当 x 的值为 ['20231009', '00665. HK', '海通国际', '1. 4', '97. 1831', '339839325'] 时，成交额为序号为 5 的项，所以冒号后面是 x[5]。因为列表中存储的成交额的数据是字符串类型，所以在排序函数中需要用 float(x[5]) 将其转为数值类型做排序依据，即列表中的数据类型不变，只在排序时根据其对应的数值进行排序。例程中是切片取得成交量排名前 3 的数据，可以修改函数定义，为其再传入一个参数 m，然后排序后切片取得前 m 个数据，使程序的通用性更好。

```python
def top3_stocks_by_volume(stock_ls):
    """找出成交金额最高的前 3 只股票，返回这 3 只股票的数据"""
    return sorted(stock_ls[1:], key=lambda x: float(x[5]), reverse=True)[:3]
```

（5）找出所有收盘价高于 100 的股票，并输出这些股票的代码、名称和收盘价。

列表推导式中可以用 if 指定筛选条件，将满足某条件的数据提取出来。收盘价高于 100 可以用 if float(stock[3]) > 100 来表示，这里定义一个参数 price，使函数可以接受用户传入的数据作为筛选条件。需要注意的是，筛选股票时需要先用 stock_ls[1:] 去除标题行，再从股票数据中进行筛选，否则，若标题行数据包含在其中，stock[3] 取值为 "收盘价" 时用 float(stock[3]) 转换类型会触发异常。

```python
def stocks_above_price(stock_ls, price):
    """找出收盘价高于 price 的股票，返回这些股票的数据"""
    return [stock for stock in stock_ls[1:] if float(stock[3]) > price]
```

（6）筛选涨幅大于 growth 的股票。

```
def stocks_above_growth(stock_ls, growth):
    """找出涨幅大于 growth 的股票, 返回这些股票的数据"""
    return [stock for stock in stock_ls[1:] if float(stock[4]) > growth]
```

（7）按收盘价和成交金额进行多关键字排序, 先按收盘价升序排列, 如果收盘价相同, 则按成交金额降序排列。

多关键字排序时, 排序关键字 key 的值仍为一个匿名函数。与一般排序不同的是, 匿名函数中冒号后面要用一个元组, 元组元素出现的顺序为主排序关键字、次排序关键字、再次排序关键字……。在这个问题中, 要求按主排序关键字升序, 次排序关键字降序, 因为两个排序依据都是数值类型, 可以将其中一个排序依据设为负值, 那么负值的升序正好对应其正值的降序。

```
def sort_stocks(stock_ls):
    """按收盘价和成交金额进行多关键字排序, 返回排序后的股票数据"""
    # 先按收盘价升序排列, 再按成交金额降序排列
    return sorted(stock_ls[1:], key=lambda x: (float(x[3]), -float(x[5])))
```

这个问题基本上涵盖了列表的创建、更新、索引、切片和排序等主要的操作, 熟练掌握这个问题的求解基本上就可以解决类似的很多问题。

以下为完整代码。

```
def read_stock_data(file_path):
    """读取股票数据, 返回一个列表, 列表中的每个元素是一个列表, 代表一只股票的数据"""
    with open(file_path, 'r', encoding='utf-8') as fi:
        stock_ls = [line.strip().split(',') for line in fi]
    return stock_ls


def count_stocks(stock_ls):
    """统计股票数量, 返回股票数量"""
    return len(stock_ls) - 1          # 减去标题行数量


def calculate_amount_stats(stock_ls):
    """计算成交额的最大值、最小值和中位数, 返回这三个值"""
    amount_ls = [float(stock[5]) for stock in stock_ls[1:]]   # 跳过标题行, 取出成交额
    amount_ls.sort()                 # 升序排列
    amount_len = len(amount_ls)      # 成交额列表长度
    amount_max = amount_ls[-1]       # 最大值
    amount_min = amount_ls[0]        # 最小值
    amount_median = (amount_ls[amount_len // 2] + amount_ls[amount_len // 2 - 1]) / 2   # 中位数
    return amount_max, amount_min, amount_median    # 返回最大值、最小值和中位数, 元组类型


def top3_stocks_by_volume(stock_ls):
```

```python
    """找出成交金额最高的前 3 只股票，返回这 3 只股票的数据"""
    return sorted(stock_ls[1:], key=lambda x: float(x[5]), reverse=True)[:3]


def stocks_above_price(stock_ls, price):
    """找出收盘价高于 price 的股票，返回这些股票的数据"""
    return [stock for stock in stock_ls[1:] if float(stock[3]) > price]


def stocks_above_growth(stock_ls, growth):
    """找出涨幅大于 growth 的股票，返回这些股票的数据"""
    return [stock for stock in stock_ls[1:] if float(stock[4]) > growth]


def sort_stocks(stock_ls):
    """按收盘价和成交金额进行多关键字排序，返回排序后的股票数据"""
    # 先按收盘价升序，再按成交金额降序
    return sorted(stock_ls[1:], key=lambda x: (float(x[3]), -float(x[5])))


def main():
    file_path = '股票数据 2024.csv'                      # 文件路径
    stock_ls = read_stock_data(file_path)               # 读取股票数据
    print(stock_ls)                                     # 打印股票数据

    print('文件中有{}只股票'.format(count_stocks(stock_ls)))   # 统计股票数量

    # 计算成交额的最大值、最小值和中位数
    amount_max, amount_min, amount_median = calculate_amount_stats(stock_ls)
    print('成交额最大值：{:.2f}'.format(amount_max))
    print('成交额最小值：{:.2f}'.format(amount_min))
    print('成交额中位数：{:.2f}'.format(amount_median))

    volume_top3 = top3_stocks_by_volume(stock_ls)       # 成交金额最高的前 3 只股票
    print('成交金额最高的前 3 只股票:')
    for stock in volume_top3:                           # 打印成交金额最高的前 3 只股票
        print('股票名称：{}, 成交金额：{}'.format(stock[2], stock[5]))

    print('收盘价高于 100 的股票: ')
    for stock in stocks_above_price(stock_ls, 100):
        print(f'股票名称：{stock[2]:6} 收盘价：{stock[5]}')

    print('涨幅大于 4 的股票: ')
    for stock in stocks_above_growth(stock_ls, 4):
        print(f'股票名称：{stock[2]}, 涨幅：{stock[4]}')
```

```
        stock_sorted = sort_stocks(stock_ls)        # 按收盘价和成交金额进行多关键字排序
        title = stock_ls[0]                          # 标题行
        print('按收盘价和成交金额进行多关键字排序: ')
        print(f'{title[2]:<8} {title[3]:<6} {title[5]}')        # 打印标题行
        for stock in stock_sorted:
            print(f'{stock[2]:<8} {stock[3]:<6} {stock[5]}')  # 打印排序后的股票数据

if __name__ == '__main__':
    main()                                           # 调用主函数
```

嵌套列表的排序可以用 lambda 函数指定一个或多个排序关键字,将用于确定排序的多个关键字用逗号分隔并按顺序放在括号中,放在 lambda 关键字的冒号后面即可。

5.4.5　列表赋值与复制

将一个列表 ls 直接赋值给另一个变量 new 时,并不会产生新的对象,只相当于给原列表对象增加了一个新名字,可以同时使用 ls 和 new 两个名字访问原列表。当列表 ls 的值发生变化时,两个名字访问结果同时发生变化。

示例代码如下,示意图如图 5.2 所示。

```
ls = [1,2,3]              # 创建一个列表对象[1,2,3],命名为 ls
new = ls                  # 为列表对象[1,2,3]增加一个新标签 new
ls.append(4)              # 列表 ls 末尾加入一个新元素 4
print(new)                # new 访问到的还是 ls,列表为[1, 2, 3, 4]
```

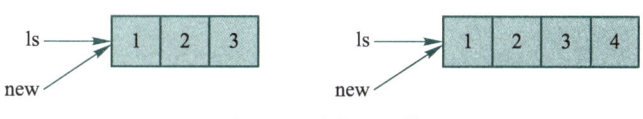

图 5.2　列表的赋值

当使用 copy() 方法复制或用列表切片再赋值时,相当于创建一个新对象,再拷贝数据的一个副本。新对象与原列表无直接关联,对其中一个操作也不会影响另一个对象。只拷贝第一层的叫浅拷贝,如元素为可变数据类型时,只拷贝其首地址,可变数据类型元素值发生变化,会影响用浅拷贝创建的对象。递归拷贝到底的叫深拷贝,拷贝结果完全独立于原对象。

示例代码如下,示意图如图 5.3 所示。

```
import copy                # 导入 copy 库,用 copy() 和 deepcopy() 函数

ls = [2, 5, ['a', [22, 33], 'c'], 9]
ls1 = ls                  # ls 对象加新标签 ls1,值随 ls 变化而变化
print(ls1)                # [2, 5, ['a', [22, 33], 'c'], 9]
ls2 = ls[1:3]             # 切片,得到新对象 ls2
print(ls2)                # [5, ['a', [22, 33], 'c']]
```

```
ls3 = copy.copy(ls)              # 浅拷贝，复制产生新对象 ls3，作用同 ls.copy( )
print(ls3)                       # [2, 5, ['a', [22, 33], 'c'], 9]
ls4 = [x for x in ls]            # 列表推导式产生新对象 ls4
print(ls4)                       # [2, 5, ['a', [22, 33], 'c'], 9]

ls5 = copy.deepcopy(ls)          # 深拷贝 ls 所有元素，ls5 完全独立于 ls
print(ls5)                       # [2, 5, ['a', [22, 33], 'c'], 9]
ls.append(10)                    # ls 末尾增加一个元素
ls[2][1].append(44)              # 序号 2 的元素中序号 1 的元素[22,33]末尾增加元素 44

print(ls1)                       # [2, 5, ['a', [22, 33, 44], 'c'], 9, 10]
print(ls2)                       # [5, ['a', [22, 33, 44], 'c']]
print(ls3)                       # [2, 5, ['a', [22, 33, 44], 'c'], 9]
print(ls4)                       # [2, 5, ['a', [22, 33, 44], 'c'], 9]
print(ls5)                       # [2, 5, ['a', [22, 33], 'c'], 9]
```

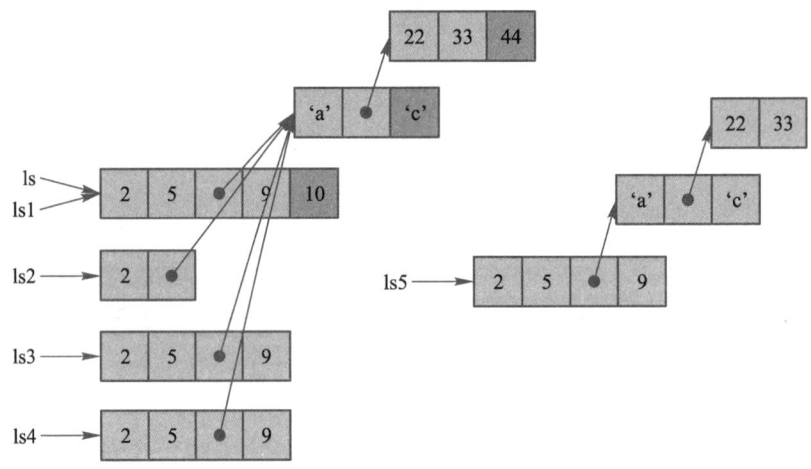

图 5.3　列表的复制

由上例可以看出，ls1 和 ls 的 id 值相同，表示它们指向同一序列，而 ls2、ls3、ls4 和 ls5 的 id 值各不相同，表明它们指向不同对象。ls2、ls3 和 ls4 只复制一层元素，称为浅拷贝，当其中某可变数据类型元素的值发生变化时，ls2、ls3 和 ls4 中对应元素的值也会发生变化。ls5 通过 copy.deepcopy（ls）创建，称为深拷贝，递归复制了 ls 中所有元素。这种方法创建的对象完全独立于原始对象，原始对象的任何变化都不会影响到深复制创建的对象。

列表属于序列类型，与字符串一样，当列表乘一个整数 n 时列表元素会被复制 n 次，这是一种重复操作。

```
ls = [[]] * 3                    # ls 只有一个元素[]，被复制 3 次
print(ls)                        # [[], [], []]
```

```
print(id(ls[0]),id(ls[1]),id(ls[2]))        # 复制的元素 id 相同
ls[0].append(3)                              # 列表 ls[0]新增一个元素
print(ls)                                    # [[3],[3],[3]],元素同时改变
ls[0].append(5)                              # 列表 ls[0]新增一个元素
print(ls)                                    # [[3,5],[3,5],[3,5]]
```

5.4.6　序列相关内置函数与模块

Python 内置函数可以非常方便地解决一些问题，本节介绍其中三个在列表中使用较多的内置函数 map( )、zip( )和 enumerate( )。

1. map( )函数

map( )函数可以将函数作用于可迭代对象中的每一个元素，返回一个可迭代对象。常用于将一个序列映射为另一种数据类型的序列。其语法如下：

```
map(function, iterable, …)
```

第一个参数是一个函数名，如 int、float、str 等，第二个参数是一个可迭代对象，如列表、字符串等。

```
s = ['1', '2', '3']                    # 列表元素为字符串类型
print(map(int, s))                     # 序列 s 中每个字符串映射为整型
# 结果为可迭代对象<map object at 0x000002700724EEB8>
print( * map(int, s))                  # 可用 * 解包裹，输出 1 2 3
print(list(map(int, s)))               # list( )转为列表，输出 [1, 2, 3]

m, n = map(int, input().split())
# 根据空格切分输入为列表并将元素映射为整型，分别赋值给 m 和 n
print(list(map(str, range(5))))        # 整数序列映射为字符串并转列表
# 输出['0', '1', '2', '3', '4']
print('+'.join(map(str, range(5))))    # 整数序列映射为字符序列并拼接
# 输出字符串 '0+1+2+3+4'
print(sum(map(int, str(pow(2, 64)))))  # 整数字符串映射为整数序列
# 2 的 64 次方的结果 18 446 744 073 709 551 616 转为字符串,再将每个字符映射为函数，求和结果为 88
```

2. zip 函数

zip( )函数可以组合多个可遍历对象，生成一个 zip 生成器，其语法如下：

```
zip(iter1[ , iter2[ … ]])
```

iter1、iter2、……都是可遍历对象。zip( )函数采用惰性求值的方式，按需要生成一系列元组数据，第 i 个元组的数据为各可遍历对象的第 i 个元素组成的元组，直到可遍历对象中最短的那个对象中最后一个元素用完为止。zip( )函数返回的是一个生成器对象，需要查看其中的数据时，可以用 list( )函数将其转为列表。

```
city = ['上海', '北京', '深圳']
gdp = [17356.8, 16205.6]              # 列表 gdp 最短, 元组数与 gdp 长度相同
rate = [-2.6, -3.2, 0.1]              # 超过 gdp 长度的元素闲置不用
detail = zip(city, gdp, rate)         # 生成 zip 对象, 可用 list 转为列表
print(list(detail))                   # [('上海', 17356.8, -2.6), ('北京', 16205.6, -3.2)]
detail = zip(city, gdp, rate)         # 再次使用需重新创建生成器
print(*detail)                        # *解包裹 ('上海', 17356.8, -2.6) ('北京', 16205.6, -3.2)
```

3. enumerate( ) 函数

enumerate( ) 函数可以使用一个可遍历对象生成一个新的可遍历序列，为可遍历对象参数的每个值对应增加一个序号。其语法如下：

```
enumerate(iter[, start])
```

iter 为可遍历对象，start 表示序号的起始值，start 是可选参数，其值为整数，默认值为 0。enumerate( ) 函数采用惰性求值的方式，生成一系列两个元素组成的元组数据，第一个元素是以 start 为起始的一个整数，第二个元素则是 iter 可遍历对象的数据元素。

```
city = ['上海', '北京', '深圳']
orderCity = enumerate(city)           # 生成枚举对象, 生成器类型, 序号从 0 开始
print(list(orderCity))                # [(0, '上海'), (1, '北京'), (2, '深圳')]
orderCity = enumerate(city, 1)        # 重生成枚举对象, 序号从 1 开始
print(list(orderCity))                # [(1, '上海'), (2, '北京'), (3, '深圳')]
```

列表 city 中的所有数据元素都添加了一个序号，构成一个元组，最后生成了枚举生成器对象。

4. 内置模块 itertools

itertools 是 Python 的一个标准库模块，该模块标准化了一个快速、高效利用内存的核心工具集，这些工具本身或组合都很有用，它们一起形成了"迭代器代数"，这使得在纯 Python 中有可能创建简洁又高效的专用工具，配合 operator 模块中的快速函数来使用。itertools 中提供了无穷迭代器、根据最短输入序列长度停止的迭代器和排列组合迭代器等多种用于迭代器操作的函数（见表 5.16），其中 permutations、combinations、product 等排列组合迭代器在很多领域有广泛应用，尤其是在枚举问题、搜索问题、优化问题等场景中。

例如，在密码学中通过排列或组合不同的字符集，生成所有可能的密码，进行密码破解或强度测试等。在棋类游戏开发中，生成所有可能的棋子布局，进行穷举搜索或路径规划。在数据分析和机器学习领域，在特征工程中，生成不同特征组合来进行模型训练和优化。在超参数调优时，使用排列组合生成不同的超参数配置。在物流与路径规划中，例如，在旅行商问题（TSP）或路径优化问题中，使用排列来生成所有可能的路径组合。还可用于组合设计与测试，例如，在软件测试中，生成所有可能的参数组合，进行穷举测试。

表 5.16 排列组合迭代器

迭 代 器	实 参	结 果
product()	p, q, ⋯ [repeat=1]	笛卡儿积，相当于嵌套的 for 循环 product('ABCD', repeat=2) AA AB AC AD BA BB BC BD CA CB CC CD DA DB DC DD
permutations()	p[, r]	长度 r 元组，所有可能的排列，无重复元素 permutations('ABCD', 2) AB AC AD BA BC BD CA CB CD DA DB DC
combinations()	p, r	长度 r 元组，有序，无重复元素 combinations('ABCD', 2) AB AC AD BC BD CD
combinations_with_replacement()	p, r	长度 r 元组，有序，元素可重复 combinations_with_replacement('ABCD', 2) AA AB AC AD BB BC BD CC CD DD

实例 5.17 生成密码字典

密码字典是网络安全领域中一种常用的工具，通常用于暴力破解或密码强度测试。密码字典包含大量可能的密码组合，程序可以通过遍历这些密码组合逐一尝试登录系统，找到正确的密码。

生成一个简单的密码字典，包含所有可能的 4 到 6 位密码组合，字符集包括小写字母和数字。将生成的密码字典保存为文本文件，供后续测试使用。

这里可以利用 itertools.product() 高效生成固定长度的密码组合，再拼接为字符串逐一存入列表。

```python
import itertools

# 定义字符集
characters = 'abcdefghijklmnopqrstuvwxyz0123456789'

# 定义密码最小和最大长度
min_length = 4
max_length = 4
# 存储生成的密码组合
password_list = []

# 生成从 min_length 到 max_length 的密码组合
for length in range(min_length, max_length + 1):
    # 生成指定长度的组合
```

```
        combinations = itertools. product( characters, repeat = length)
        # 将生成的组合转换为字符串，并添加到 password_list 中
        for combination in combinations：
            password_list. append(''. join( combination))


# 输出生成的密码数量
print( f"生成的密码总数量：{ len( password_list) }")
# 显示前 10 个生成的密码
print( "前 10 个生成的密码：")
for i, password in enumerate( password_list[ :10], 1)：
    print( f"{i}：{ password}")


# 将密码字典保存到文件
with open( "password_dictionary. txt", "w") as file：

    for password in password_list：
        file. write( password + " \n")


print( "密码字典已保存到 'password_dictionary. txt'")
```

characters 是一个包含小写字母和数字的字符串，作为密码生成时可选字符的集合。字符集可以根据需求定义，如字母、数字、特殊符号等。min_length 和 max_length 分别定义了密码的最小和最大长度。密码长度可以自定义为固定长度，或生成不同长度的密码组合。当密码长度较长，密码组合数量巨大时，生成过程可能会变得缓慢。尝试使用 concurrent. futures 模块，利用多线程并行生成密码字典。itertools. product(characters, repeat = length)会生成长度为 length 的所有可能的密码组合。通过''. join(combination)，将元组形式的组合转换为字符串。将生成的密码存入 password_list 列表中。

使用文件操作将生成的密码保存到文本文件中，形成可用的密码字典文件。使用 open( )函数以"写模式"打开文件 password_dictionary. txt。通过 file. write( )方法将每个密码写入文件，并在每个密码后添加换行符，使每个密码占一行。

生成的密码字典可以用于系统的密码强度测试，检测弱密码是否容易被破解。密码字典可以作为暴力破解工具的一部分，模拟攻击者通过密码字典尝试登录系统，找到正确的密码。

通过本案例可生成密码字典，理解密码字典在网络安全中的应用，掌握字符串操作、循环、文件写入以及 itertools 库的基本用法。密码字典生成能解决现实中的密码破解问题，也能帮助学生理解如何高效处理大量组合数据。拓展任务可进一步理解如何生成更复杂的密码组合，并提升密码生成的效率。

实例 5.14 寻找自幂数的程序中涉及整数与字符串的类型转换和幂运算，当数字位数较多时，计算还是非常耗时的，计算 7 位自幂数约需 12 秒，一般超过 7 位就很难完成计算了。为了提高效率，可以先利用内置模块 itertools 中的 combinations_with_replacement 获得所有 n 位数的组合，形如(3,7,0),(3,7,1),(3,7,2)。再用推导式[powarr[i] for i in c]计算当前组合的数字的 n 次幂之和。str(num)将数字 num 转换为字符串，以便逐位处理。

ord(i)将字符 i 转换为其对应的 ASCII 码值，减去 48 是因为数字字符'0'到'9'的 ASCII 码值分别是 48 到 57，这样可以得到字符对应的数字值。powarr[(ord(i) - 48)]从预先计算好的 powarr 数组中获取对应数字的 n 次幂值。sum([powarr[(ord(i) - 48)] for i in str(num)])对 num 的每一位数字的 n 次幂求和，将求和结果与原数字 num 进行比较，如果相等，则 num 是一个自幂数。经过这样优化，寻找所有 7 位自幂数仅需约 0.012 秒，效率约提升 1 000 倍。在程序设计中，提高效率是非常重要的，尽可能养成选择高效的算法来解决问题和不断探索追求性能极致的习惯。

```python
from itertools import combinations_with_replacement as com

def armstrong_number(n):
    """定义一个函数来找出 n 位的自幂数"""
    powarr = [i ** n for i in range(10)]              # 计算并存储 0~9 的 n 次幂
    for c in com(range(10), n):                        # 遍历所有可能的 n 位数的组合
        num = sum([powarr[i] for i in c])              # 计算当前组合中数字的 n 次幂之和
        if len(str(num)) == n and sum([powarr[int(i)] for i in str(num)]) == num:
            print(num, end=' ')                        # 如果是自幂数，则输出

armstrong_number(7)
```

本章小结

　　字符串称为文本序列，与列表、元组和 range 等序列类型有一些共性，都支持索引、切片、长度、最大值、最小值等通用操作并均支持 for 循环遍历。字符串、元组和 range 是不可变数据类型，创建后不可修改。列表为可变数据类型，支持插入、删除、修改、排序等原地操作，这些方法无返回值。列表和元组的元素可为任意类型。

本章练习

　　1. 给定一个整数列表，实现一个函数将其重新排列，使所有偶数位于列表前半部分，所有奇数位于列表后半部分，同时保持偶数和奇数各自的相对顺序不变。

　　2. 字符串转换，实现一个函数，将输入的字符串中的大写字母转换为小写，小写字母转换为大写，其他字符保持不变。

　　3. 字符串压缩，实现一个字符串压缩函数，将连续出现的字符压缩为"字符+次数"的形式。如果压缩后的字符串长度不小于原字符串，则返回原字符串。

4. 列表去重保序，实现一个函数，去除列表中的重复元素，但保持元素的原始顺序。不使用 set( )。

5. 区间合并，给定一个区间列表，其中区间用［start，end］表示，合并所有重叠的区间。

6. 给定一个学生成绩的嵌套列表，每个学生信息包含［姓名，年级，［课程成绩列表］，出勤率］。要求实现一个排序函数，根据以下优先级对学生进行排序：首先按平均成绩降序排列；平均成绩相同时，按出勤率降序排列；如果出勤率也相同，按年级升序排列；以上都相同时，按姓名字母顺序升序排列。

第 6 章
字典与集合

字典和集合都是用大括号界定的多个数据，共性是它们的元素是无序的，且字典的键和集合的元素都只能是字符串或数字等不可变数据类型。

6.1 字典

字典（dict）是 Python 内置映射数据类型（mapping types），是一种可变数据类型。字典使用一对大括号"{}"来存放数据，元素之间用逗号分隔。每个元素都是一个"键：值"（key：value）对，用来表示"键"和"值"的映射关系或对应关系。字典的存储是按加入顺序存储，但不可用序号索引和切片等方法。字典具有快速查找、插入、修改和删除的特性，特别适合处理需要快速查找或更新的数据，比如用户信息、学生成绩、商品库存等。

例如{'name'：'张明', 'age'：18, 'gender'：'M'}，是一个包含三个数据元素的字典，分别是键值对"'name'：'张明'""'age'：18"和"'gender'：'M'"。

字典中的键不可重复，必须是字典中独一无二的数据，键必须使用不可变数据类型的数据，如字符串、整型、浮点型、元组、冻结集合等，不可以使用列表和集合等可变类型数据。字典的值可以是任意类型的数据，也可以重复。

字典实际应用场景如下。

（1）记录用户信息：可以用字典来存储用户的姓名、年龄、地址等信息，其中，键是属性名称，值是属性对应的具体内容。

```
user_info = {"name"："Alice", "age"：30, "address"："123 Main St"}
```

（2）统计数据：字典经常用于统计数据，比如，计算文本中每个单词出现的频率。字典经常用于将表格数据中的列名与数据组合起来，使每一个数据都具有语义。

```
word_count = {"Python"：5, "is"：3, "awesome"：2}
```

（3）配置文件/参数存储：字典可以用来存储应用程序的配置参数或用户设置。

```
config = {"theme"："dark", "font_size"：12, "language"："English"}
```

（4）快速查找表：字典能够快速地根据键查找对应的值，特别适合用于查找表，比如，根据单词查找释义。

```
words_dic = {'abide': 'vt. 遵守', 'verse': 'n. 诗', 'yoke': 'n. 牛轭', 'zinc': 'n. 锌'}
```

本章设计一个背单词程序开发的应用场景，这个系统将使用字典来存储和操作单词信息，并通过实现创建字典、修改字典、删除字典中的单词、查询单词、对单词排序输出、输出所有单词及释义等学习字典的操作方法。

6.1.1 字典的创建

创建一个不包含任何值的空字典，使用以下方法中的一种。

一是使用将一对空的大括号赋值给一个对象的方法创建空字典；二是用无参数的字典构造器 dict( ) 函数创建空字典。

```
D1 = {}                      # 使用一对不包含任何数据的"{}"创建一个空字典数据
D2 = dict( )                 # 使用字典构造器创建一个空字典数据
print(D1,D2)                 # 输出：{} {}
```

给一个变量赋值字典类型的数据，或使用 dict( ) 函数将其他类型的数据转为字典都可以创建一个非空字典。

下面创建一个字典来存储单词和释义。字典的键是单词，值是对应的中文释义。

```
# 将一个字典数据赋值给一个变量，从而创建一个非空字典，创建学生单词释义字典
cet_dic = {'zeal': '热心', 'zebra': '斑马', 'zero': '零', 'zone': '地区'}

# 用字典构造器，给键名赋值(创建映射)，创建字典，键名不加引号，相当于中文变量名
cet_dic = dict(zeal='热心', zebra = '斑马', zero='零', zone = '地区')

# 用字典构造器，通过包含两个元素(键和值)的序列创建字典
cet_dic = dict([('zeal', '热心'), ('zebra', '斑马'), ('zero', '零'), ('zone', '地区')])

# 用内置 zip( )函数，产生包含两个元素的序列，通过字典构造器创建字典
cet_dic = dict(zip(['zeal', 'zebra', 'zero', 'zone'], ['热心', '斑马', '零', '地区']))
```

以上这 4 种方法创建的字典中的数据都如下所示：

```
{'zeal': '热心', 'zebra': '斑马', 'zero': '零', 'zone': '地区'}
```

还有一个字典的方法 fromkeys( ) 可以创建新字典，fromkeys( ) 方法语法如下：

```
dict.fromkeys(seq[ , value])
```

参数 seq 是字典键的列表，value 是可选参数，设置键序列（seq）的值。这里的 value 只能是一个值，可以是数值、字符串、列表或字典等。这种方法可根据已有键序列，快速创建一个包含相同值的字典，当 value 省略时，值为 None，示例如下：

```
words_ls = ['zeal', 'zebra', 'zero', 'zone']
words_dic = dict.fromkeys(words_ls)            # value 省略，值均为 None
```

```
print(words_dic)        # {'zeal': None, 'zebra': None, 'zero': None, 'zone': None}
words_dic = dict.fromkeys(words_ls,'未查到')        # 值均为'未查到'
print(words_dic)        # {'zeal': '未查到','zebra': '未查到','zero': '未查到','zone': '未查到'}
```

和其他序列和集合类数据一样，字典也可以使用推导式快速地生成字典数据序列。示例如下：

```
words_ls = [('zeal', '热心'), ('zebra', '斑马'), ('zero', '零'), ('zone', '地区')]
words_dic = {k: v for k, v in words_ls}        # 从包含多个二元组的列表推导字典
print(words_dic)        # {'zeal': '热心', 'zebra': '斑马', 'zero': '零', 'zone': '地区'}
```

实际应用中，很多数据都是保存在文件中的，可以在读文件的同时创建字典。

实例 6.1　创建四级单词字典

文件"dicts. txt"中保存有常见单词及释义，以单词为键，以释义为值，将文件中的单词存入到字典中。文件内容格式如下：

```
a 一个
abandon    抛弃，放弃
abandonment    放弃
......
amount    数量，总数合计
......
zebra n. 斑马
zero n. 零；零点，零度
zone n. 地区，区域，范围
```

根据文件格式，可以用遍历文件的方法逐行读取文件，每次将其中一行读取为一个形如"amount 数量，总数合计\n"的字符串，单词与释义间用空格分隔，注意到个别释义之间也可能是用空格分隔的，所以用 split( )切分时，加"maxsplit = 1"使之最多只切分一次，即保证只从单词和释义之间进行切分。strip( )的作用是去除字符串开头结尾的空白字符，此处用于去除行末的换行符。

```
def generate_dict(file_path):
    """读取 dicts. txt 中的单词到字典中，以单词为键，以释义为值"""
    words_dict = {}                # 创建空字典
    with open(file_path, 'r', encoding='utf-8') as file:
        for line in file:                # 逐行读取文件
            # 去除开头结尾的空白字符，根据空格切分一次，得到单词和释义
            word, translation = line.strip().split(maxsplit=1)
            # 以单词为键，以释义为值，存入字典
            words_dict[word] = translation
    return words_dict                # 返回字典

if __name__ == '__main__':
```

```
file = 'dicts.txt'                    # 带路径文件名
words_dic = generate_dict(file)       # 读取 dicts.txt 中的单词到字典中
print(words_dic)                      # 打印输出字典
```

字典中的键必须具有唯一性，不允许重复的键存在。创建一个字典时，当字典内部出现了键相同的两个及以上键值对时，字典将保留最后一个键值对作为字典中的数据元素。

```
words_dic = {'zeal':'热心', 'zebra':'斑马', 'zero':'零', 'zone':'地区', 'zeal':'热情'}
print(words_dic)    # {'zeal':'热情', 'zebra':'斑马', 'zero':'零', 'zone':'地区'}
```

字典中的键必须是不可变数据类型，整型数字"1"和浮点型数字"1.0"都可以作为字典的键，但由于数值上"1 == 1.0"结果为真，所以"1"和"1.0"被认为是同一个键。而计算机内部存储浮点型数据是非精确值，建议字典的键值尽可能不使用浮点型数据。

```
d = {1：100,1.0：1000}
print(d)            # 输出{1：1000}，保留了后面一个元素
print(d[1.0])       # 输出 1000, 1.0 被等同于 1 进行处理
```

6.1.2 获取字典值

字典是一种无序序列类型，不能使用索引的方式获取其值。字典内部的数据具有"键：值"的映射关系，字典一般通过"键"来访问其"值"，语法如下：

```
dic[key]
```

通过键"key"返回字典"dic"中与该键对应的值。当该键在字典中不存在时触发 KeyError 异常。

字典 words_dic 中存储了若干单词及释义：

```
words_dic = {'zeal':'热心', 'zebra':'斑马', 'zero':'零', 'zone':'地区'}
```

根据单词查询对应的释义可以使用 dic[key]方法：

```
def query(words_dict, word):
    """查询字典 words_dict 中以单词 word 为键的值，返回字符串"""
    return f'{word}的释义是：{words_dict[word]}'      # 查询单词不存在时触发异常

words_dic = {'zeal':'热心', 'zebra':'斑马', 'zero':'零', 'zone':'地区'}
print(query(words_dic, 'zebra'))                    # zebra 的释义是：斑马
```

采用 dic[key]方法获取键对应的值时，本质是把"键"当作字典的索引值来使用的，如果不存在该索引值，则会提示错误。例如，给函数传入名字为"zebr"时，程序会抛出异常：KeyError：'zebr'，同时程序中止运行。

为了避免在字典中取数据时出现访问不存在的键导致的异常，使程序运行意外中止，可以先判断键是否存在，或使用异常处理。

```
def query( words_dict, word) :
    """查询字典中键为 word 的元素的值, 返回字符串"""
    if word in words_dict:
        return f'{word}的释义是: {words_dict[word]}'
    else:
        return f'{word}单词不存在'

words_dic = {'zeal': '热心', 'zebra': '斑马', 'zero': '零', 'zone': '地区'}
print(query( words_dic, 'zebra'))   # zebra 的释义是: 斑马
```

除此之外, 还可以使用字典的内置方法 dict.get(k[, default])来获取数据, 字典 dict 中存在以 "k" 为键的元素时, 返回值为该键对应的值, 否则返回值 default。如果没有提供 default 参数, 则返回空值 None。建议在获取字典值时, 尽可能使用字典的 get()方法, 可以避免键不存在时引发的错误。

用 get()方法实现的函数及完整参考程序如下, get()中第二个参数表示若字典中不存在查询的单词, 直接返回 "单词不存在":

```
def query( words_dict, word) :
    """查询字典中键为 words_dict 的值, 返回字符串"""
    return f'{word}的释义是: {words_dict.get(word, '单词不存在')}'

words_dic = {'zeal': '热心', 'zebra': '斑马', 'zero': '零', 'zone': '地区'}
print(query( words_dic, 'zebr'))   # zebra 的释义是: 斑马
```

在存在映射关系的数据中, 取出指定数据时, 采用字典方法比利用列表、元组等序列型数据更加简单和高效。应用列表、元组等数据要遍历全部数据, 而字典类型可以直接获取对应的值。

实例 6.2   翻译英文句子中的单词

将 "dicts.txt" 中的单词和释义构建为一个字典, 输入一个句子, 根据字典, 逐个翻译句子中的单词(假设仅在句末可能有符号:?.!)。

```
def generate_dict( file_path) :
    """读取 dicts.txt 中的单词到字典中, 以单词为键, 以释义为值"""
    words_dict = {}                        # 创建空字典
    with open( file_path, 'r', encoding='utf-8') as file:
        for line in file:                  # 逐行读取文件
            # 去除开头结尾的空白字符, 根据空格切分一次, 得到单词和释义
            word, translation = line.strip().split(' ', maxsplit=1)
            # 以单词为键, 以释义为值, 存入字典
            words_dict[word] = translation
    return words_dict                      # 返回字典
```

```
def query(words_dict, word):
    """查询字典中键为 words_dict 的值,返回字符串"""
    return words_dict.get(word, "单词不存在")


def translate_sentence(sentence, words_dict):
    """将句子切分为单词,逐个翻译单词的释义"""
    words = sentence.split()                    # 将句子切分为单词
    for word in words:
        print(f'{word}的释义为{query(words_dict, word)}')  # 逐个翻译单词的释义
    return None


if __name__ == '__main__':
    file = 'dicts.txt'                          # 带路径文件名
    words_dic = generate_dict(file)             # 读取 dicts.txt 文件中的单词到字典中
    text = input().lower().strip(':.?! ')       # 输入要翻译的句子,字符转为小写,去掉行末标点
    translate_sentence(text, words_dic)
```

输入：How do you like the new restaurant?

输出：

```
how 的释义为如何,多么,怎样
do 的释义为做,干,足够,制作
you 的释义为你,你们
like 的释义为喜欢 像
the 的释义为（定冠词）那,这
new 的释义为新的,重新的
restaurant 的释义为饭馆,餐厅
```

字典提供了内置方法 keys()、values() 和 items() 可以获取字典中所有的"键""值"和"键:值"对。返回值是一个可迭代对象,其中的数据顺序与数据加入字典顺序保持一致,获取方法的描述如表 6.1 所示。

表 6.1　键值获取方法

方　　法	描　　述
dict.keys()	获取字典 dict 中的所有键,组成一个可迭代数据对象
dict.values()	获取字典 dict 中的所有值,组成一个可迭代数据对象
dict.items()	获取字典 dict 中的所有键值对,两两组成元组,形成一个可迭代数据对象

可以用表 6.1 中的三种方法分别查字典中的全部单词、释义或全部键值对。

```
words_dic = {'zeal': '热心', 'zebra': '斑马', 'zero': '零', 'zone': '地区'}


print(words_dic.keys())        # dict_keys(['zeal', 'zebra', 'zero', 'zone'])
print(words_dic.values())      # dict_values(['热心', '斑马', '零', '地区'])
```

```
print(words_dic.items())        # dict_items([('zeal', '热心'), ('zebra', '斑马'), ('zero', '零'), ('zone',
'地区')])
print(list(words_dic.keys()))    # ['zeal', 'zebra', 'zero', 'zone']
```

这 3 种方法返回值都是可迭代数据对象, 可对其进行遍历或用 list() 将其转为列表, 再查看其中的数据。

```
words_dic = {'zeal': '热心', 'zebra': '斑马', 'zero': '零', 'zone': '地区'}

for word in words_dic.keys():             # 遍历字典的键
    print(word, end=' ')                  # 输出键, zeal zebra zero zone
print()                                    # 换行
for translation in words_dic.values():    # 遍历字典的值
    print(translation, end=' ')           # 输出值, 热心  斑马  零  地区
```

这 3 个方法的结果都是可迭代对象, 可以用序列类型的方法对其进行操作。

```
words_dic = {'zeal': '热心', 'zebra': '斑马', 'zero': '零', 'zone': '地区'}

words_view = words_dic.keys()             # dict_keys(['zeal', 'zebra', 'zero', 'zone'])
print(f'共有:{len(words_view)}个单词')      # 共有: 4 个单词
```

在 Python 3.7 版以后, 字典顺序会确保为插入顺序, 所以可以用以下两种方法创建键值对。

```
words_dic = {'zeal': '热心', 'zebra': '斑马', 'zero': '零', 'zone': '地区'}

pairs = list(zip(words_dic.keys(), words_dic.values()))
print(pairs)        # [('zeal', '热心'), ('zebra', '斑马'), ('zero', '零'), ('zone', '地区')]
pairs = [(key, value) for (key, value) in words_dic.items()]
print(pairs)        # [('zeal', '热心'), ('zebra', '斑马'), ('zero', '零'), ('zone', '地区')]
```

使用字典的 keys()、values() 和 items() 方法生成的可迭代数据是一种特殊的 "视图" 类数据, 它们的值关联至原始字典, 当原始字典中的数据发生改变时, 再访问这些对象时, 其值会随字典数据变化而变化。示例如下:

```
words_dic = {'zeal': '热心', 'zebra': '斑马', 'zero': '零', 'zone': '地区'}

ks = words_dic.keys()                # 返回字典的键视图
vs = words_dic.values()              # 返回字典的值视图
its = words_dic.items()              # 返回字典的键值对视图
print(ks)   # dict_keys(['zeal', 'zebra', 'zero', 'zone'])
print(vs)   # dict_values(['热心', '斑马', '零', '地区'])
print(its)  # dict_items([('zeal', '热心'), ('zebra', '斑马'), ('zero', '零'), ('zone', '地区')])

# 原始字典中的数据发生改变时, 视图中的值也会发生变化
```

```
words_dic.update(zeal='热情')        # 将键值对加入字典
words_dic.pop('zero')                # 删除'zero' 键值对
print(ks)     # dict_keys(['zeal', 'zebra', 'zone'])
print(vs)     # dict_values(['热情', '斑马', '地区'])
print(its)    # dict_items([('zeal', '热情'), ('zebra', '斑马'), ('zone', '地区')])
```

6.1.3　字典的修改

字典是一种可变的数据类型，支持数据元素的增加、删除和修改操作。仍以单词字典为例，在使用的过程中，可能需要向数据中插入新的联系人数据、更新原有的联系人的姓名或电话、删除其中的数据。

1. 元素值的修改

当键名 key 在字典中存在时，可以使用 dict[key] = value 方法，将 value 值作为字典 dict 中键 key 对应的新值：

```
words_dic = {'zeal': '热心', 'zebra': '斑马', 'zero': '零', 'zone': '地区'}

words_dic['zeal'] = '热情'        # 修改键'zeal'的值为'热情'
print(words_dic)        # {'zeal': '热情', 'zebra': '斑马', 'zero': '零', 'zone': '地区'}
```

可以用 dict.update(k1=v1[, k2=v2,…])方法同时更新字典中的多个值。当字典 dict 中存在 k1、k2、……时，将对应的值修改为 v1、v2、……，当不存在相应的键值时，会将对应的 k1:v1、k2:v2、……键值对加入字典。

```
words_dic = {'zeal': '热心', 'zebra': '斑马', 'zero': '零', 'zone': '地区'}

words_dic.update(zeal='热情', zero='零度', zinc='锌')   # 将键值对加入字典
print(words_dic)    # {'zeal': '热情', 'zebra': '斑马', 'zero': '零度', 'zone': '地区', 'zinc': '锌'}
```

输出：

```
{'zeal': '热情', 'zebra': '斑马', 'zero': '零度', 'zone': '地区', 'zinc': '锌'}
```

2. 元素的增加

增加字典内的键值对数据，可以使用 dict[newkey] = value 方法，当键名 newkey 在字典中不存在时，直接给字典 dict 添加一个新的键 newkey，并赋值为 value。

```
words_dic = {'zeal': '热心', 'zebra': '斑马', 'zero': '零', 'zone': '地区'}

words_dic['zinc']='锌'        # 将键值对加入字典
print(words_dic)
# {'zeal': '热心', 'zebra': '斑马', 'zero': '零', 'zone': '地区', 'zinc': '锌'}
```

也可以使用 dict.setdefault(key[, value])方法增加元素，当字典 dict 中存在键 key 时，返回 key 对应的值；键 key 不存在时，在字典中增加 key:value 键值对，值 value 省略时，默认设其值为 None。

```
words_dic = {'zeal': '热心', 'zebra': '斑马', 'zero': '零', 'zone': '地区'}

words_dic. setdefault('zinc','锌')        # 将键值对加入字典, 值为'锌'
words_dic. setdefault('zoo')              # 将键值对加入字典, 值为 None
print( words_dic)
# {'zeal': '热心','zebra':'斑马', 'zero': '零', 'zone': '地区', 'zinc': '锌', 'zoo': None}
```

也可以将另一个字典作为 update( )的参数, 一次性把另一个字典中的键值对全部加到当前字典中。

```
words_dic = {'zeal': '热心', 'zebra': '斑马', 'zero': '零', 'zone': '地区'}
cet6_dic = {'yoke': '枷锁', 'yolk': '蛋黄',  'zinc': '锌'}

words_dic. update( cet6_dic)        # 将 cet6_dic 中的键值对加入 words_dic
print( words_dic)
# {'zeal': '热心', 'zebra': '斑马', 'zero': '零', 'zone': '地区', 'yoke': '枷锁', 'yolk': '蛋黄', 'zinc': '锌'}
```

Python 3.9 以后版本支持字典合并运算符 " | " 和字典更新运算符 " |=", 上述功能可用以下代码实现:

```
words_dic = {'zeal': '热心', 'zebra': '斑马', 'zero': '零', 'zone': '地区'}
cet6_dic = {'yoke': '枷锁', 'yolk': '蛋黄',  'zinc': '锌'}
words_dic|=cet6_dic                   # 将字典 cet6_dic 合并到 words_dic 中
print( words_dic)
words_dic_new =words_dic|cet6_dic     # 将字典 cet6_dic 与 words_dic 合并得到一个新字典
print( words_dic_new)
# {'zeal': '热心', 'zebra': '斑马', 'zero': '零', 'zone': '地区', 'yoke': '枷锁', 'yolk': '蛋黄', 'zinc': '锌'}
```

3. 字典元素删除

删除字典中的元素可以使用内置 pop( )、popitem( )和 clear( )方法, 也可以使用 Python 的关键字 del 命令。

dict. pop(key[, default])方法返回字典 dict 中键 key 对应的值, 并将键为 key 的键值对元素删除; 如果提供了 default 值, dict 中不存在 key 键时返回 default, 否则将会触发 KeyValue 异常。

```
words_dic = {'zeal': '热心', 'zebra': '斑马', 'zero': '零', 'zone': '地区'}
delkey = words_dic. pop( 'zeal')            # 删除键是'zeal'的元素并返回其值
print( f'删除单词的释义是:{delkey}')          # 删除单词的释义是: 热心
# delkey = words_dic. pop( 'zea')           # 去掉注释后执行, 触发 KeyError: 'zea'
delkey = words_dic. pop( 'zea', '单词不存在')  # 删除不存在的键'zea'时返回默认值
print( delkey)                             # 输出: 单词不存在
```

dict. popitem( )方法从字典中移除并返回一个元组形式的(键, 值)对, 键值对会按 LIFO (last in, first out, 后进先出)顺序被返回, 即每次执行删除位于字典末尾的键值对。

```
words_dic = {'zeal': '热心', 'zebra': '斑马', 'zero': '零', 'zone': '地区'}
delitem = words_dic.popitem()        # 删除最后加入的一个元素
print(delitem)                       # ('zone', '地区')
print(words_dic)                     # {'zeal': '热心', 'zebra': '斑马', 'zero': '零'}
```

del dict[key]：将字典 dict 中键为 key 的键值对元素删除。

```
words_dic = {'zeal': '热心', 'zebra': '斑马', 'zero': '零', 'zone': '地区'}
del words_dic['zebra']    # 删除键为'zebra'的键值对
print(words_dic)          # {'zeal': '热心', 'zero': '零', 'zone': '地区'}
```

dict.clear()方法会清空字典 dict 中所有数据，dict 成为空字典。

```
words_dic = {'zeal': '热心', 'zebra': '斑马', 'zero': '零', 'zone': '地区'}
words_dic.clear()        # 清空字典，保留字典对象
print(words_dic)         # {}
```

6.1.4 内置函数与方法

除前面介绍的函数和方法外，Python 还提供了一些可用于字典的内置函数和方法，如表 6.2 所示。

表 6.2 字典常用内置函数和方法

函　　数	描　　述
list(dict)	返回字典 dict 中使用的所有键的列表
len(dict)	返回字典的项数
str(dict)	输出字典可打印的字符串表示
type(variable)	返回输入的变量类型，如果变量是字典就返回字典类型
iter(dict)	返回以字典的键为元素的迭代器。这是 iter(dict.keys())的快捷方式
copy()	返回原字典的浅复制
reversed(dict)	返回一个逆序获取字典键的迭代器。这是 reversed(dict.keys())的快捷方式（Python 3.8 及更新版本支持）
dict | other	合并 dict 和 other 中的键和值来创建一个新的字典，两者必须都是字典。当 dict 和 other 有相同键时，other 的值优先（Python 3.9 及更新版本支持）
dict |= other	用 other 的键和值更新字典，other 可以是 mapping 或 iterable 的键值对。当 dict 和 other 有相同键时，other 的值优先（Python 3.9 及更新版本支持）

6.1.5 字典排序输出

早期的 Python 版本中，字典本身是无序的，需要排序时，可以将字典的元素、键或值转为列表再排序输出。Python 3.7 以后的版本字典顺序确保为插入顺序。字典视图 dict.keys()、dict.values()和 dict.items()都是可逆的，同时可以作为排序函数 sorted()的参数，排序返回结果为列表，其语法如下：

```
sorted(iterable, * , key = None, reverse = False)
```

其中，iterable 表示可以迭代的对象，可以是 dict. items()、dict. keys()等，key 是一个函数，用来选取参与比较的元素及其运算，reverse 则是用来指定排序是升序还是降序，默认是升序，设置 reverse = True 时按降序排序，"*" 表示其后的参数均为关键字参数。

输出时按键排序比较简单，直接使用 sorted(dict)或 sorted(dict. keys())就能获得字典所有键并按键升序排序；用 sorted(dict. value())可以获得对字典的值的升序排序；用 sorted(dict. items())能获得字典所有键值对并按键升序排序，结合 key 关键字参数和 lambda 表达式的方法可以设置根据值进行排序。如果想按照逆序排序，则需要设置 reverse = True。

```
words_dic = {'zeal': '热心', 'zebra': '斑马', 'zero': '零', 'zone': '地区'}

# 返回排序的键的列表
print(sorted(words_dic))                # ['zeal', 'zebra', 'zero', 'zone']
print(sorted(words_dic. keys()))        # ['zeal', 'zebra', 'zero', 'zone']
# 返回排序的值的列表
print(sorted(words_dic. values()))      # ['地区', '斑马', '热心', '零']


print(sorted(words_dic. items()))
# 按照键排序，返回[('zeal', '热心'), ('zebra', '斑马'), ('zero', '零'), ('zone', '地区')]
print(sorted(words_dic. items(), key = lambda x: x[1], reverse = True))
# 按照值排序，返回[('zero', '零'), ('zeal', '热心'), ('zebra', '斑马'), ('zone', '地区')]
```

这里的 items()实际上是将字典 dic 转换为可迭代对象，迭代对象的元素为('zeal', '热心'), ('zebra', '斑马'), ('zero', '零'), ('zone', '地区')。即将字典的元素转化为了元组，lambda 表达式中 x 表示输入的元组，如('zebra', '斑马')，x[1]表示 lambda 函数的返回值，索引号[1]表示选取元组中为 1 的元素作为比较参数。采用这种方法可以对字典的值进行排序，排序后的返回值是一个列表，而原字典中的键值对被转换为列表中的元组。

实例 6.3 背单词小程序

文件"cet4. txt"和"cet6. txt"中分别保存了四级和六级考试必会单词，编写一个背单词的程序，让用户可以选择背四级、六级单词或同时记忆四级和六级单词，用户可以指定要记忆的单词的首字母，随机从中抽取 10 个单词输出让用户进行记忆。然后逐个输出这些单词让学习者回忆释义并输入，若输入的释义在该单词的释义中存在，则提示"正确"，否则提示"错误"，统计正确率，若正确率超过 80% 则输出"太棒了!"，否则输出"你要加油哦!"。

为了提高代码的可读性和维护性，可以将问题分解为多个具体功能的函数。这样不仅使代码更加模块化，也更容易进行调试和扩展。

可以将主要的功能分解为以下几个函数：

generate_dict( )：从文件中读取单词和释义。

get_user_choice( )：让用户选择背诵四级或六级单词。

get_first_letter( )：获取用户输入的首字母。

filter_words_by_letter( )：根据首字母过滤单词。

display_words( )：显示随机抽取的 10 个单词供用户记忆。

examine( )：执行背诵测试，逐个输出单词并检查用户输入的释义。

calculate_correct_rate( )：计算用户的正确率并给出反馈。

完整参考代码：

```python
import random

# 读取单词文件并以字典形式返回，key 为单词，value 为释义列表
def generate_dict(file_path)：
    """读取 dicts. txt 中的单词到字典中，以单词为键，以译文为值"""
    words_dict = {}                # 创建空字典
    with open(file_path, 'r', encoding='utf-8') as file：
        for line in file：         # 逐行读取文件
            # 去除开头结尾的空白字符，根据空格切分一次，得到单词和翻译
            word, translation = line. strip( ). split(maxsplit=1)
            # 以单词为键，以译文为值，存入字典
            words_dict[word] = translation
    return words_dict              # 返回字典


# 让用户选择背四级或六级单词
def get_user_choice( )：
    """让用户选择背四级或六级单词"""
    while True：
        choice = input("请选择词库，四级输入 '4'，六级输入 '6'，四六级混合输入'0'")
        if choice in ['4', '6', '0']：
            return choice
        print("无效的选择,请输入 '4' 或 '6'或'0'。")


# 获取用户输入的首字母
def get_first_letter( )：
    """获取用户输入的首字母"""
    while True：
        letter = input("请输入要背单词的首字母："). strip( )
        if letter. isalpha( ) and len(letter) == 1：
            return letter. lower( )
        print("请输入一个有效的字母。")
```

```python
# 从用户选择的单词集中，按指定首字母过滤单词
def filter_words_by_letter(words, letter):
    """从单词字典中，过滤出以指定字母开头的单词"""
    words_dict_letter = {}                          # 创建空字典
    for word, meanings in words.items():            # 遍历单词字典
        if word.lower().startswith(letter):         # 如果单词以指定字母开头
            words_dict_letter[word] = meanings      # 将单词和释义存入新字典
    return words_dict_letter                        # 返回新字典


# 显示随机抽取的单词
def display_words(words):
    """显示用户需要记忆的单词"""
    print("\n 你需要记忆以下单词：")
    for word, i in words:
        print(f"{word}")
    input("\n 按回车键开始测试...")


# 测试用户输入的释义是否正确，并统计正确数
def examine(chosen_words):
    """测试用户输入的释义是否正确，并统计正确个数"""
    correct_count = 0
    for word, meanings in chosen_words:
        print(f"\n 单词：{word}")
        user_input = input("请输入该单词的释义：").strip()

        # 判断用户输入的释义是否正确
        if user_input in meanings:
            print(f"正确！\n 正确释义包括：{meanings}")
            correct_count += 1
        else:
            print(f"错误！\n 正确释义包括：{meanings}")
    return correct_count


# 计算正确率并给出反馈
def calculate_correct_rate(correct_count, total_count):
    """计算正确率并给出反馈"""
    correct_rate = (correct_count / total_count) * 100
    print(f"\n 你的正确率为：{correct_rate:.2f}%")
    if correct_rate >= 80:
        print("太棒了！")
    else:
        print("你要加油哦！")
```

```
# 主程序
if __name__ == "__main__":
    # 读取四级和六级单词
    cet4_words = generate_dict('cet4. txt')
    cet6_words = generate_dict('cet6. txt')

    # 用户选择四级或六级
    choice = get_user_choice()
    if choice == '4':
        selected_words = cet4_words
        print("你选择了四级词汇。")
    elif choice == '6':
        selected_words = cet6_words
        print("你选择了六级词汇。")
    else:
        selected_words = cet4_words|cet6_words
        print("你选择了四六级词汇。")

    # 用户输入想要背的单词的首字母
    first_letter = get_first_letter()

    # 过滤出以指定字母开头的单词
    filtered_words = filter_words_by_letter(selected_words, first_letter)

    if len(filtered_words) == 0:
        print(f"没有找到以 '{first_letter}' 开头的单词。")

    # 随机选择 10 个单词
    chosen_words = random. sample(list(filtered_words. items()), min(10, len(filtered_words)))

    # 显示随机选择的单词让用户准备记忆
    display_words(chosen_words)

    # 进行测试并统计正确个数
    correct_count = examine(chosen_words)

    # 根据正确率给出反馈
    calculate_correct_rate(correct_count, len(chosen_words))
```

相对于列表类型，字典的查询效率非常高，所以涉及较多查询操作时，使用字典存储数据更为高效。可以扩展这个程序的功能，增加查单词、生词本、排序输出生词等。

6.2　集合

集合类型用来保存无序的、不重复的不可变数据，其概念和数学中集合的概念基本一致。set（集合）和 frozenset（冻结集合、不可变集合）的不同在于 set 是可变数据类型，集合内数据可增可减，有 add( )、remove( ) 等方法。而 frozenset 是不可变数据类型，一旦创建，其数据便不可增减，可以作为字典的键或其他集合的元素。set 和 frozenset 的关系类似于列表和元组的关系。

没有明确说明的集合数据类型，都指数据可变的集合（set），本节主要讨论可变的集合（set）的使用方法。

集合是可变的，集合中的元素无固定顺序，不支持索引和切片等序列操作，在增加和删除元素时集合也不记录新元素位置或者插入点。集合对象支持并集（union）、交集（intersection）、差集（difference）和对称差集（sysmmetric difference）等运算。

集合是一种可遍历结构，可以用在 for 循环中用于数据的遍历。集合具有无序排序且不重复的特点，基本功能包括关系测试和消除重复元素。在需要删除重复项，或者求交集、差集之类的数学运算时，可以使用集合，而且用于迭代时，集合的表现优于列表。

6.2.1　集合的创建

非空集合通过将一系列用逗号分隔的数据放在一对大括号中的方法创建。空集合使用 set( ) 函数创建和表示。因"{ }"表示空字典，所以不能使用"{ }"来创建和表示空集合。使用 frozenset( ) 创建和表示空的冻结集合。set( ) 和 frozenset( ) 函数又称为集合构造器，如果不提供任何参数，默认会生成空集合。

```
temp_set = set( )          # set( )函数创建一个空集合，不能使用{ }创建和表示
print(temp_set)            # 输出 set( )，表示一个空集合
temp_fset = frozenset( )   # frozenset( )函数构造器创建一个空的冻结集合
print(temp_fset)           # 输出 frozenset( )，表示一个空的冻结集合
```

如果提供一个参数，则该参数必须是可迭代对象，即参数必须是字符串、列表、元组、推导式、迭代器或字典等支持迭代的对象。

```
range_to_set = set(range(6))        # 通过 range 创建集合 {0, 1, 2, 3, 4, 5}
ls_to_set = set([1, 2, 3, 4, 5])    # set( )将列表转为集合 {1, 2, 3, 4, 5}
tup_fset = frozenset((1, 3, 5, 7))  # 将元组转为冻结集合 frozenset({1, 3, 5, 7})
str_to_set = set('cheeseshop')      # 字符串转集合 {'c', 'p', 'o', 'e', 's', 'h'}
comprehension_set = {i * i for i in range(5)} # 利用集合推导式生成集合 {0, 1, 4, 9, 16}
```

将集合类型数据直接赋值给变量即可创建并使用一个集合变量。

```
city_set = {'吉林', '武汉', '北京'}    # 将集合数据赋值给变量，直接创建集合
print(city_set)                      # {'北京', '吉林', '武汉'}，无序
```

集合可以赋值给另一个变量，两个变量指向相同的内存，当一个集合元素发生变化时，另一个集合的元素同时也会发生变化，见图 6.1。

```
city_set = {'吉林', '武汉', '北京'}
city_set_alias = city_set      # city_set_alias 是 city_set 的别名

city_set. add('深圳')          # 集合 city_set 中增加一个元素'深圳'
print(id(city_set), id(city_set_alias))   # id 相同, 1926615349984 1926615349984
print(city_set)               # {'北京', '深圳', '吉林', '武汉'}
print(city_set_alias)         # {'北京', '深圳', '吉林', '武汉'}
```

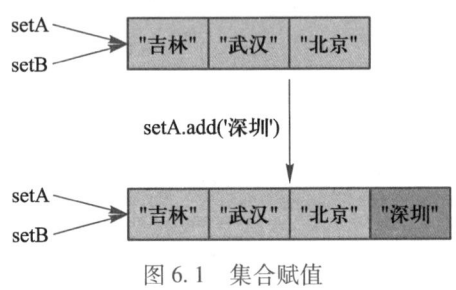

图 6.1　集合赋值

如果需要创建一个与原集合内容一致的不同集合对象时，可以使用 s. copy( )方法，复制的集合与原集合是独立的对象，其中一个集合的改变不会影响到另一个集合，见图 6.2。

```
city_set = {'吉林', '武汉', '北京'}
city_set_new = city_set. copy( )      # city_set_new 是 city_set 的一份副本

city_set. add('深圳')                 # 集合 city_set 中增加一个元素'深圳'
print(id(city_set), id(city_set_new)) # id 不同, 2932448312032 2932448306208
print(city_set)                       # {'北京', '深圳', '吉林', '武汉'}
print(city_set_new)                   # {'北京', '深圳', '吉林'}
```

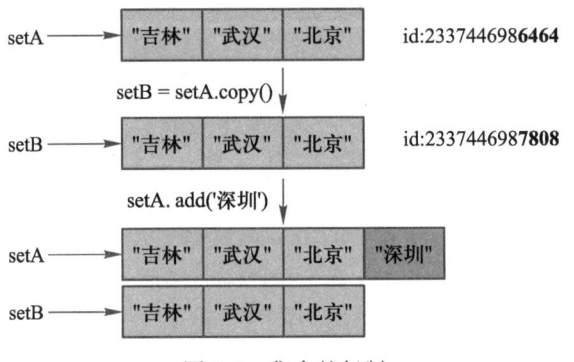

图 6.2　集合的复制

由于集合内的数据是不重复的，因此集合构造器常用来对其他的序列数据进行"去重操作"。集合支持用内置函数 len(s)获取集合 s 中数据元素的个数。可以根据对象进入集合前后长度是否发生变化判定其中是否存在重复的元素。

```
score = [90, 75, 88, 65, 90]        # 列表长度 5
score_set = set(score)              # 列表转为集合
print(score_set)                    # {88, 65, 90, 75}，重复的 90 被去掉

# 从集合中取出不重复的 3 个最低分
scores = [80, 88, 70, 88, 81, 96, 73, 85, 77, 77, 86, 95, 81, 80, 70]
# 转集合去重，用 sorted()函数排序后取前 3 个
print(sorted(set(scores))[0:3])    # 不重复的 3 个最低分 [70, 73, 77]
```

实例 6.4   奥运会获金牌项目与运动员

从文件"Olympic_gold_medal. txt"中读取奥运金牌数据，统计中国在哪些大项上获得了金牌，获得金牌的运动员共有多少人。

在统计中，项目和获得金牌的运动员的都不应该重复出现，这里可以将其放入集合中，去掉重复的元素再进行统计。

```
def read_olympic_data(file_path):
    """读取奥运金牌数据并返回嵌套列表"""
    data_ls = []                                    # 用于存放数据的空列表
    with open(file_path, 'r', encoding='utf-8') as file:
        for line in file:                           # 逐行读取数据
            data_ls. append(line. strip(). split())  # 根据空格切分数据
    return data_ls                                  # 返回嵌套列表


def count_gold_medals(data_ls):
    """返回获得金牌的项目的集合"""
    # event[1]是项目-子项名称，event[1]. split('-')[0]是大类项目名称
    gold_event = {event[1]. split('-')[0] for event in data_ls[1:]}
    return gold_event                               # 返回获得金牌的项目集合


def count_gold_medalists(data_ls):
    """返回获得金牌的运动员的集合"""
    gold_medalists = set()
    for event in data_ls[1:]:                       # 从第二行开始，把金牌得主加入集合
        gold_medalists. update(event[2]. split('/')) # 金牌得主用'/'分隔
    return gold_medalists                           # 返回金牌得主集合


if __name__ == '__main__':
    file_path = 'Olympic_gold_medal. txt'           # 文件名和路径
    events = read_olympic_data(file_path)           # 读文件中的数据到列表
    medal_count = count_gold_medals(events)         # 获得金牌的项目集合，去重
    print(len(medal_count))                         # 获得金牌在大类项目的数量
    print(medal_count)                              # 获得金牌的项目大类名
```

```
medalists = count_gold_medalists( events)    # 获得金牌的运动员的集合，去重
print( len( medalists) )                      # 获得金牌运动员数量
print( medalists)                             # 获得金牌运动员名
```

6.2.2　可变集合类型的操作

可变集合提供了一些关于元素更新、删除等相关操作的方法，常用操作及其方法描述如表 6.3 所示。

表 6.3　集合常用操作方法

方　法	描　述
s. add(x)	在集合 s 中添加对象 x
s. remove(x)	从集合 s 中删除对象 x；如果 x 不是集合 s 中的元素(x not in s)，将引发 KeyError 异常
s. discard(x)	如果 x 是集合 s 中的元素，从集合 s 中删除对象 x，如果 s 中不存在 x 也不会报错
s. pop( )	无参数，从集合中移除任意一个元素，返回值为被移除的元素，如果集合为空则会引发 KeyError 异常
s. clear( )	删除集合 s 中的所有元素

向集合中添加一个元素的方法只有一个——s. add(x)：

```
s = set('python')
print( s)              # 返回集合{'n', 'p', 't', 'h', 'o', 'y'}，元素无序
s. add('x')            # 向集合中添加元素'x'
print( s)              # {'n', 'p', 't', 'h', 'o', 'x', 'y'}
```

删除集合 s 中的一个指定元素的方法是 s. remove(x)或 s. discard(x)，两者的区别是当元素 x 在集合 s 中不存在时，s. remove(x)会触发 KeyError 异常，而 s. discard(x)不会触发异常。

```
s = set('python')
s. remove('p')         # 从集合中删除元素 p
print( s)              # {'o', 'y', 't', 'h', 'n'}
s. discard('Z')        # 集合不存在元素'Z'，不报错
s. remove('A')         # 集合不存在元素'A'，返回 KeyError：'A'
```

使用 s. remove(x)删除元素时，建议先做存在性测试，以避免触发异常导致程序无法正常结束。

```
s = set('python')
if 'A' in s:
    s. remove('A')     # 若集合中存在元素 A，删除'A'，避免异常
```

s. pop( )方法可以从集合 s 中随机移除一个元素，其返回值是被移除的元素，如果集

合为空则会触发 KeyError。

```
s = {'o', 't', 'n', 'p', 'h', 'y'}
x = s.pop()              # pop()会随机删除一个元素，x 值为被删除的元素
print(x, s)              # t {'h', 'o', 'y', 'n', 'p'}
n = set()                # n 是空集合
n. pop()                 # KeyError: 'pop from an empty set'
```

s. clear()方法可用于删除集合的所有元素，清空集合，只保留空集合对象；del 命令可用于删除集合对象。

```
city = {'北京', '上海', '广州', '深圳'}
city. clear()            # 删除集合中的所有元素
print(city)              # 返回空集合 set()
del city                 # 删除集合对象 city，对象名 city 不可再用
print(city)              # NameError：name 'city' is not defined
```

集合除了基本操作方法以外，还提供了一系列的标准操作方法以及相应的符号运算，这些知识将合并到集合运算中一起讲解。

6.2.3　成员关系

集合支持存在性测试，可用 x in s 和 x not in s 操作判断数据 x 是否是集合 s 的成员。

```
events = {'自由式小轮车', '拳击', '射击', '羽毛球', '网球', '跳水', '竞技体操', '乒乓球', '游泳', '花样
游泳', '艺术体操', '举重', '田径', '皮划艇静水'}

event = input('请输入您想了解的比赛项目:')
if event in events:
    print(f'{event}项目是 2024 奥运会的金牌项目')
else:
    print(f'{event}项目不是 2024 奥运会的金牌项目')
```

6.2.4　集合关系

当一个集合 s 中的元素包含另一个集合 t 中的所有元素时，称集合 s 是集合 t 的超集（s >= t），或反过来称 t 是 s 的子集（s <= t）。当两个集合中元素相同时，两个集合等价（s == t）。集合的关系运算方法和含义如表 6.4 所示。

表 6.4　集合的关系运算

方　　法	符　　号	含　　义
s. issubset(t)	s <= t	s 是否是 t 的子集，是返回 True，否则返回 False
	s < t	s 是否是 t 的真子集，是返回 True，否则返回 False
s. issuperset(t)	s >= t	s 是否是 t 的超集，是返回 True，否则返回 False
	s > t	s 是否是真包含 t，是返回 True，否则返回 False

续表

方　　法	符　　号	含　　义
s. isdisjoint(t)		s 和 t 是否无共同元素，是返回 True，否则返回 False
	s == t	s 是否和 t 相等，是返回 True，否则返回 False

集合等价/不等价示例如下：

```
s = set('python')                # {'t', 'n', 'o', 'h', 'p', 'y'}
t = {'o', 'y', 'p', 'g'}
print(s == t)                    # False
print(set('posh') == set('shop'))  # True
u = frozenset(s)                 # frozenset({'p', 'y', 't', 'n', 'o', 'h'})
print(s == u)                    # True
```

子集/超集示例如下：

```
s1 = set('11001010')             # {'0', '1'}
s2 = set('11111111')             # {'0', '1'}
s3 = set('1ab01010')             # {'0', '1', 'a', 'b'}
t = {'0', '1'}
print(s1 == t)                   # True
print(s2 <= t)                   # True
print(s3 <= t)                   # False
```

实例演示：
IP 地址转十进制

实例 6.5　IP 地址转十进制

IP 地址由 4 个字节（每个字节 8 个位）的二进制数组成。请将 32 位二进制数表示的 IP 地址转换为十进制格式表示的 IP 地址输出。十进制格式的 IP 地址由用 "." 分隔开的 4 个十进制数组成。如果输入的数字不足 32 位或超过 32 位或输入的数字中有非 0 和 1 的数字则输出 "data error!"。

输入的字符串未必合法，可能位数不是 32，也可能包含其他字符，这里可以利用集合关系方便地判定输入中是否包括非'0'、'1'的字符。

```
if   set(ip) <= {'0','1'}:       # 合法 IP，set(ip)的结果只能是 {'0'},{'1'},{'0','1'}中的一个
```

完整参考代码如下：

```
def check_ip(ip_bin):
    """接受由二进制数构成的表示 IP 的字符串，判定是否为合法 IP，当其合法时返回其对应的十进
制 IP，否则返回'data error! '"""
    if len(ip_bin) == 32 and set(ip_bin) <= {'0', '1'}:
        ls = []
        for i in range(4):
            ls.append(str(int(ip_bin[i * 8:(i + 1) * 8], 2)))
        ip_dec = '.'.join(ls)
```

```
            return ip_dec            # 输入合法时返回其对应的十进制 IP
        else:
            return 'data error!'      # 输入不合法时返回'data error!'

if __name__ == '__main__':
    IP = input()                     # 接收用户输入的字符串
    print(check_ip(IP))              # 检查 IP 是否合法并进行转换
```

输入：11011110100011000011101001010101

输出：222. 140. 58. 85

输入：1100120010010100009101010101110010

输出：data error!

6.2.5　集合运算

Python 中的集合和数学中的集合概念基本一致，也支持集合的交、差、并等操作，使用这些运算可以很方便地处理数学中的集合操作。集合运算的方法与含义如表 6.5 所示。

表 6.5　集合运算的方法与含义

操作方法	符号	含义
s. union(t)	s | t	返回新集合，集合元素为 s 和 t 的并集
s. intersection(t)	s & t	返回新集合，集合元素为 s 和 t 的交集
s. difference(t)	s − t	返回新集合，集合元素为 s 和 t 的差集
s. symmetric_difference(t)	s ^ t	返回新集合，集合元素为 s 和 t 的对称差，即存在于 s 和 t 中的非交集数据

1. union(∗ others) 或 set │ other

返回一个新的集合，其中包含来自原集合以及 others 指定的所有集合中的元素。

2. intersection(∗ others) 或 set & other

返回一个新的集合，其中包含原集合以及 others 指定的所有集合中共有的元素。

3. difference(∗ others) 或 set−other

返回一个新的集合，其中包含原集合中在 others 指定的其他集合中不存在的元素。

4. symmetric_difference(other) 或 set ^ other

返回一个新的集合，其中的元素或属于原集合或属于 other 指定的其他集合，但不能同时属于两者。

需要注意的是，union( )、intersection( )、difference( ) 和 issupersct( ) 方法可以接受任意可迭代对象作为参数。但使用它们所对应的运算符方式进行运算时，要求运算符两侧的操作数都是集合。这种规定排除了容易出错的构造形式，如 set('abc') & 'cbs'，推荐可读性更强的函数方法，如 set('abc'). intersection('cbs')。

集合运算示例如下：

```
s = set('bookshop')                    # {'o', 'k', 'h', 's', 'b', 'p'}
t = set('cheeseshop')                  # {'o', 'e', 'c', 'h', 's', 'p'}
print( s. union( t) )                  # s | t, {'p','b','o','s','e','c','h','k'}
print( s. intersection( t) )           # s & t, 集合共有的元素{'o', 'h', 's', 'p'}
print( s. difference( t) )             # s - t, s 中存在、t 中不存在的元素{'b', 'k'}
print( s. symmetric_difference( t) )
# s ^ t, 只属于 s 或 t 的元素{'b', 'e', 'c', 'k'}
```

　　如果左右两个操作数的类型相同，即都是可变集合或不可变集合，则所产生的结果类型是相同的，但如果左右两个操作数的类型不相同（左操作数是 set，右操作数是 frozenset，或相反情况），则所产生的结果类型与左操作数的类型相同。

　　实际上 Python 也提供了一些集合的操作方法，这些操作方法无返回值，直接作用于集合对象，相当于运算同步赋值。集合标准操作方法及运算符如表 6.6 所示，运算结果如图 6.3 所示。

表 6.6　集合标准操作方法及运算符号

方　　法	符　　号	描　　述
s. update(t)	s = s | t	s 中的元素更新为属于 s 或 t 的成员，即 s 与 t 的并集
s. intersection_update(t)	s = s & t	s 中的元素更新为共同属于 s 和 t 的元素，即 s 与 t 的交集
s. difference_update(t)	s = s - t	s 中的元素更新为属于 s 但不包含在 t 中的元素，即 s 与 t 的差集
s. symmetric_difference_update(t)	s = s ^ t	s 中的元素更新为那些包含在 s 或 t 中，但不是 s 和 t 共有的元素

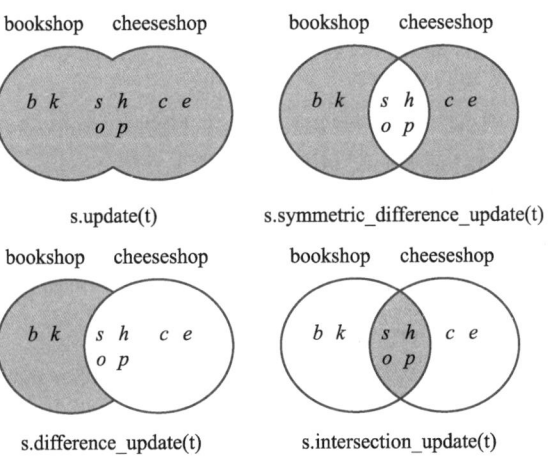

图 6.3　集合操作

```
s = set('bookshop')                    # {'o', 'p', 's', 'h', 'k', 'b'}
t = set('cheeseshop')                  # {'o', 'p', 's', 'h', 'c', 'e'}
```

```
s. update(t)                    # s 和 t 的全部元素
print(s)                        # {'o', 'p', 's', 'h', 'k', 'b', 'c', 'e'}


s = set('bookshop')             # {'o', 'p', 's', 'h', 'k', 'b'}
s. intersection_update(t)       # 集合 s 和 t 的共有元素
print(s)                        # {'o', 'p', 's', 'h'}


s = set('bookshop')             # {'o', 'p', 's', 'h', 'k', 'b'}
s. difference_update(t)         # 属于集合 s 但不包含在集合 t 中的元素
print(s)                        # {'b', 'k'}


s = set('bookshop')             # {'o', 'p', 's', 'h', 'k', 'b'}
s. symmetric_difference_update(t)   # 两个集合中非共有的元素
print(s)                        # {'b', 'e', 'k', 'c'}
```

实例 6.6　四六级词汇统计

文件 "cet4. txt" 和 "cet6. txt" 中分别保存了四级和六级考试必会单词，编写一个程序，读取文件中的数据，统计四六级总词汇、四六级共有词汇、四级独有六级中没有的词汇、两个文件中非共同拥有的词汇。

读文件创建集合：

```
def generate_dict(file_path):
    """读取 file_path 指定的文件中的单词到集合中"""
    words_set = set()           # 创建空集合
    with open(file_path, 'r', encoding='utf-8') as file:
        for line in file:       # 逐行读取文件
            # 去除开头结尾的空白字符，根据空格切分一次取首元素，得到单词加入集合
            words_set. add(line. strip(). split(maxsplit=1)[0])
    return words_set            # 返回集合
```

也可以使用集合推导式根据列表中的数据创建集合：

```
def generate_dict(file_path):
    """读取 file_path 指定的文件中的单词到集合中"""
    with open(file_path, 'r', encoding='utf-8') as file:
        words_set = {line. strip(). split(maxsplit=1)[0] for line in file}
    return words_set            # 返回集合
```

利用集合的并、交、差补和对称差分可以完成题目要求的分析工作。

两个集合中的共有不重复单词，交集 s & t：

```
common_words = cet4_words & cet6_words           # 共有词汇
```

两个集合中的所有不重复单词，并集 s|t：

```
total_vocabulary = cet4_words | cet6_words        # 总词汇量
```

四级独有六级中没有的单词，差补 s-t：

```
unique_to_set4 = cet4_words - cet6_words          # 四级独有词汇
```

非共同拥有的单词，对称差分 s ^ t：

```
non_common_words = cet4_words ^ cet6_words        # 非共同拥有词汇
```

完整参考代码如下：

```
def generate_dict(file_path):
    """读取 file_path 指定的文件中的单词到集合中"""
    with open(file_path, 'r', encoding='utf-8') as file:
        words_set = {line.strip().split(maxsplit=1)[0] for line in file}
    return words_set                              # 返回集合


def analyze_vocabulary(cet4_words, cet6_words):
    """统计四六级总词汇、四六级共有词汇、四级独有六级中没有的词汇、两个文件中非共同拥有的
    词汇"""
    total_vocabulary = cet4_words | cet6_words        # 总词汇量
    common_words = cet4_words & cet6_words            # 共有词汇
    unique_to_set4 = cet4_words - cet6_words          # 四级独有词汇
    non_common_words = cet4_words ^ cet6_words        # 非共同拥有词汇
    return total_vocabulary, common_words, unique_to_set4, non_common_words


if __name__ == "__main__":
    # 读取四级和六级单词
    cet4_words_set = generate_dict('cet4.txt')
    cet6_words_set = generate_dict('cet6.txt')
    print(f'四级词汇中不重复的单词有{len(cet4_words_set)}个')    # 四级词汇中不重复的单词有
3619 个
    print(f'六级词汇中不重复的单词有{len(cet6_words_set)}个')    # 六级词汇中不重复的单词有
2087 个

    result = analyze_vocabulary(cet4_words_set, cet6_words_set)
    total_vocabulary, common_words, unique_to_set1, non_common_words = result
    print(f'总词汇量：{len(total_vocabulary)}')            # 总词汇量：5230
    print(f'共有词汇：{len(common_words)}')                # 共有词汇：1476
    print(f'四级独有词汇：{len(unique_to_set1)}')          # 四级独有词汇：2143
    print(f'非共同拥有词汇：{len(non_common_words)}')       # 非共同拥有词汇：3754
```

本章小结

　　集合的基本特点是无序性、唯一性和可变性，元素必须是不可变类型。常见应用场景包括数据筛选，删除重复元素保留唯一值；快速查找元素是否存在；集合的交、并、差集统计运算。集合元素必须是不可变类型，不能包含列表、字典等可变对象。集合不支持索引和切片操作，不保证元素顺序。

　　字典采用键值对存储，键必须唯一且不可变，值可以是任意类型。常见应用场景包括通过数据映射建立键值对应关系，快速查找，配置项和对应的值，元素频率统计，基于键的分组等。字典采用空间换时间，占用内存相对较大。

　　需要去重、需要频繁判断元素是否存在以及进行数学集合运算时优先使用集合。键值对应关系、快速查找和更新、处理结构化数据时使用字典。考虑操作频率通过合理使用集合和字典，可以大大提高程序的效率和代码的可读性。

本章练习

1. 编写一个函数，使用集合去除列表中的重复元素，并保持原有顺序。
2. 编写一个函数，根据字典的值对字典进行排序，返回排序后的键值对列表。
3. 实现一个函数，找出两个列表中的共同元素和独有元素。
4. 编写一个函数，统计字符串中每个单词出现的次数。
5. 编写一个函数，将嵌套的字典转换为扁平的字典，键使用点号连接。
6. 实现一个函数，将一个集合划分为若干不相交的子集，使得每个元素都在其中一个子集中。
7. 编写一个函数，合并多个字典，处理重复键的值，可以选择保留最新值或合并值。
8. 实现一个函数，找出最小数量的集合，使其并集包含指定的所有元素。

第 7 章
数据处理

7.1 文本文件

按照数据在磁盘上存储时的组织形式不同，文件可以分为文本文件和二进制文件两类。

文本文件内部存储的是常规的中西文字符、数字、标点等符号，换行常用符号'\n'表示，此类文件一般可以使用普通文本编辑工具打开和编辑，人们可以直接阅读和理解文件内容。例如文本文件（txt）、逗号分隔值（csv）、日志文件（log）、配置文件（ini）等。

二进制文件中的数据以二进制的形式存储，读取此类文件需要能够解析二进制数据的结构和含义的应用软件。例如，图片文件（jpeg）、视频文件（mpeg）、Windows 下的可执行文件（exe）都是典型的二进制文件。

不论是文本文件还是二进制文件，文件进行写入或读取操作，一般都可以分为以下三步。

（1）打开文件并创建文件对象。

（2）通过文件对象对文件中的内容进行读取和写入等操作。

（3）关闭并保存文件内容。

7.1.1 文件的打开

内置函数 open( )可以将文件以文本形式或二进制形式打开，用于读或写操作，其基本语法如下：

```
open( file, mode ='r', encoding = None )
```

file 参数是一个带路径的文件名，可以带一个从根目录开始的绝对路径（如'c：\temp\test. txt'）或相对当前打开文件所在路径（. /temp. txt）的相对路径，当打开的文件与当前程序文件在同一路径下时，不需要写路径。考虑到程序的可移植性，一般建议使用相对路径。

mode 参数是可选参数，用于指定文件打开的方式和类型，省略时使用默认值'r'，以只读方式打开。该参数可以使用的符号包括'r'、'w'、'x'、'a'、'b'、't'、'+'等符号，具体含义如

表 7.1 所示。Python 严格区分二进制和文本输入输出，用二进制模式打开文件时，不做任何解码，直接用二进制对象返回文件内容；用文本模式打开文件时，先用平台默认的编码方式或 encoding 参数指定的编码方式对字节流进行解码，再用字符串形式返回文件内容。

表 7.1　mode 参数符号含义

符　号	含　义
'r'	以只读模式打开文件（默认值）
'w'	以写数据模式打开文件，若该文件已存在，先清除该文件中所有内容；若该文件不存在，先创建该文件再打开
'x'	以创建文件写数据模式打开文件，若该文件已存在，打开失败
'a'	以追加写数据模式打开文件，若该文件已存在，新数据追加在现有数据之后；若该文件不存在，先创建文件后再打开
'b'	以二进制模式打开文件处理数据
't'	以文本模式打开文件处理数据（默认模式）
'+'	打开文件并允许更新，相当于增加读或写模式（与'r'、'w'或'a'组合使用，如'r+'可读可写、'w+'可写可读、'a+'可追加写可读）

encoding 参数是可选参数，用于标明打开文本文件时，采用何种字符编码处理数据，encoding 参数省略时，表示使用当前操作系统默认编码类型（中文 Windows 一般默认 GBK 编码，macOS 和 Linux 等一般默认编码为 UTF-8 编码）。当使用二进制模式打开文件时，encoding 参数不可使用。

由于历史发展等原因，不同语言、不同版本、不同类型的操作系统，甚至不同的软件，采用了不同的字符编码类型。因此，打开不同内容的文本文件时，要使用正确的编码方式。UTF8（8-bit Unicode Transformation Format）是一种针对 Unicode 的可变长度字符编码，又称万国码。UTF-8 用 1 到 6 个字节编码 Unicode 字符，包含全世界所有国家需要用到的字符。Python 3 推荐使用 UTF-8 编码，创建文本文件时，建议指定使用 UTF-8 编码，以方便其他用户和程序访问该文件。

7.1.2　遍历文件对象

open()函数打开文本文件会返回一个可遍历对象，可以用循环以遍历的方式访问文件中的数据，每个循环获得文件中的一行数据，行末会有一个换行符'\n'。

实例 7.1　读取文件

有一个 UTF-8 编码的文本文件"静夜思.txt"，内容如下，编程读取文件的内容：

```
静夜思
床前明月光，疑是地上霜。
举头望明月，低头思故乡。
```

访问文件中的数据，必须先用 open()函数打开文件，只读取文件，不修改文件内容时，读取模式参数 mode 的值可设为'r'或省略。encoding='utf-8'参数表示以 UTF-8 编码方式处理数据：

```
f = open('静夜思 . txt', 'r', encoding = 'utf-8')     # 以只读模式打开文件，文件对象命名为 f
```

文件打开后得到的是一个文件对象，不能试图用 print(f)输出文件内容，这个操作只能返回文件对象的信息：

```
<_io. TextIOWrapper name = '静夜思 . txt' mode = 'r' encoding = 'utf-8'>
```

文件内容可用循环逐行输出，文件的每一行被当作一个字符串，每个行末有一个换行符"\n"，所以返回的第一行应该为"静夜思\n"，在用 print()函数输出时，字符串末尾的换行符"\n"会被解析为一个换行，导致输出的每一行数据后有一个空行存在。可以用 strip()方法去掉行末的换行符，使输出时不再有额外的空行。

```
f = open('静夜思 . txt', 'r', encoding = 'utf-8')     # 读模式打开文件
for line in f:                                        # 对文件对象进行逐行遍历
    print(line. strip())                              # 函数去掉行末的换行符，消除空行
f. close()                                            # 关闭文件对象
```

建议将读文件的代码定义为函数，以方便修改和维护代码：

```
def open_file(file):              # 打开文件，读取并输出其内容
    f = open(file, 'r', encoding = 'utf-8')
    for line in f:                # 对文件对象进行逐行遍历
        print(line. strip())      # line. strip()函数去掉行末的换行符
    f. close()                    # 关闭文件对象


if __name__ == '__main__':
    filename = '静夜思 . txt'      # 文件名定义变量，方便修改
    open_file(filename)           # 调用函数读取并输出文件内容
```

输出：
静夜思
床前明月光，疑是地上霜。
举头望明月，低头思故乡。

7.1.3　文件的关闭

打开的文件使用完毕，必须关闭文件对象以确保对文件中数据的所有改变都写回到文件中，同时释放文件的读写权限，使其他程序可以操作该文件。

可以使用文件对象的 f. close()方法关闭文件。f. close()方法被执行时，会先将文件缓冲区中的数据写入文件，再关闭已打开的文件对象 f。使用 f. close()可以查看文件对象是否是关闭状态，如果文件对象 f 已关闭，f. close()的值为 True，否则为 False。每次使用文件对象 f 完成文件的读写工作后，应马上使用 f. close()将文件对象关闭，确保文件操作的完成，同时释放文件中数据占据的内存。

但在使用过程，可能因为忘记关闭文件或程序在执行 f. close( )语句之前遇到错误，从而导致文件不能正常关闭。为了避免此类问题，在读写文件时可以应用异常处理技术，当捕获到代码异常结束或文件未关闭时，执行 f. close( )关闭文件。finally 中的语句不管是否触发异常，都会被执行到，所以经常把关闭文件、清理资源之类的操作放在 finally 语句下，以确保无论程序遇到什么问题都会执行关闭文件对象的语句，使文件正常关闭。

Python 还提供了一种内置类型，称为上下文管理器。上下文管理器定义了运行时上下文这一概念，用于设定某个对象的使用范围，一旦离开这个范围，将会有特殊的操作被执行。上下文管理器由 Python 关键字"with…as"联合启动，将文件打开操作通过关键字"with…as"的方式置于上下文管理器中，不需要再用 f. close( )显式地关闭文件，一旦离开隶属"with…as"的缩进代码范围，文件对象的关闭操作会自动执行。

即使上下文管理器范围内的代码因错误异常退出，文件对象的关闭操作也会正常执行。使用上下文管理器，用缩进语句来描述文件的打开及操作范围，保证了文件使用完毕后的关闭操作。建议在进行文件操作时，使用这种方法以避免文件关闭错误。

将实例 7.1 的代码改写为使用上下文管理器实现，代码如下：

```
def open_file(file):              # 打开文件，读取并输出其内容
    with open(file, 'r', encoding='utf-8') as f:
        for line in f:            # 对文件进行逐行遍历
            print(line.strip())   # 执行完此语句，离开缩进块，自动关闭文件
if __name__ == '__main__':
    filename = '静夜思.txt'
    open_file(filename)           # 调用 open_file( )函数读取并输出文件内容
```

7.1.4　文件的读写操作

文本文件和二进制文件的读写基本相同，其区别是文本文件的读写按照字符串方式，二进制文件的读写按照字节流的方式。为便于理解，本节以文本文件为例进行文件读写操作的讲解。

文件对象提供了三个读取数据的方法：read( )、readline( )和 readlines( )。文件读取方法的描述如表 7.2 所示。每种方法可以接受一个参数以限制每次读取的数据量。

表 7.2　文件读取方法

方　　法	描　　述
read(size)	无参数或参数为-1 时，读取全部文件内容；当参数 size 为大于或等于 0 的整数时，读取 size 个字符
readline(size)	无参数或参数为-1 时，读取并返回文件对象中的一行数据，包括行末结尾标记'\n'，字符串类型。当参数 size 为大于或等于 0 的整数时，最多返回当前行的前 size 个字符
readlines(hint)	无参数时，读取文件全部数据，返回一个列表，列表中每个元素是文件对象中的一行数据，包括行末的换行符'\n'。当参数 hint 为大于或等于 0 的整数时，读取 hint 个字符所在的行

续表

方　　法	描　　述
write(b)	将给定的字符串或字节流对象写入文件
writelines(lines)	将一个元素为字符串的列表写入文件
seek(offset, whence)	改变当前文件操作指针的位置，offset 为指针偏移量，whence 代表参照物，有三个取值：0 表示文件开始、1 表示当前位置、2 表示文件结尾
tell()	返回文件指针当前的位置

1. read(size=-1)

read()方法从文本文件中读取并返回最多 size 个字符，返回的数据类型为字符串。当 size 未指定或值为-1 时，从当前位置一直读取到文件结束（end of file，EOF），即读取从文件指针当前所指位置后面的全部剩余字符。如果文件大于可用内存，可以反复调用 read(size)方法读取。需要注意的是，文本文件中每行末尾的换行符和文中的标点符号都会各占一个字节存储，需要计算在 size 内。

```
with open('静夜思.txt', 'r', encoding = 'utf-8') as f:
    txt = f.read(10)       # 读前 10 个字符，输出：'静夜思\n 床前明月光,'
    print(txt)             # 输出 read(10)读到的字符
    txt = f.read()         # 一次读取文件中的全部剩余数据
    print(txt)             # '疑是地上霜。\n 举头望明月，低头思故乡。\n'
```

2. readline(size=-1)

readline()方法读取并返回一行数据，文件指针移动到下一行开始。当指针已经处于文件末尾时，返回一个空字符串。如果指定了 size，将在当前行读取最多 size 个字符，本行剩余字符少于 size 时，读取到本行结束。readline()方法通常比 readlines()速度慢，仅当没有足够内存可以一次读取整个文件时，才使用 readline()方法。

```
with open('静夜思.txt', 'r', encoding = 'utf-8') as f:
    txt = f.read(14)        # 读 14 个字符, '静夜思\n 床前明月光，疑是地上'
    print(txt)
    print(f.readline(6))    # 本行不足 6 个字符，只读到行末, '霜。\n'
    print(f.readline())     # 读取一行, '举头望明月，低头思故乡。\n'
```

3. readlines(hint=-1)

readlines()方法一次读取文件中所有数据行，文件指针一次性就移动到文件结尾处。readlines()方法自动将文件内容转成一个列表，列表中每个元素是文件对象中的一行数据，可以指定 hint 来读取直到指定字符所在的行。

```
with open('静夜思.txt', 'r', encoding = 'utf-8') as f:
    txt = f.readlines()         # 读取指针之后的所有行
    print(txt)
    # ['床前明月光，疑是地上霜。\n', '举头望明月，低头思故乡。\n']
    f.seek(0)                   # 移动指针到文件起始位置
```

```
    txt = f. readlines(6)        # 从当前位置读取到第 6 个字符所在行结束
    print(txt)                   # ['静夜思\n', '床前明月光，疑是地上霜。\n']
```

4. write(b)

将参数中的字符串等类字节对象写入到文件中，并返回所写入的字节数。

```
with open('静夜思 . txt', 'w', encoding = 'utf-8') as f:
    f. write('静夜思\n 床前明月光，疑是地上霜。\n')    # 将字符串参数写入文件
    txt = f. write('举头望明月，低头思故乡。\n')           # 字符串参数写入文件，返回写入的字符数
    print(txt)                                         # 写入的字符数为 13 个
```

5. writelines(lines, /)

将以字符串为元素的列表写入文件。writelines()方法不会自动在每一个元素后面增加换行，只是将列表内容直接输出，所以在构造列表时，在需要换行的位置加入一个'\n'，以控制写入格式。

```
with open('静夜思 . txt', 'w', encoding = 'utf-8') as f:
    f. writelines(['静夜思\n','床前明月光，疑是地上霜。\n', '举头望明月，低头思故乡。\n'])
```

程序运行过程中写入到字符串和列表中的内容只在程序设计过程中存在于内存之中，程序结束或关机后将会丢失，可以使用 write()和 writelines()方法将字符串和字符串列表中的内容写入到文件中永久保存。

进行文件的写入操作，使用 open()函数时，要将 mode 参数设置为'w'、'x'、'a'等具有写权限的模式。或用"r+"为读模式打开的文件增加写权限，但要注意，使用"r+"模式时文件处于改写状态，新写入的数据会覆盖原文件起始位置相同字符数量的数据。

使用"w"模式时，以写数据模式打开文件，若文件不存在，先创建文件后再打开。若该文件已存在，先清除该文件中所有内容再写入新数据。使用"a"模式以追加写数据模式打开文件，若文件不存在，先创建文件后再打开。若该文件已存在，新数据追加在现有数据之后，新写入的数据会增加到原文件的末尾。使用"x"模式以创建文件写数据模式打开文件，该文件已存在，打开失败。

在编程时，可以将不同模式的读写操作定义为不同的函数，将文件名和读写的数据作为传入参数，分别完成不同的读写操作，使程序结构清晰，维护方便。而且，每个读写操作都是独立的，函数调用结束后就马上关闭文件，释放对文件的控制，可以提高程序的性能和安全性。

```
def write_file(s, filename):
    with open(filename, 'a', encoding='utf-8') as f:
        f. write(s)                          # 将字符串 s 写入文件，附加到后面


def write_lines_file(ls, filename):
    with open(filename, 'a', encoding='utf-8') as f:
```

```
        f. writelines( ls )                     # 将元素为字符串的列表 ls 写入文件，附加到后面

def read_file( filename ) :
    with open( filename, 'r', encoding ='utf-8' ) as f:
        return f. read( )                      # 返回字符串类型的文件内容


if __name__ == '__main__':
    file = '静夜思 . txt'                        # 定义文件名变量，方便程序扩展和修改
    Poem_str = '    独坐敬亭山\n 众鸟高飞尽，孤云独去闲。\n 相看两不厌，只有敬亭山。\n'
    Poem_ls = ['    江雪\n', '千山鸟飞绝，万径人踪灭。\n','孤舟蓑笠翁，独钓寒江雪。\n']
    write_file( Poem_str, file )                # 调用函数将字符串 s 写入文件
    write_lines_file( Poem_ls, file )           # 调用函数将列表写入文件
    print( read_file( file ) )                  # 读文件并输出文件中的数据
```

静夜思
床前明月光，疑是地上霜。
举头望明月，低头思故乡。
　　独坐敬亭山
众鸟高飞尽，孤云独去闲。
相看两不厌，只有敬亭山。
　　江雪
千山鸟飞绝，万径人踪灭。
孤舟蓑笠翁，独钓寒江雪。

6. seek( )方法

Python 在文件读取过程中使用了指针，在文件刚打开时，指针指向文件内容的起始处，伴随着读写的进行指针一步一步往后移动。下一次读写从指针当前位置向后进行，当指针移动到文件结尾后，其后已经没有数据，再试图读取数据就没有返回值了。如果期望重新读取文件中的数据，可使用 seek( )将文件读取指针移动到期望的位置。

操作指针的方法：

seek(offset, whence =SEEK_SET)

offset 代表文件指针的偏移量，单位是字节，whence 代表参照物，有三个取值。whence = SEEK_SET 或 0 表示文件开始（默认值，文本和二进制文件都可用），偏移量可以为 0 或正值。whence = SEEK_CUR 或 1 表示当前位置，偏移量可以为负值（负值仅适用于二进制文件）。whence = SEEK_END 或 2 表示文件结尾，偏移量可以为负值（负值仅适用于二进制文件）。当 whence = 1 或 whence = 2 时，在二进制文件中可以设定任意偏移量，在文本文件中，只允许设置偏移量为 0，不允许使用其他数字作为偏移量。

在对文本文档使用 seek( )方法时，一般使用 seek(0)将文件指针移动到文件开始位置。当文件是中文、韩文等非西文字符时，一个字符可能占 2 字节、3 字节甚至最多 6 字节，很难使指针精确移动到一个字的起始位置，导致解码失败。所以非西文文件尽量不使

用偏移量去定位指针位置。

```
with open('静夜思 . txt', 'r', encoding = 'utf-8') as f:
    txt = f. readlines( )      # 读取所有行到列表中
    print(txt)                 # ['床前明月光，疑是地上霜。\n', '举头望明月，低头思故乡。\n']
    f. seek(0)                 # 移动指针到文件起始位置
    txt = f. readlines(6)      # 从当前位置读取到第 6 个字符所在行结束
    print(txt)                 # ['静夜思\n', '床前明月光，疑是地上霜。\n']
```

7. tell( )方法

tell( )方法返回当前指针的位置。

用 open( )方法打开文件后，生成的文件对象支持用 for⋯in 结构进行遍历，不需要将文件中的数据一次性读到内存中，可以读一行处理一行。当数据文件非常大时，用直接遍历文件对象的方法，即可以避免内存不足的问题。

实例 7. 2　二十大报告词频统计

统计二十大报告中的词频，输出出现频次最高的 10 个词及其出现的次数。

中文句和段能通过明显的分界符来简单划界，句子中的文字是连在一起的，没有显式的标记可以把词切分开，所以中文词频的统计的难点在于把句子切分为词。分词就是将连续的字序列按照一定的规范重新组合成语义独立词序列的过程。现有的分词算法可分为基于字符串匹配的分词方法、基于理解的分词方法和基于统计的分词方法三类。按照是否与词性标注过程相结合又可以分为单纯分词方法和分词与标注相结合的一体化方法。

Python 中常用的中文分词模块有 jieba、SnowNLP、pynlpir 和 thulac 等。jieba 分词是一个专用于分词的开源 Python 项目，它在分词准确度和速度方面均表现不错。其使用的算法是基于统计的分词方法，支持繁体分词。

使用前需要先通过 pip install jieba 安装这个库，再通过 import jieba 导入。jieba 库中应用最多的函数是 cut( )与 lcut( )，两者最主要的区别就是前者返回生成器对象，需要用遍历方法读取或转列表查看，后者直接返回列表对象。

最常用的 jieba. lcut( )方法支持 4 种分词模式。

（1）精确模式，把句子最精确地切开，适合文本分析。

（2）全模式，通过设置参数 cut_all = True，把句子中所有的可能组成词的词语都扫描出来，速度非常快，但是不能解决歧义。

（3）搜索引擎模式，在精确模式的基础上，对长词再次切分，提高召回率，适合用于搜索引擎分词。

（4）paddle 模式，利用 PaddlePaddle 深度学习框架，训练序列标注（双向 GRU）网络模型实现分词。同时支持词性标注。使用 paddle 模式需安装 paddlepaddle-tiny 库。

```
import jieba
```

```
txt = '实现中华民族伟大复兴，就是中华民族近代以来最伟大的梦想'

print('精确模式：',jieba.lcut(txt))
print('全模式：',jieba.lcut(txt, cut_all=True))
print('搜索引擎模式：',jieba.lcut_for_search(txt))
```

分词结果如下。

精确模式：['实现', '中华民族', '伟大', '复兴', '，', '就是', '中华民族', '近代', '以来', '最', '伟大', '的', '梦想']

全模式：['实现', '中华', '中华民族', '民族', '伟大', '复兴', '，', '就是', '中华', '中华民族', '民族', '近代', '以来', '最', '伟大', '的', '梦想']

搜索引擎模式：['实现', '中华', '民族', '中华民族', '伟大', '复兴', '，', '就是', '中华', '民族', '中华民族', '近代', '以来', '最', '伟大', '的', '梦想']

下面用精确模式分词，再用字典作为存储，统计二十大报告中的高频词。

```
import jieba

def read_file(file):
    """读取文件内容，返回字符串"""
    with open(file, 'r', encoding='utf-8') as file:
        return file.read()                    # 读取文件内容为字符串


def cut_words(text):
    """使用 jieba 分词，返回词的列表"""
    return jieba.lcut(text)                   # 使用 jieba 精确模式分词，返回词的列表


def count_word_frequency(words_lst):
    """接收词的列表为参数，统计词频，按词频降序排列"""
    word_frequency = {}                       # 创建用于存放词频的空字典
    for word in words_lst:                    # 遍历词的列表
        if len(word)>1:                       # 只统计长度大于 1 的词
            # 统计词频，get()获取字典中的词频值，如果字典中没有该词则词频初值为 0，然后加 1
            word_frequency[word] = word_frequency.get(word, 0) + 1
    return sorted(word_frequency.items(), key=lambda x: x[1], reverse=True)


if __name__ == '__main__':
    file_path = '二十大报告 . txt'           # 文件名和路径
    text = read_file(file_path)               # 读取文件内容
    words_ls = cut_words(text)                # 分词
    word_freq_ls = count_word_frequency(words_ls)   # 统计词频


    for top_word, freq in word_freq_ls[:10]:        # 取前 10 个高频词
        print(f'{top_word} : {freq}')               # 输出结果
```

输出：

发展：218

坚持：170

建设：151

人民：134

中国：124

社会主义：116

国家：110

体系：109

推进：107

全面：102

7.2 CSV 格式文件

逗号分隔值（comma-separated values，CSV），其文件以纯文本形式存储表格数据。CSV 文件是一个字符序列，由任意数目的记录组成，记录间以逗号或某种换行符分隔；每条记录由字段组成，字段间的分隔符是其他字符或字符串，最常见的是逗号或制表符。

一般要求每条记录都有同样的字段序列，文件开头不留空行，如果包含列名，则位于文件第一行。一行数据不跨行，无空行。以半角逗号作分隔符，列为空也要表达其存在。列内容如存在半角引号，替换成半角双引号转义，即用半角引号将该字段值包含起来。文件读写时引号、逗号操作规则互逆。内码可为 ASCII、Unicode 或者其他字符。

CSV 是一种通用的、相对简单的文件格式，被用户、商业和科学广泛应用。最广泛的应用是在程序之间转移表格数据，而这些程序本身是在不兼容的格式上进行操作的。因为大量数据库程序和 Excel 等电子表格程序都支持 CSV，所以 CSV 格式文件常被用作数据文件的输入/输出格式。

CSV 是文本文档，所以对文本进行读写的方法都适用于 CSV 格式文件的数据处理。而 CSV 格式的文件中的数据基本上都是由行和列构成的二维数据，可以使用列表嵌套的方法对其进行处理。

下面用一个例子讲解用列表处理 CSV 数据的方法。

实例 7.3 读文件统计成绩

有一个存储学生课程成绩的文件"score.csv"，存有 6 名学生各 4 门课程的成绩。请读取并显示文件内容，计算每位学生的总分附加到课程成绩后面，根据每名学生的总分进行降序排序，并将排序后的结果写入到新文件"score_sorted.csv"中。

姓名,C,Java,Python,C#

罗明,95,96,85,63

朱佳,75,93,66,85

李思,86,76,96,93

郑君,88,98,76,90

王雪,99,96,91,88

李立,82,66,100,77

打开文件后对文件进行遍历，读取每行的内容为一个用逗号分隔的字符串，格式为'罗明,95,96,85,63\n'，用 split(',') 函数根据逗号切分字符串可产生一个形如['罗明', '95', '96', '85', '63'] 的列表，将这个列表作为一个元素加到列表 score_ls 中，构成一个嵌套列表。

```
def read_file(filename):
    """读取文件中的数据，逐行切分为子列表，返回嵌套列表"""
    with open(filename, 'r', encoding='utf-8') as fr:
        score_ls = []                # 创建空列表
        for line in fr:              # line 为文件中的一行
            score_ls.append(line.strip().split(','))    # 切分为列表附加到 ls
        return score_ls              # 返回成绩列表


if __name__ == '__main__':
    file = 'score.csv'               # 定义文件名变量
    score = read_file(file)          # 获得成绩列表
    print(score)                     # 输出列表数据
```

输出结果：

[['姓名,C,Java,Python,C#'], ['罗明,95,96,85,63'], ['朱佳,75,93,66,85'], ['李思,86,76,96,93'], ['郑君,88,98,76,90'], ['王雪,99,96,91,88'], ['李立,82,66,100,77']]

这个操作是将 CSV 文件中每一行根据逗号切分为一个列表，将其作为一个元素加到一个列表 score_ls 中。整个文件作为一个嵌套列表，这个列表的每个元素都是子列表。这样，对文件中数据的操作就变成了对这个列表的操作，可以通过索引和切片的方式对其进行访问和处理。

为每位学生增加总成绩，可以将列表 score_ls 序号为 0 的元素去掉，对剩余部分列表 score_ls[1:] 进行遍历，每次得到一位学生的成绩的列表 lst，切片 lst[1:] 为各门课的成绩，将每个元素都映射为整数，再用 sum() 函数对其进行求和。

```
def read_file(filename):
    pass                             # 省略读文件


def total(score_ls):                 # 计算总分，score_ls 为读文件获得的列表
    total_score = []                 # 创建空列表
    score_ls[0].append('总分')        # 先为标题行末尾增加一个元素'总分'
    for lst in score_ls[1:]:         # 遍历非标题行
        # 对成绩部分汇总，转为元素为字符串的列表后拼接到子列表 lst 上
        total_score.append(lst + [str(sum(map(int, lst[1:])))])
```

```
        return [score_ls[0]] + total_score        # 返回列表


if __name__ == '__main__':
        file = 'score.csv'                         # 定义文件名变量
        score = read_file(file)                    # 获得成绩列表
        score_total = total(score)                 # 调用函数增加总成绩
        print(score_total)                         # 输出列表数据表
```

根据总分排序的关键语句如下：

```
score_total.sort(key = lambda x:int(x[n]), reverse=True)   # n 为总分序号，总分转整数降序
```

考虑到标题行不能参与排序，需先切片将其去除，对剩余部分进行排序。可以定义为函数，将排序依据序号作为参数，使程序易于修改和重用。

```
def sort_list(score_total, n):                     # 根据第 n 项对嵌套列表降序排序
        title_ls = [score_total[0]]       # 索引结果是标题数据列表，外层加方括号使其仍为嵌套列表
        score_ls = score_total[1:]                 # 将成绩数据切分出来
        score_ls.sort(key = lambda x:int(x[n]), reverse=True)   # 总分转整数，做排序依据，降序
        score_sort = title_ls + score_ls          # 与标题数据拼接
        return score_sort                          # 返回排序后的列表
```

在将处理好的数据写回文件时，要注意文件的打开模式要有写权限，而且用 write() 写回数据时，原 CSV 文件中的分隔符（逗号）需要重新加进去。可以用 join() 函数，括号中以序列为参数，指定用逗号 "，" 作为连接符，将序列中的各元素用逗号连接起来。行末的换行符也需要重新加入，以免所有数据写到一行中，换行符的添加可用字符串连接的方式，用 "+" 将 "\n" 与列表中的元素连接起来。具体方法是 ','.join(x)+'\n'。

```
def write_file(score_sort, new_file):              # 将列表写入新文件
        with open(new_file, 'w', encoding='utf-8') as fw:    # 'w'写权限
                for x in score_sort:               # 遍历列表，x 为子列表
                        fw.write(','.join(x) + '\n')   # 拼接为字符串加换行符号\n
        print('文件写入完成')                        # 输出提示
```

读写文件函数也可以应用列表推导式实现：

```
def read_file(filename):
        with open(filename, 'r', encoding='utf-8') as fr:
                return [line.strip().split(',') for line in fr]   # 返回嵌套列表


def write_file(score_sort, new_file):              # 列表写入文件
        with open(new_file, 'w', encoding='utf-8') as fw:    # 'w'写权限
                [fw.write(','.join(x) + '\n')  for x in score_sort]
```

将不同的处理用独立的函数实现，每段代码都只实现一个功能，比较容易实现和调试。而且读与写分开处理，也避免读写模式设置错误或指针位置错误导致出错的问题。

```python
def read_file(filename):
    """读取文件中的数据，逐行切分为子列表，返回嵌套列表"""
    with open(filename, 'r', encoding='utf-8') as fr:
        score_ls = [line.strip().split(',') for line in fr]      # 用推导式生成嵌套列表
    return score_ls                            # 返回成绩列表


def total(score_ls):                           # 计算总分，score_ls 为读文件获得的列表
    total_score = []                           # 创建空列表
    score_ls[0].append('总分')                 # 先为标题行末尾增加一个元素'总分'
    for lst in score_ls[1:]:                   # 遍历非标题行
        # 对成绩部分汇总，转为元素为字符串的列表后拼接到子列表 lst 上
        total_score.append(lst + [str(sum(map(int, lst[1:])))])
    return [score_ls[0]] + total_score         # 返回列表


def sort_list(score_total, n):                 # 根据第 n 项对嵌套列表降序排序
    title_ls = [score_total[0]]                # 标题不参与排序
    score_ls = score_total[1:]                 # 将成绩数据切分出来
    score_ls.sort(key = lambda x:int(x[n]), reverse=True)   # 总分转整数，做排序依据，降序
    score_sort = title_ls + score_ls           # 与标题数据拼接
    return score_sort                          # 返回排序后的列表


def write_file(score_sort, new_file):          # 将列表写入新文件
    with open(new_file, 'w', encoding='utf-8') as fw:      # 'w'写权限
        for x in score_sort:                   # 遍历成绩列表
            fw.write(','.join(x) + '\n')       # 拼接为字符串加\n
    print('文件写入完成')                       # 输出提示


if __name__ == '__main__':
    file = 'score.csv'                         # 定义文件名变量
    score = read_file(file)                    # 获得成绩列表
    score_total = total(score)                 # 增加总成绩
    print(score_total)                         # 输出列表数据
    score_sorted = sort_list(score_total, 5)   # 根据总分（整数）进行排序
    write_file(score_sorted, 'score_sorted.csv')   # 按总分排序写入到新文件
```

增加总成绩并排序后文件内容：

姓名,C 语言,Java,Python,C#,总分
王雪,99,96,91,88,374
郑君,88,98,76,90,352
李思,86,76,96,93,351
罗明,95,96,85,63,339
李立,82,66,100,77,325
朱佳,75,93,66,85,319

7.3　JSON 文件

JSON（JavaScript object notation）是一种当前广泛应用的跨语言通用数据交换格式，多用于网络数据交互及不同的应用程序之间的数据交互。JSON 是文本格式，使用 Unicode 编码，默认以 UTF-8 方式存储。JSON 的 key 必须用双引号，不能用单引号。

Python 内置 json 库用于对 JSON 数据的解析和编码，使用 json 库的 dump()和 load()方法，可以将 Python 格式对象编码为 JSON 格式或将 JSON 格式解码为 Python 格式对象。

JSON 编码语法及主要参数如下：

```
json. dumps(obj, ensure_ascii=True, indent=None, sort_keys=False)
json. dump(obj,fp, ensure_ascii=True, indent=None,sort_keys=False)
```

默认 ensure_ascii=True，会将中文等非 ASCII 字符转为形如 \uXXXX 的 Unicode 编码，设置 ensure_ascii=False 可以禁止 JSON 将中文转为 Unicode 编码，保持中文原样输出。字典数据转为 JSON 默认不排序。可设置 sort_keys=True 使转换结果按照字典升序排序。indent 参数可用来对 JSON 数据进行格式化输出，默认值为 None，不做格式化处理，可设一个大于 0 的整数表示缩进量，例如 indent=4。输出的数据被格式化之后，变得可读性更好。

dump(obj, fp)函数除了将参数转换为 JSON 格式的字符串，还会将字符串写入到文件对象 fp 中，编码方法如表 7.3 所示。

表 7.3　编 码 方 法

方　　　法	描　　　述
json. dumps(obj)	将 Python 格式对象 obj 编码成 JSON 格式，写入内存
json. dump(obj,fp)	将 Python 格式对象 obj 编码成 JSON 格式，写入到磁盘文件对象 fp 中

JSON 的解码过程是将一个包含 JSON 格式数据的可读文件反序列化为一个 Python 格式对象。Python 的原始类型与 JSON 类型会相互转换，主要使用 json. loads(s)和 json. load(fp)两个方法。这两种方法描述如表 7.4 所示。

表 7.4　解 码 方 法

方　　　法	描　　　述
json. loads(s)	将字符串 s 中的 JSON 数据解码为 Python 数据类型，其他格式数据会转为 Unicode 格式
json. load(fp)	将磁盘文件对象 fp 中的 JSON 数据解码为 Python 数据类型，其他格式数据会转为 Unicode 格式

在编码和解码过程中存在着一个 Python 数据类型和 JSON 数据类型的转换过程，具体的转换关系对照如表 7.5 所示。

表 7.5　**Python 类型与 JSON 类型对照表**

Python →JSON		JSON →Python	
dict	object	object	dict
list、tuple	array	array	list
str、unicode	string	string	str
int、float	number	number(int)	int
		number(real)	float
True	true	true	True
False	false	false	False
		null	None

将 Python 中的字典转成 JSON 格式，设置 ensure_ascii = False 可保持非 ASCII 码字符原样输出：

```python
import json

data = {'name': '李立', 'phonenumber': '13988776655', 'city': '武汉'}    # 字典
data_json = json.dumps(data, ensure_ascii = False)    # 字典转 JSON，中文原样输出
print(data_json)    # {"name": "李立", "phonenumber": "13988776655", "city": "武汉"}
```

将 Python 中的字典转成 JSON 格式，设置 sort_keys = True 使输出按升序排序，设置 indent = 4 对输出进行格式化，使输出时每个数据缩进 4 个字符：

```python
import json

data = {'name': '李立', 'phonenumber': '13988776655', 'city': '武汉'}
data_json = json.dumps(data, sort_keys = True, ensure_ascii = False, indent = 4)
print(data_json)
```

输出样式如下，注意到数据顺序与原始字典顺序不同，按字典的键进行升序排序再输出：

```
{
    "city": "武汉",
    "name": "李立",
    "phonenumber": "13988776655"
}
```

json.dump(data, f)方法可以将 JSON 数据写入到一个具有写权限的文件对象中：

```python
import json

data = {'name': '李立', 'phonenumber': '13988776655', 'city': '武汉'}
with open("test.json", "w", encoding = 'utf-8') as f:    # 文件对象 f
    json.dump(data, f, ensure_ascii = False, indent = 4)    # 数据写入 f
```

"test. json" 文件中的数据存储如下所示：

```
{
    "name": "李立",
    "phonenumber": "13988776655",
    "city": "武汉"
}
```

相反地操作，便可以将 JSON 格式数据转为 Python 的数据类型。

```
import json

with open("test. json", "r", encoding='utf-8') as f:
    dataPython = json. load(f)      # 将 f 中的 JSON 数据解码为 Python 中的字典
print(dataPython)
# {'name': '李立', 'phonenumber': '13988776655', 'city': '武汉'}


# 包含 JSON 格式数据的字符串
data = '{"name": "李立", "phonenumber": "13988776655", "city": "武汉"}'
print(json. loads(data))
# 字典{'name': '李立', 'phonenumber': '13988776655', 'city': '武汉'}
```

注意，data 是一个包含 JSON 格式的字符串，此处不可以用 str(data)，这样处理时，解释器会认为 data 中的数据是字典，默认将其转为字典的可打印字符串'{'name': '李立', 'phonenumber': '13988776655', 'city': '武汉'}'，此时的键和值都变成了单引号，不再是 JSON 格式数据，不可再用 json. loads(data)进一步转换。

实例 7.4　CSV 与 JSON 格式转换

学生课程成绩的文件 "score. csv" 中存有 5 名学生各 4 门课程的成绩和总成绩。请将文件内容转为 JSON 格式写入到新文件 "score. json" 中。

这个问题可以分两步完成：先以读的模式打开 CSV 文件创建文件对象，将文件对象中的标题行数据读取出来，转为列表。再遍历文件对象剩余部分，逐行切分为列表，把当前数字列表与标题列表用 zip() 组合再用 dict() 转为字典数据类型，得到元素为字典的列表。

```
def read_file(filename):
    """读取文件中的数据，逐行转为字典，返回元素为字典的列表"""
    score_ls = []                           # 定义空列表存储成绩
    with open(filename, 'r', encoding='utf-8') as fr:
        title = fr. readline(). strip(). split(',')   # 读取标题行切分为列表
        for line in fr:                     # 遍历文件中剩余行
            line = line. strip(). split(',')  # 当前行切分为列表
            score_ls. append(dict(zip(title, line)))  # 生成字典，添加到列表
    return score_ls                         # 返回元素为字典的列表
```

```
if __name__ == '__main__':
    file = 'score. csv'                # 定义文件名变量
    score_lst = read_file( file)       # 获得成绩列表
    print( score_lst)
```

查看输出的文件格式：

[{'姓名': '罗明', 'C 语言': '95', 'Java': '96', 'Python': '85', 'C#': '63'},
  {'姓名': '朱佳', 'C 语言': '75', 'Java': '93', 'Python': '66', 'C#': '85'},
  {'姓名': '李思', 'C 语言': '86', 'Java': '76', 'Python': '96', 'C#': '93'},
  {'姓名': '郑君', 'C 语言': '88', 'Java': '98', 'Python': '76', 'C#': '90'},
  {'姓名': '王雪', 'C 语言': '99', 'Java': '96', 'Python': '91', 'C#': '88'},
  {'姓名': '李立', 'C 语言': '82', 'Java': '66', 'Python': '100', 'C#': '77'}]

再以创建写的模式打开 JSON 文件对象，再用 dump( )函数将列表中的字典对象编码为
JSON 格式并写入到文件"score. json"中。

```
import json

def write_json( score_ls):
    with open('score. json', 'w', encoding='utf-8') as fw:
        json. dump( score_ls, fw, indent=4, ensure_ascii=False)
```

完整的参考程序如下：

```
import json

def read_file( filename):
    """读取文件中的数据，逐行切分为子列表，返回嵌套列表"""
    score_ls = [ ]                                    # 定义空列表存储成绩
    with open( filename, 'r', encoding='utf-8') as fr:
        title = fr. readline( ). strip( ). split(',')      # 读取标题行切分为列表
        for line in fr:                                # 遍历文件中剩余行
            line = line. strip( ). split(',')           # 当前行切分为列表
            score_ls. append( dict( zip( title, line)))  # 生成字典，添加到列表
    return score_ls                                    # 返回元素为字典的列表

def write_json( score_ls):
    """接收元素为字典的列表，将数据转为 JSON 格式写入文件"""
    with open('score. json', 'w', encoding='utf-8') as fw:  # 创建 JSON 文件对象
        json. dump( score_ls, fw, indent=4, ensure_ascii=False)    # 写入数据
    print('写入成功')                                     # 写入成功提示信息

if __name__ == '__main__':
    file = 'score. csv'                # 定义文件名变量
    score_lst = read_file( file)       # 获得成绩列表
    write_json( score_lst)             # 将数据转 JSON 写入文件
```

"score.json" 文件内容：
```
[
    {
        "姓名": "罗明",
        "C 语言": "95",
        "Java": "96",
        "Python": "85",
        "C#": "63"
    },
    ......
    {
        "姓名": "李立",
        "C 语言": "82",
        "Java": "66",
        "Python": "100",
        "C#": "77"
    }
]
```

　　将 JSON 文件转为 CSV 格式的操作正好与之相反。第一步是以读的模式打开 JSON 格式文件，用 load() 函数对其进行解码，将文件中的数据转为列表。第二步是以创建写的模式打开 CSV 格式文件，再将解码后的数据写入到文件中。

```python
import json

def read_json(file):
    """读取 JSON 文件，返回元素为字典的列表"""
    with open(file, 'r', encoding='utf-8') as fr:
        score_ls = json.load(fr)          # 读取 JSON 文件，解码为列表
    return score_ls                       # 返回元素为字典的列表

def write_to_csv(file, score_ls):
    """将元素为字典的列表中的数据转为 CSV 格式并写入 CSV 文件"""
    with open(file, 'w', encoding='utf-8') as fw:
        fw.write(','.join(list(score_ls[0].keys())) + '\n')   # 写入标题行
        for score in score_ls[1:]:                            # 遍历列表中的字典
            fw.write(','.join(list(score.values())) + '\n')   # 写入数据行
    print('写入成功！')                                        # 打印提示信息

if __name__ == '__main__':
    file_json = 'score.json'              # 读取的 JSON 文件名
    file_csv = 'score.csv'                # 写入的 CSV 文件名
    score_lst = read_json(file_json)      # 读 JSON 文件获得元素为字典的列表
    write_to_csv(file_csv, score_lst)     # 将列表中的数据写入 CSV 文件
```

7.4　文件与文件夹操作

Python 内置的 os 库（operating system library）提供了大量和目录及文件操作相关的方法。使用"import os"语句导入 os 库后，即可使用其相关方法，os 库常用方法简要介绍如表 7.6 所示。

表 7.6　os 库常用方法

方　　法	描　　　述
os. getcwd( )	获取当前工作路径
os. chdir(path)	将当前工作路径修改为 path，如 os. chdir(r'c : \Users')
os. mkdir(pathname)	新建一个名为 pathname 的文件夹
os. rmdir(pathname)	删除空文件夹 pathname，文件夹不为空则报 OSError 错误
os. path. exist(name)	判断 name 文件夹或文件是否存在，存在返回 True，否则返回 False
os. path. isdir(path)	判断 path 是否是文件夹，是则返回 True，否则返回 False
os. path. getsize(file)	文件 file 存在，返回其大小（byte 为单位），不存在则报错
os. remove(filename)	删除文件 filename，文件不存在则报错
os. rename(src, dst)	将文件或目录 src 重命名为 dst
os. path. isfile(path)	判断 path 是否是文件，是返回 True，否则返回 False
os. listdir(path)	以列表形式返回 path 路径下的所有文件名，不包括子路径中的文件名
os. walk(path)	返回类型为生成器，包含数据为若干包含文件和文件夹名的元组数据

在执行程序的过程中，可能需要删除或对文件重新命名，可以调用 os 库所提供的方法实现。使用方法如下：

```
os. rename( oldName, newName)
os. remove( fileName)
```

将当前路径下的文件"XRD. txt"重命名为"xrd. txt"，再将当前路径下的文件"xrd. txt"删除。因删除可能会出现异常，使用异常处理。

```
import os

os. rename('XRD. txt', 'xrd. txt')        # 当前路径下 XRD. txt 重命名为 xrd. txt
try :
    os. remove('xrd. txt')                # 将当前路径下文件 xrd. txt 删除
    print('xrd. txt 已经被删除')           # 删除成功输出提示
except Exception :
    print('文件 xrd. txt 不存在')          # 删除不成功时抛出异常
```

os 库常用操作示例：

```
import os

result = os. getcwd( )                      # getcwd( ) 获取当前工作目录
print( result)

# 前面反斜杠为转义字符，'\\'解析为'\'，可写为 os. chdir('D:/testpath/path')
os. chdir('D:\\testpath\\path')             # chdir( )改变当前工作目录
result = os. getcwd( )
print( result)

open( 'test. txt', 'w')                      # 在当前路径下创建文件'test. txt'
open( 'D:/testpath/path/test. txt', 'w')    # 在路径'D:/testpath/path 下创建文件'test. txt'

# listdir( ) 获取指定文件夹中所有内容的名称列表
result = os. listdir('D:/testpath/path/')
print( result)

os. mkdir('score')                          # mkdir( )创建文件夹
os. makedirs('score/python/final/')         # makedirs( )递归创建文件夹
os. rmdir('score Python/final')             # rmdir( )删除空目录 final
# removedirs 递归删除文件夹，必须都是空目录
os. removedirs('score/python/final/')
os. rename('02. txt', '002. txt')            # rename( )将文件或文件夹重命名
filepath = 'score/python/final/'
result = os. path. exists( filepath)         # exists( )检测某路径是否真实存在
print( result)
```

实例 7.5　汇总股票数据

在当前路径下的 "./stock/" 文件夹中存放多个名称类似 "600000. csv" 的股票数据文件，每个文件中记录一只股票从 2010 年到 2020 年各交易日股票交易数据。请将每个文件中 "2020-10-27" 的股票交易数据提取出来，逐行写入到一个文件中。

```
import os


def get_stock_data( file_path, date) :
    """从文件中提取指定日期的股票交易数据，返回字符串"""
    with open( file_path, 'r', encoding='utf-8') as file:
        for row in file:                    # 遍历文件的每一行
            if row. split(',')[0] == date:  # 如果日期匹配
                return row                  # 以字符串类型返回该行数据
```

```
        return None              # 如果没有找到指定日期的数据, 返回 None

def extract_stock_data(stock_folder, date):
    """遍历股票文件并提取指定日期的股票交易数据"""
    output_file = '2020-10-27_stock_data.csv'  # 输出文件名
    with open(output_file, 'w', newline='', encoding='utf-8') as outfile:
        for filename in os.listdir(stock_folder):  # 遍历文件夹中的文件
            if filename.endswith('.csv'):          # 如果是 CSV 格式文件
                file_path = os.path.join(stock_folder, filename)  # 文件路径和文件名拼接
                stock_data = get_stock_data(file_path, date)      # 获取指定日期的股票数据
                if stock_data:                     # 如果找到了指定日期的数据（非 None 时）
                    outfile.write(stock_data)  # 写入到输出文件中
        print('股票数据提取完成! ')

if __name__ == '__main__':
    stock_folder = './stock/'
    output_file = '2020-10-27_stock_data.csv'
    target_date = '2020-10-27'
    extract_stock_data(stock_folder, target_date)
```

写入文件的格式如下：

```
2020-10-27,9.59000015258789,…,9.520000457763672,19772341.0,9.520000457763672
2020-10-27,12.920000076293945,…,12.779999732971191,4446924.0,12.779999732971191
2020-10-27,5.420000076293945,…,5.329999923706055,20004325.0,5.329999923706055
……
2020-10-27,7.619999885559082,…,7.579999923706055,7929967,7.579999923706055
2020-10-27,3.3299999237060547,…,3.309999942779541,1269840.0,3.309999942779541
```

7.5 NumPy

NumPy（numerical Python）是 Python 的一种开源的数值计算扩展。这种工具可用来存储和处理大型矩阵，比 Python 自身的嵌套列表结构要高效得多，支持大量的多维数组与矩阵运算，此外也针对数组运算提供大量的数学函数库。

7.5.1 多维数组

NumPy 最基本的数据类型是 ndarray，ndarray 对象也称为多维数组，是整个 NumPy 库的核心对象，可以高效地存储大量的数字元素，提高数组运算的速度，还可以与各种扩展库进行数据交换。多维数组与 Python 内置的列表和元组数据类型不同的是，ndarray 中的

所有数据类型必须相同。

NumPy 提供了一系列函数用于创建数组，如表 7.7 所示。

表 7.7　NumPy 常用函数

函　　数	描　　述
array([x,y,x],dtype = int)	将列表转换为数组
arange([x,]y[,i])	创建从 x 到 y、步长为 i 的数组
linspace(x,y[,n])	参数为起始值、终止值和元素总数，创建一维等差数组
logspace(x,y[,n])	参数为起始值、终止值和元素总数，创建一维等比数组
random. rand(m,n)	创建 m 行 n 列的随机数组
zeros(shape, dtype = float, order = 'C')	创建全 0 数组，shape 要以元组格式传入，表示行与列的数量
ones(shape, dtype = None, order = 'C')	创建全 1 数组，shape 要以元组格式传入，表示行与列的数量
empty(shape, dtype = None, order = 'C')	创建拥有趋近 0 值的数组，shape 要以元组格式传入，表示行与列的数量

array()函数可以被用于从列表和元组创建数组，例如，用 array()函数将列表转换为数组，示例如下：

```
import numpy as np

# 创建简单的列表 a 和 b
a = [1, 2, 3, 4]
b = [5, 6, 7, 8]
print(np. array(a))          # 将列表 a 转换为一维数组并输出 [1 2 3 4]

#等长的多个列表可以转为一个多维数组
c = [a,b]                    # 列表 a 和 b 等长，创建二维数组
print(np. array(c))
# [[1 2 3 4]
# [5 6 7 8]]
```

arange([x,]y[,i])函数可以被用于创建从 x 到 y、步长为 i 的数组。当 x 省略时，默认从 0 开始，i 省略时，默认步长为 1。示例如下：

```
import numpy as np

print(np. arange(1, 8, 2))      # 从 1 到 9，步长为 2，输出[1 3 5 7]
print(np. arange(8))            # 从 0 到 9，步长为 1，输出 [0 1 2 3 4 5 6 7]
```

linspace(x,y[,n])函数可以从 x 到 y 创建元素数量为 n 的等间隔数列。n 默认值为

50。参数 x 和 y 分别是数组的开头与结尾。如果写入第三个参数 n，可以指定数列的元素个数。

```
import numpy as np

print( np. linspace( 1, 10, 10 ) )        # 从 1 到 10，等分 10 份
print( np. linspace( 1, 99 ) )            # 从 1 到 100，等分 50 份
```

输出：

[1. 2. 3. 4. 5. 6. 7. 8. 9. 10.]

[1. 3. 5. 7. 9. 11. 13. 15. 17. 19. 21. 23. 25. 27. 29. 31. 33. 35. 37. 39. 41. 43. 45. 47. 49. 51. 53. 55. 57. 59. 61. 63. 65. 67. 69. 71. 73. 75. 77. 79. 81. 83. 85. 87. 89. 91. 93. 95. 97. 99.]

logspace(x, y[, n]) 函数与 linspace( ) 函数类似，可以从 x 到 y 创建元素个数为 n 的等比数列。参数 x 和 y 分别是数组的开头与结尾。如果写入第三个参数 n，可以指定数列的元素个数，n 默认值为 50。

除此以外，NumPy 还提供了创建随机数组、全 0 数组、全 1 数组等方法。

```
import numpy as np

print( np. random. rand( 2, 3 ) )          # 创建 2×3 随机数组
print( np. ones( ( 2, 3 ) ) )              # 创建全 1 数组
```

输出：

[[0. 75007965 0. 14243965 0. 69269401]

 [0. 07423011 0. 70577674 0. 31417101]]

[[1. 1. 1.]

 [1. 1. 1.]]

7.5.2   读文件

Python 并没有提供数组功能，虽然列表可以实现基本的数组功能，但在数据量较大时，使用列表的效率就会很低。为此，NumPy 库提供了数组以及对数据快速处理的函数。NumPy 库内置函数处理数据的速度是 C 语言级别的，编写程序时，应尽量使用内置函数，避免出现效率瓶颈的现象。

genfromtxt( ) 函数提供了从文本文件中获取数据的方法，并提供缺失值处理等更复杂的操作。该函数可以跳过开头指定的行和注释行，根据指定的字符对每一行进行切分。

```
numpy. genfromtxt( fname, dtype = <class 'float'>, comments = '#', delimiter = None, skip_header = 0, skip_
footer = 0, missing_values = None, filling_values = None, usecols = None, autostrip = False, max_rows = None,
encoding = 'bytes'···)
```

文件"score_nan. csv"保存学生成绩数据，其数据部分包括整数、浮点数和缺失数据（郑君 C 语言和 VB 成绩缺失），下面以读取这个文件为例介绍几个主要参数的含义。

姓名,学号,C 语言,Java,Python,VB,C++,总分
朱佳,0121701100511,75.2,93,66,85,88,407
李思,0121701100513,86,76,96,93,67,418
郑君,0121701100514, ,98,76, ,89,263
王雪,0121701100515,99,96,91,88,86,460
罗明,0121701100510,95,96,85,63,91,430

（1）fname：文件、字符串、字符序列或生成器。生成器要求能返回字节字符类型。列表或生成器中的字符串被当成行来处理。

（2）dtype：生成数组的数据类型，默认值是 dtype＝float。设置 dtype＝None 时，每个列的类型从每行的各列数据中迭代确定。函数依次检查各列数据是否可以转换为布尔值、整数、浮点数、复数和字符串，直到满足条件为止。但这种方法处理速度明显慢于明确设置 dtype 数据类型。

```
import numpy as np

file = 'score_nan.csv'
data = np.genfromtxt(file, dtype=str, delimiter=',', encoding='utf-8')    # 字符串类型
print(data)
```

因数据第一行是字符串，dtype 默认值是 float，字符串无法转为浮点数，此处用 dtype＝str 将所有数据转为字符串类型，从输出可以发现，郑君缺失的两门课程的成绩被读取为空字符串。全部数据为数组类型，数据间用空格分隔。

[['姓名' '学号' 'C 语言' 'Java' 'Python' 'VB' 'C++' '总分']
 ['朱佳' '0121701100511' '75.2' '93' '66' '85' '88' '407']
 ['李思' '0121701100513' '86' '76' '96' '93' '67' '418']
 ['郑君' '0121701100514' '' '98' '76' '' '89' '263']
 ['王雪' '0121701100515' '99' '96' '91' '88' '86' '460']
 ['罗明' '0121701100510' '95' '96' '85' '63' '91' '430']]

（3）comments：字符串或字符串序列，可选参数 comments 用于指明注释开始的字符，默认情况下，genfromtxt 假设为 comments＝'#'。注释标记可以出现在该行的任何地方，注释符号后面的所有字符都会被忽略。

（4）delimiter：值为字符串、整数或序列。genfromtxt( )函数将每个非空行拆分为一个字符串序列，delimiter 参数用于定义如何拆分数据行。其值为字符串时，用这个字符串作为分隔符，默认为用任何空白字符分隔，如空格、制表符等，连续多个空白字符视为一个。处理具有固定宽度的数据文件时，可用整数或整数序列确定每个字段的宽度。当所有列具有相同宽度时，值可设为单个整数；当各列宽度具有不同大小时，值可设为一个整数的序列。

（5）skip_header：值为整数。文件开头数据描述的存在可能阻碍数据处理，使用 skip_header 参数在执行任何其他操作之前略过文件开头的 n 行，默认值为 skip_header＝0，表示不略过任何行。类似地，可以使用 skip_footer 略过文件的最后 n 行，默认值为 skip_footer＝0，表示不略过任何行。

```
import numpy as np

file = 'score_nan. csv'
data = np. genfromtxt( file, dtype=None, delimiter=',', skip_header=1, encoding='utf-8')
print( data)
```

设置参数 skip_header =1 略过文件开头的 1 行数据。后面的每列数据的类型都是相同的，可设置参数 dtype =None 由系统判定各列的数据类型为整数、浮点数或字符串。由输出可以看到"姓名"列被判定为字符串类型；"C 语言"成绩列因包含浮点数，所以整列被判定为浮点数，缺失数据默认用非数值类型"nan"填充；其他列被判定为整数，缺失数据用"−1"进行填充。

输出：

[('朱佳', 121701100511, 75. 2, 93, 66, 85, 88, 407)

('李思', 121701100513, 86. , 76, 96, 93, 67, 418)

('郑君', 121701100514, nan, 98, 76, −1, 89, 263)

('王雪', 121701100515, 99. , 96, 91, 88, 86, 460)

('罗明', 121701100510, 95. , 96, 85, 63, 91, 430)]

（6）usecols：整数序列，指明哪些列将被读取，序号从 0 开始。在某些情况下，只希望返回其中的几列的数据，可以使用 usecols 参数选择要导入哪些列。此参数接受单个整数或对应于要导入的列的索引的整数序列。例如，"usecols = (1, 4, 5)"将读取第 2 列、第 5 列和第 6 列数据。

（7）unpack：布尔值，默认值为 False，当该值为 True 时，返回的数组将被转置，以便可以使用 x, y, z = genfromtxt(…)解压参数。当 unpack 参数与记录数据类型一起使用时，每个字段都返回数组。

```
import numpy as np

file = 'score_nan. csv'
data = np. genfromtxt( file, dtype=None, delimiter=',', unpack=True, filling_values=0, encoding='utf-8')
# unpack=True 转置输出
print( data)
name, id, c, java, python, vb, cpp, total = data
print( name)          # 输出['姓名' '朱佳' '李思' '郑君' '王雪' '罗明']
print( python)        # 输出['Python' '66' '96' '76' '91' '85']
print( total)         # 输出['总分' '407' '418' '263' '460' '430']
```

从输出中可以看到，原来的列的数据现在变成数组中的一行，可以更方便地对原来的列数据进行统计分析，例如，计算每门课程的平均成绩、中位数等：

[['姓名' '朱佳' '李思' '郑君' '王雪' '罗明']

['学号' '0121701100511' '0121701100513' '0121701100514' '0121701100515' '0121701100510']

['C 语言' '75. 2' '86''99''95']

['Java' '93' '76' '98' '96' '96']

　　['Python' '66' '96' '76' '91' '85']

　　['VB' '85' '93'' ''88' '63']

　　['C++' '88' '67' '89' '86' '91']

　　['总分' '407' '418' '263' '460' '430']]

（8）filling_values：用设置的值作为默认值替代缺失数据。

```
import numpy as np

file = 'score_nan. csv'
data = np. genfromtxt(file, dtype =None, delimiter=',', filling_values=0, skip_header=1, encoding='utf-8')
# filling_values=0 用 0 填充缺失数据
print(data)
```

　　设置 filling_values＝0 可以在输出时遇到缺失数据用数字"0"填充。

　　[('朱佳', 121701100511, 75.2, 93, 66, 85, 88, 407)

　　　('李思', 121701100513, 86., 76, 96, 93, 67, 418)

　　　('郑君', 121701100514, 0., 98, 76, 0, 89, 263)

　　　('王雪', 121701100515, 99., 96, 91, 88, 86, 460)

　　　('罗明', 121701100510, 95., 96, 85, 63, 91, 430)]

　　（9）names：值为 None、True、字符串或序列之一，当值为 True 时，以跳过文件开头的 skip_header 设定的行数后读取的第 1 行作为字段名。这行也可选被注释符号注释的行。如果 names 参数的值为序列或是被逗号分隔的字符串序列，那么这些字符串将被用于定义结构化类型的字段名。如果 names 参数的值为 None，将使用原字段的数据类型作为字段名。

```
import numpy as np

file = 'score_nan. csv'
data = np. genfromtxt(file, dtype =None, delimiter=',', names=True, filling_values=0, encoding='utf-8')
print(data[['姓名','学号','Python']])    # 以多个字段为索引时，放入列表中
```

　　设置 names ＝ True 将读取的第一行数据作为字段名，以便用字段名作为索引对数据进行处理。例如，可以同时将'姓名'、'学号'和'Python'三个列名放入一个列表做字段名进行索引，返回所有学生"Python"课程的成绩数据。

　　[('朱佳', 121701100511, 66)

　　　('李思', 121701100513, 96)

　　　('郑君', 121701100514, 76)

　　　('王雪', 121701100515, 91)

　　　('罗明', 121701100510, 85)]

　　（10）autostrip：默认为 False，当一行被分解为一系列字符串时，各个字符串前导或结尾的空白字符不会被删除。设置 autostrip＝True，可以自动删除字符串前导或结尾的空白字符。

　　（11）max_rows：值为整数，指明跳过开头 skiprows 行后读取的行数，值省略时读取所有行。

（12）encoding：值为字符串，用于指定解码输入文件的编码类型，当"fname"是文件对象时不可使用此参数。当值设置为"None"时，应用操作系统的默认编码，一般 Windows 系统默认使用 GBK 编码。默认值为"bytes"，此时启用向后兼容的方案，确保在可能的情况下接收字节数据，并将拉丁编码的字符串传给转换器。重写此值将可以接收 Unicode 数组并将字符串作为输入传递给转换器。

NumPy 库中与 genfromtxt( )函数功能类似的还有一个 loadtxt( )函数，也可以用于读取文件中的数据。loadtxt( )函数的目标是快速读取简单格式化的文件，要求目标文件每一行具有相同数量的数据。

函数的详细参数如下，主要参数的含义和用法与 genfromtxt( )函数的参数类似：

> numpy. loadtxt(fname, dtype=<class 'float'>, comments='#', delimiter=None, converters=None, skiprows=0, usecols=None, unpack=False, ndmin=0, encoding='bytes', max_rows=None)

7.5.3　写文件

NumPy 提供了 savetxt( )方法用于保存数组到文本文件，其语法和参数如下，其中大部分参数的意义与 genfromtxt( )函数相似。参数中 encoding 的值为"None"或字符串，用于指定编码输出文件的编码类型，当输出为字节流时此参数不可用。

> numpy. savetxt(fname, X, fmt='%. 18e', delimiter=' ', newline='\n', header='', footer='', comments='#', encoding=None)

实例 7.6　读写数据文件

文件"score_num. csv"保存学生成绩数据，中文编码类型为 UTF-8，分隔符为半角逗号，文件的内容如下：

姓名,学号,C 语言,Java,Python,VB,C++,总分
朱佳,0121701100511,75,93,66,85,88,407
李思,0121701100513,86,76,96,93,67,418
郑君,0121701100514,88,98,76,90,89,441
王雪,0121701100515,99,96,91,88,86,460
罗明,0121701100510,95,96,85,63,91,430

按要求完成以下操作。

（1）将文件读入数组，数据以字符串形式输出。

（2）读取除学号和总分以外的数据到数组中。

（3）返回只包含成绩数据的数组，数据转为浮点型。

（4）将第 3 步读取的数组中的数据以字符串类型写入文本文件"score_save. txt"中，用空格作分隔符。

观察文件内容，发现每一行数据的数量都相同，没有缺失数据，可以利用 loadtxt( )函数完成对其的读写。

（1）数据以字符串形式输出，分隔符为逗号，指明编码类型为'utf-8'：

```
import numpy as np

data = np.loadtxt('score_num.csv', str, delimiter=',', encoding='utf-8')   # 读文件到列表
print(data)
```

输出：

[['姓名' '学号' 'C 语言' 'Java' 'Python' 'VB' 'C++' '总分']
 ['朱佳' '0121701100511' '75' '93' '66' '85' '88' '407']
 ['李思' '0121701100513' '86' '76' '96' '93' '67' '418']
 ['郑君' '0121701100514' '88' '98' '76' '90' '89' '441']
 ['王雪' '0121701100515' '99' '96' '91' '88' '86' '460']
 ['罗明' '0121701100510' '95' '96' '85' '63' '91' '430']]

（2）读取除学号和总分以外的数据，usecols 值设为读取数据列的序号的元组：

```
import numpy as np

data = np.loadtxt('score_num.csv',str, usecols=(0, 2, 3, 4, 5, 6), delimiter=',', encoding='utf-8')
print(data)
```

输出：

[['姓名' 'C 语言' 'Java' 'Python' 'VB' 'C++']
 ['朱佳' '75' '93' '66' '85' '88']
 ['李思' '86' '76' '96' '93' '67']
 ['郑君' '88' '98' '76' '90' '89']
 ['王雪' '99' '96' '91' '88' '86']
 ['罗明' '95' '96' '85' '63' '91']]

（3）用 skiprows=1 略过第一行数据，只读取成绩数据，并转为默认数值类型（浮点型）：

```
import numpy as np

data = np.loadtxt('score_num.csv', usecols=(2, 3, 4, 5, 6, 7), delimiter=',', skiprows=1, encoding='utf-8')
print(data)
```

输出：

[[75. 93. 66. 85. 88. 407.]
 [86. 76. 96. 93. 67. 418.]
 [88. 98. 76. 90. 89. 441.]
 [99. 96. 91. 88. 86. 460.]
 [95. 96. 85. 63. 91. 430.]]

（4）将读取的数组中的数据以字符串类型写入文本文件"score_save.txt"中：

```
import numpy as np

data = np.loadtxt('score_num.csv',usecols=(2, 3, 4, 5, 6, 7), delimiter=',', skiprows=1, encoding='utf-8')
np.savetxt('score_save.txt', data, fmt="%s",delimiter=' ', encoding='utf-8')
```

文件"score_save. txt"中的数据如下：

```
75.0   93.0   66.0   85.0   88.0   407.0
86.0   76.0   96.0   93.0   67.0   418.0
88.0   98.0   76.0   90.0   89.0   441.0
99.0   96.0   91.0   88.0   86.0   460.0
95.0   96.0   85.0   63.0   91.0   430.0
```

7.5.4　通用函数

通用函数（universal function）也称为 ufunc 函数，是一种对数组的每个元素进行运算的函数。许多通用函数是用 C 语言实现的、针对数组进行操作的、以数组作为输出，不需要对数组的每一个元素都进行操作，因此比 math 库中的函数效率高 6~10 倍。

NumPy 提供了许多用于数学运算的通用函数，例如用于计算两个数组之和的 add( ) 函数。

```
import numpy as np

a = np. array((1, 2, 3, 4, 5))          # 数组 [1  2  3  4  5]
b = np. array((6, 7, 8, 9, 10))         # 数组 [6  7  8  9  10]
print(np. add(a, b))                    # 输出 [7  9  11 13 15]
print(a + b)                            # 输出 [7  9  11 13 15]，两者等效
```

NumPy 为数组定义了各种数学运算操作符，因此计算两个数组的运算可以用运算函数，也可以写为数组运算表达式。例如，两个数组相加可以简单地写为 a+b。表 7.8 列出了常用于运算的通用函数及其对应的数组运算表达式。

表 7.8　ufunc 函数及运算表达式

ufunc 函数	表达式	ufunc 函数	表达式
add(x1, x2[,y])	y = x1 + x2	floor_divide(x1, x2[,y])	y = x1 // x2
subtract(x1, x2[,y])	y = x1 − x2	power(x1, x2[,y])	y = x1 ** x2
multiply(x1, x2[,y])	y = x1 * x2	mod(x1, x2[,y])	y = x1 % x2
divide(x1, x2[,y])	y = x1 / x2	remainder(x1, x2[,y])	y = x1 % x2
true_divide(x1, x2[,y])	y = x1 / x2	negative(x[,y])	y = −x

NumPy 中内置了随机数函数、三角函数、双曲函数、指数和对数函数、算术运算、复数处理和统计等近百种数学函数，可以快速地对数据进行各种运算。而这种运算是针对整个矩阵中的每个元素进行的，与使用循环相比，其在运算速度上更快。下面给出几个数学函数应用的实例。

```
import numpy as np

a = np. array((1, 2, 3, 4))          # 将元组转换为数组[1 2 3 4]
print(np. sum(a))                    # 数组元素求和，输出 10
print(a ** 2)                        # 数组每个元素平方，[1 4 9 16]
```

print(a % 3)	# 数组每个元素对 3 取模，[1 2 0 1]
print(np. sqrt(a))	# 元素开方，[1. 1.41421356 1.73205081 2.]
print(np. square(a))	# 每个元素 2 次方的数组，[1 4 9 16]

7.5.5 统计分析

数据越多，现象越模糊，因此需要简化，统计学是对原始数据集进行归纳。将一系列复杂的数据序列减少为几个能够起到描述作用的统计数字，这些数字能够提供一个对原始数据的可操作、有意义的概括。

描述性统计是用于概括、表述事务完整状况以及事务间关联、类属关系的统计方法。数字型特征的描述性统计主要包括计算数字型数据的完整情况、最小值、最大值、均值、中位数、极差、标准差、方差和协方差等。NumPy 中提供了很多统计函数，部分统计函数如表 7.9 所示。这里仅给出函数名，不对函数的参数和用法做详细讲解，在使用的过程中可以查阅文档。

表 7.9 数组统计函数

函　　数	描　　述	函　　数	描　　述
amin( )/nanmin( )	最小值/忽略非数值最小值	amax( )/nanmax( )	最大值/忽略非数值最大值
argmax( )	最大值索引	argmin( )	最小值索引
cumsum( )	所有元素累加	cumprod( )	所有元素累乘
mean( )/nanmean( )	平均值/忽略非数值平均值	average( )	（加权）平均值
median( )/nanmedian( )	中位数/忽略非数值中位数	std( )/nanstd( )	标准差/忽略非数值标准差
var( )/nanvar( )	方差/忽略非数值方差	cov( )	协方差
sum( )	对数组元素进行求和	ptp( )	极差

```
import numpy as np

# 产生 100 以内的随机整数，创建 3 行 4 列的数组
arr = np. random. randint(100, size = (3,4))
print(arr)                    # 输出查看数据，每次运行结果不同
# [[ 35 57 98 97]
#  [ 27 64 82 76]
#  [ 29 91 55 97]]
print(np. max(arr), np. argmax(arr))   # 数组最大值及位置序号，输出 98 2
print(np. cumsum(arr))
# 数组元素逐个累加，[ 35 92 190 287 314 378 460 536 565 656 711 808]
print(np. mean(arr))          # 返回平均值，输出 67.33333333333333
print(np. median(arr))        # 返回中位数，输出 70.0
```

数组支持索引和切片，其操作与列表的操作类似，只是从一维拓展到多维。图 7.1 显示了一个 6 行 6 列的数组 arr，图中用不同的线型和填充颜色标出各种索引和切片结果所对

应的选择区域。

```
import numpy as np

arr = np.arange(36).reshape(6, 6)    # 创建数组，转成 6 行 6 列
print(arr)                           # 返回数组所有元素，查看数据
```

输出：

```
[[ 0  1  2  3  4  5]
 [ 6  7  8  9 10 11]
 [12 13 14 15 16 17]
 [18 19 20 21 22 23]
 [24 25 26 27 28 29]
 [30 31 32 33 34 35]]
```

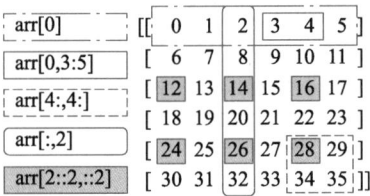

图 7.1　多维数组切片

```
import numpy as np

arr = np.arange(36).reshape(6, 6)    # 创建数组，转成 6 行 6 列
print(arr)                           # 返回数组所有元素，查看数据
print(arr[0])                        # 返回序号为 0 的行，[0 1 2 3 4 5]
print(arr[0,3:5])                    # 返回序号为 0 的行中列序号为 3 和 4 的数据，[3 4]
print(arr[:,2])                      # 返回每行中序号为 2 的数 [2 8 14 20 26 32]
print(arr[4:,4:])                    # 返回从第 4 行开始、列序号大于等于 4 的数据
print(arr[2::2,::2])                 # 返回序号从 2 开始的偶数行中列序号为偶数的数
```

实例 7.7　学生成绩统计分析

文件 "score_load.csv" 内容为学生成绩数据，读取文件中的数据并进行统计分析，输出 Python 课程的平均成绩、成绩中位数、标准差，输出罗明同学的平均成绩。

姓名,学号,高数,英语,Python,物理,java,C 语言
罗明,1217106,95,85,96,88,78,90
金川,1217116,85,86,90,70,88,85
戈扬,1217117,80,90,75,85,98,95
罗旋,1217119,78,92,85,72,95,75
蒋维,1217127,99,88,65,80,85,75

np.loadtxt() 可读取文件中的数据到数组中，此时数据为字符串型。

```
data = np.loadtxt(file, str, delimiter=',', encoding='utf-8')
```

```
[['姓名' '学号' '高数' '英语' 'python' '物理' 'java' 'C 语言']
 ['罗明' '1217106' '95' '85' '96' '88' '78' '90']
 ['金川' '1217116' '85' '86' '90' '70' '88' '85']
 ['戈扬' '1217117' '80' '90' '75' '85' '98' '95']
 ['罗旋' '1217119' '78' '92' '85' '72' '95' '75']
 ['蒋维' '1217127' '99' '88' '65' '80' '85' '75']]
```

在进行统计分析时，数组必须是数值类型，而从文件中读取的都是字符型数据，其中非数字型的数字无法转为数字型，可以用数组切片方法将原数组中可转为数字型的数据提取出来，重新创建一个数组，以方便后续的统计分析。

```
scoreNum = data[1:, 2:].astype(int)    # 将数组 data 中非数字字符串部分去掉生成新数组
```

```
[[95  85  96  88  78  90]
 [85  86  90  70  88  85]
 [80  90  75  85  98  95]
 [78  92  85  72  95  75]
 [99  88  65  80  85  75]]
```

利用 NumPy 进行数据统计和分析非常方便，当数据量较大时，其效率也非常高。

```
import numpy as np

def read_csv(file):                                        # 读文件到数组 data_arr
    data_arr = np.loadtxt(file, str, delimiter=',', encoding='utf-8')
    return data_arr


def statistics(data_arr):                                  # 对数组中数据进行统计分析
    score_num = data_arr[1:, 2:].astype(int)               # 成绩数据转整型数组
    print(f'{np.mean(score_num[:, 2])}')                   # Python 平均成绩 82.2
    print(f'{np.median(score_num[:, 2])}')                 # Python 成绩中位数 85.0
    print(f'{round(np.std(score_num[:, 2]), 2)}')          # Python 成绩标准差 11.02
    print(f'{round(np.mean(score_num[0, 0:]), 2)}')        # 罗明平均成绩 88.67


if __name__ == '__main__':
    filename = 'score_load.csv'                            # 定义文件名变量，方便修改
    score_arr = read_csv(filename)                         # 读文件到数组 score_arr
    statistics(score_arr)                                  # 调用函数分析 scor_arr 中的数据
```

7.6 Pandas

Pandas 是一款建立在 Python 编程语言之上的快速、强大、灵活且易于使用的开源数据分析和处理工具，可以提供高性能的矩阵运算和数据清洗功能，用于数据挖掘和数据分

析，是使 Python 成为强大而高效的数据分析工具的重要因素之一。

数据的存在形式主要有两种：一种是文件形式，一种是数据库形式。对于文本文件中的数据，可以用遍历的方法简单地读取，对于其他格式的数据文件或存储在数据库中的数据，可以借助 Pandas 库来读取。Pandas 兼容所有 Python 的数据类型，还支持一维数组 Series 和二维表格型数据结构 DataFrame。本节只介绍利用 Pandas 读取数据的相关知识。

Pandas 是第三方库，使用之前需要通过 pip install pandas 安装。Pandas 导入后通常起别名为 pd：

```
import pandas as pd
```

Pandas 输入输出 API 提供了对文本、二进制和结构化查询语言（SQL）等不同格式类型文件的读写函数，可以方便快速地读取本地文件，如 csv、txt、json 和 html 等文本文件、Excel 文件以及关系型数据库中的数据。其主要方法如表 7.10 所示。

表 7.10　Pandas 常用输入输出 API

格 式 类 型	数 据 描 述	读	写
文本	CSV	read_csv( )	to_csv( )
文本	JSON	read_json( )	to_json( )
文本	HTML	read_html( )	to_html( )
二进制	MS Excel	read_excel( )	to_excel( )
二进制	Python Pickle Format	read_pickle( )	to_pickle( )
SQL	SQL	read_sql( )	to_sql( )

这些 API 可以方便地把各种类型的数据读取为 DataFrame 格式的数据，再用利用 tolist( ) 函数便可将其转为列表类型，这样就可以利用本章学习的方法进行数据分析和处理了。

7.6.1　Excel 数据

用 Pandas 可以读取 Excel 文件中的数据为 DataFrame 类型，Excel 文件的读取主要应用 read_excel( ) 方法，使用时可能需要先用 "pip install xlrd" 安装 xlrd 模块。read_excel( ) 方法大部分参数都有默认值，只需要设置少量的参数便可以完成大部分的数据读取工作。其主要参数及其意义如下：

```
pd. read_excel(io, sheet_name = 0, header = 0, names = None, index_col = None, usecols = None, squeeze =
False, converters = None, skiprows = None, nrows = None, skipfooter = 0)
```

（1）io：Excel 的存储路径。

（2）sheet_name：要读取的工作表名称，默认读取第一个工作表。可以是整型数字、列表名或 SheetN。整型数字：目标 sheet 所在的位置，以 0 为起始，比如，sheet_name = 1 代表第 2 个工作表。列表名：目标 sheet 的名称，中英文皆可。SheetN：代表第 N 个 sheet，S 要大写，注意与整型数字的区别。

（3）header：用哪一行作列名。默认为 0，如果设置为 [0,1]，则表示将前两行作为多重索引。

（4）names：自定义最终的列名。一般适用于 Excel 缺少列名，或者需要重新定义列名的情况。names 的长度必须和 Excel 列长度一致，否则会报错。

（5）index_col：用作索引的列。

（6）usecols：需要读取哪些列。可以使用整型，从 0 开始，如［0,2,3］；也可以使用 Excel 传统的列名 A、B 等字母，如" A:C, E" =" A, B, C, E"，注意两边都包括。usecols 可避免读取全量数据，而是以分析需求为导向选择特定数据，提高效率。

（7）squeeze：当数据仅包含一列。squeeze 为 True 时，返回 Series，反之返回 DataFrame。

（8）converters：强制规定列数据类型，主要用途是保留以文本形式存储的数字。

Pandas 默认将文本类的数据读取为整型，converters 参数可以指定各列数据的类型，如 converters =｛'出货量':float, '月份':str｝，将"出货量"列数据类型规定为浮点数，"月份"列规定为字符串类型。

（9）skiprows：跳过特定行。skiprows =n 跳过前 n 行；skiprows =［a,b,c］跳过第 a+1，b+1,c+1 行（索引从 0 开始）。

（10）nrows：需要读取的行数，nrows =n 读取前 n 行。

（11）skipfooter：跳过末尾行数，skipfooter =n 跳过末尾的 n 行。

实例 7.8　读取 Excel 文件中的数据

```python
import pandas as pd

data_df = pd. read_excel('stock. xlsx')          # 读取数据为 DataFrame 类型
print( data_df)                                  # 输出数据查看格式
title_ls = data_df. columns. tolist( )           # DataFrame 列标题转为列表类型
data_ls = data_df. values. tolist( )             # DataFrame 数据转为列表类型
stock_ls = [ title_ls]+data_ls                   # 标题列表与数据嵌套列表合并
print('输出列表类型的数据\n', stock_ls)          # 输出列表类型数据
# 将 Timestamp 数据转为字符串
for lst in data_ls:
    lst[0] = lst[0]. strftime("%Y-%m-%d")        # 日期时间格式化为年-月-日形式
print('输出日期时间格式化数据\n', [title_ls]+data_ls)  # 输出列表类型数据
```

输出：

	时间	ETF	华夏	博时	广发	券商	创业板
0	2018-01-15	4.265	4.560	1.650	1.736	0.920	1.634
1	2018-01-16	4.308	4.595	1.700	1.750	0.941	1.631
2	2018-01-17	4.295	4.590	1.699	1.740	0.973	1.639
3	2018-01-18	4.323	4.621	1.675	1.744	0.980	1.636
4	2018-01-19	4.335	4.632	1.683	1.740	1.002	1.630

输出列表类型的数据：

［［Timestamp（'2018-01-15 00:00:00'）,4.265, 4.56, 1.65, 1.736, 0.92, 1.634］,［Timestamp（'2018-01-16 00:00:00'）, 4.308, 4.595, 1.7, 1.75, 0.941, 1.631］,［Timestamp（'2018-01-17 00:00:00'）,

4. 295, 4. 59, 1. 699, 1. 74, 0. 973, 1. 639]，[Timestamp('2018-01-18 00:00:00')，4. 323, 4. 621, 1. 675, 1. 744, 0. 98, 1. 636]，[Timestamp('2018-01-19 00:00:00')，4. 335, 4. 632, 1. 683, 1. 74, 1. 002, 1. 63]]

输出日期时间格式化数据：

[['时间'，'ETF'，'华夏'，'博时'，'广发'，'券商'，'创业板']，['2018-01-15', 4. 265, 4. 56, 1. 65, 1. 736, 0. 92, 1. 634]，['2018-01-16', 4. 308, 4. 595, 1. 7, 1. 75, 0. 941, 1. 631]，['2018-01-17', 4. 295, 4. 59, 1. 699, 1. 74, 0. 973, 1. 639]，['2018-01-18', 4. 323, 4. 621, 1. 675, 1. 744, 0. 98, 1. 636]，['2018-01-19', 4. 335, 4. 632, 1. 683, 1. 74, 1. 002, 1. 63]]

值得注意的是，与遍历方法读取文件不同，用默认参数读取的数据中，数值类型的数据直接被转为数值型，可以直接参与数值运算和统计分析。

7.6.2 文本数据

读文本文件和 CSV 文件中的数据进列表，对列表中的数据进行统计分析。将用常规分隔符分隔的文本文件读取到 DataFrame 可以使用 read_csv() 方法，其主要参数如下：

```
pandas. read_csv(filepath_or_buffer, sep = '\t', delimiter = None, header = 'infer', names = None, engine = None, encoding = None)
```

实例 7.9　读取 CSV 文件中的数据

```
import pandas as pd

score_df = pd. read_csv('score. csv', encoding = 'utf-8')    # dataframe
print( score_df)                                             # 查看数据格式


title_ls = score_df. columns. tolist( )                      # 将 DataFrame 列标题转为列表类型
data_ls = score_df. values. tolist( )                        # 将 DataFrame 数据转为列表类型
score_ls = [title_ls] + data_ls                              # 将标题列表与数据嵌套列表合并
print('输出列表类型的数据:\n', score_ls)                       # 输出列表数据
```

	姓名	C 语言	Java	Python	C#
0	罗明	95	96	85	63
1	朱佳	75	93	66	85
2	李思	86	76	96	93
3	郑君	88	98	76	90
4	王雪	99	96	91	88
5	李立	82	66	100	77

输出列表类型的数据：

[['姓名', 'C 语言', 'Java', 'Python', 'C#']，['罗明', 95, 96, 85, 63]，['朱佳', 75, 93, 66, 85]，['李思', 86, 76, 96, 93]，['郑君', 88, 98, 76, 90]，['王雪', 99, 96, 91, 88]]

7.6.3 数据库数据

在实际应用中，使用文本文件或 Excel 存储数据并不是最好的方式，能够对这些类型

的文件中的数据进行的操作非常有限，数据处理效率也不高，更常用的方式是将数据存储到数据库中，通过连接数据库进行相关操作。

目前应用最多的是关系型数据库，关系型数据库的主要构成是二维表。二维表包含多行多列，把一个表中的数据用 Python 表现出来，可以用一个列表表示多行，列表的每一个元素用一个元组表示二维表中的一行记录。比如，一个二维表包含 ID、姓名、年龄、籍贯、薪水，可以用以下形式表示：

　　[(1, '李明', 23, '吉林', 20000.00),
　　(2, '韩雷', 26, '湖北', 25000.00),
　　(3, '肖红', 30, '江西', 30000.00)]

这种表示方法无法直观地展示关系数据库的表结构，可以使用对象-关系映射（object-relational mapping，ORM）技术把关系数据库的表结构映射到对象上。在 Python 中，广泛应用的一个对象-关系映射框架是 SQLAlchemy，这个框架可以为开发者提供高效的数据库访问设计和高性能的数据访问方法，实现了完整的企业级持久模型。

SQLAlchemy 支持大部分主流数据库，如 SQLite、MySQL、Postgres、Oracle、SQL Server 和 Firebird 等。在使用之前，需要通过 pip install sqlalchemy 安装这个库。

SQLite 是 Python 内置的一个轻量级数据库，可以直接使用。使用其他数据库时，需要使用 pip 命令安装与数据库匹配的驱动程序，例如 mysqlclient、pymssql、psycopg2、cx-Oracle 或 fdb 等。只有安装数据库的驱动之后，才可以连接数据库对数据进行操作。下面以 SQLite 数据库作为范例进行讲解。

sqlalchemy.create_engine(＊args，＊＊kwargs)函数可被用于创建数据库引擎，数据库位置可用本地路径，也可用网络 URL。

```
from sqlalchemy import *

# 定义元信息, 绑定到引擎, test.db 为数据库名, ./表示当前路径
engine = create_engine('sqlite:///./test.db', echo＝True)
metadata = MetaData(engine)            # 绑定元信息
```

Pandas 中的 read_sql()方法可以查询数据库中的数据并直接返回 DateFrame，在方法的参数中可以传入 SQL 语句。read_sql()方法的主要参数及意义如下：

```
pandas.read_sql(sql, con, index_col＝None, coerce_float＝True, params＝None, parse_dates＝None,
columns＝None, chunksize＝None)
```

（1）sql：表名或查询语句。

（2）con：连接数据库的引擎，一般可以用 SQLAlchemy 之类的模块创建。

（3）columns：需要从表中查询的列名的列表。

实例 7.10　读取数据库中的数据

SQLite 数据库中文件"test.db"的 score 表中存储了学生的成绩数据，请将数据库中的数据读入到列表中。

```
from sqlalchemy import *
import pandas as pd

# 定义引擎, test. db 为数据库名, ./表示当前路径
engine = create_engine('sqlite:///./test. db', echo = True)
score_df = pd. read_sql('score', engine)           # 从 score 表读数据 DataFrame
print(score_df)                                    # 查看输出 DataFrame 格式数据
title_ls = score_df. columns. tolist( )            # 将 DataFrame 的列名转为列表类型
score_ls = score_df. values. tolist( )             # 将 DataFrame 数据转为列表类型
print('输出列表类型的数据:\n', [title_ls] + score_ls)  # 输出转为列表的数据
```

    输出列表类型的数据:

	姓名	C 语言	Java	Python	C#	C++
0	罗明	95	96	85	63	91
1	朱佳	75	93	66	85	88
2	李思	86	76	96	93	67
3	郑君	88	98	76	90	89
4	王雪	99	96	91	88	86

转为列表类型后的输出如下:

[['姓名', 'C 语言', 'Java', 'Python', 'C#', 'C++'], ['罗明', 95, 96, 85, 63, 91], ['朱佳', 75, 93, 66, 85, 88], ['李思', 86, 76, 96, 93, 67], ['郑君', 88, 98, 76, 90, 89], ['王雪', 99, 96, 91, 88, 86]]

7.6.4 JSON 数据

    Pandas 也可以从 JSON 格式的文件中读取数据到列表:

```
import pandas as pd

score_df = pd. read_json('score. json', encoding = 'utf-8')   # 读 JSON 为 DataFrame 格式数据
score_df. to_csv('score_csv. csv', encoding = 'utf-8')        # 写入为 CSV 格式文件
print(score_df)                                               # 查看输出 DataFrame 格式数据
title_ls = score_df. columns. tolist( )                       # DataFrame 的列名转为列表类型
score_ls = score_df. values. tolist( )                        # DataFrame 数据转为列表类型
print('输出列表类型的数据:\n', [title_ls] + score_ls)            # 输出转为列表的数据
```

7.6.5 数据查看

    利用 Pandas 读取数据后, 可采用切片的方法查看其中指定的部分数据, 也可用 head(n) 和 tail(n)方法查看开始或结尾的 n 行数据。

```
import pandas as pd

score_df = pd. read_csv('score_faker. csv', encoding = 'utf-8')   # 转 dataframe
print(score_df[['姓名', '学号']][:3])                             # 返回姓名和学号两列的前 3 个数据
```

```
print( score_df. head( n = 3))                    # 返回前 3 行数据, n 省略时返回 5 行
print( score_df. tail( n = 3))                    # 返回后 3 行数据, n 省略时返回 5 行
```

输出:

	姓名	学号
0	丁佳	12170110051
1	黄洋	12170110052
2	王红霞	12170110053

	姓名	学号	C	C++	Java	Python	C#
0	丁佳	12170110051	97	91	76	82	63
1	黄洋	12170110052	71	82	95	85	78
2	王红霞	12170110053	84	73	84	80	83

	姓名	学号	C	C++	Java	Python	C#
96	刘婷	121701100597	84	69	96	92	69
97	徐璐	121701100598	89	78	74	81	75
98	金莉	121701100599	96	69	89	96	88

7.6.6　数据排序

sort_values( )方法可以按任一坐标轴上的数值排序。by 为字符串或字符串列表, 是要排序的名称或名称列表。默认为升序排序, 如需降序排序, 使用 ascending = False 参数。

```
DataFrame. sort_values( by, *, axis = 0, ascending = True, inplace = False, kind = 'quicksort', na_position =
'last', ignore_index = False, key = None)
```

下面代码根据"总分"降序排序, [:5]是对数据进行切片, 只输出前 5 个数据。

```
import pandas as pd

score_df = pd. read_csv('score_num. csv', encoding = 'utf-8')
print( score_df. sort_values('总分', ascending = False) [:5])
```

输出:

	姓名	学号	C 语言	Java	Python	VB	C++	总分
3	王雪	121701100515	99	96	91	88	86	460
2	郑君	121701100514	88	98	76	90	89	441
4	罗明	121701100510	95	96	85	63	91	430
1	李思	121701100513	86	76	96	93	67	418
0	朱佳	121701100511	75	93	66	85	88	407

7.6.7　数据统计

NumPy 中提供了一系列的统计函数可用于对数据的描述性统计, Pandas 基于 NumPy 库, 也可以应用这些函数。

```
import pandas as pd
import numpy as np


score_df = pd. read_csv('score_num. csv', encoding='utf-8')
print( round( np. mean( score_df['总分']), 2))        # 输出总分平均值 431.2
```

  Pandas 也提供了一些数值型数据的统计方法，可以更方便地实现数据的统计，总分平均值的计算可以直接使用 Pandas 中的 mean( )方法实现。表 7.11 中列出了 Pandas 中提供的统计方法，可以用于各种统计运算。

```
import pandas as pd


score_df = pd. read_csv('score_num. csv', encoding='utf-8')
print( round( score_df['总分']. mean( ), 2))        # 输出总分平均值 431.2
```

表 7.11　Pandas 描述统计方法

方　法　名　称	描　　述	方　法　名　称	描　　述
count( )	非空值数目	std( )	样本标准差
sum( )	求和	var( )	方差
mean( )	平均值	sem( )	标准误差
mad( )	平均绝对偏差	skew( )	样本偏离
median( )	中位数	kurt( )	样本峰度
min( )	最小值	quantile( )	样本分位数
max( )	最大值	cumsum( )	累加
mode( )	众数	cumprod( )	累乘
abs( )	绝对值	cummax( )	累积最大值
prod( )	乘积	cummin( )	累积最小值

  在数据分析的过程中，可以先将数据拆分成组，对每个分组的数据应用函数进行统计，再汇总计算结果。

实例 7.11　学生成绩数据分析

  数据在数据库中存储时，经常要进行规范化设计，以减少冗余和方便维护。文件"scoregroup. csv" 中的数据是从数据库中导出的，存放着多名学生 5 门课程的成绩。请分别统计每位学生的平均成绩、最高成绩和最低成绩；每门课程的平均成绩、最高成绩和最低成绩。

```
姓名,学号,课程名,分数
刘雨,0121701100507,高数,80
刘雨,0121701100507,英语,88
刘雨,0121701100507,程序设计,96
```

刘雨,0121701100507,物理,82
刘雨,0121701100507,经济,95
刘傲,0121701100510,高数,85
······
刘婷,0121701100631,物理,85
刘婷,0121701100631,经济,90

这个问题用前面知识解决时，需要分别把每位学生的成绩提取出来再计算其平均成绩，再把每门课程的成绩分别取出来计算课程平均成绩。利用 Pandas 中的索引和分组等功能可以更方便地完成。

下面先给出平均成绩的计算方法：

```python
import pandas as pd

score_df = pd. read_csv('scoregroup.csv', encoding='utf-8')
print(score_df['分数']. groupby(score_df['姓名']). mean())        # 返回每个人的平均分
print(score_df['分数']. groupby(score_df['课程名']). mean())        # 返回每门课的平均分
```

输出：
姓名
刘傲　　77.0
刘婷　　84.0
刘雨　　88.2
吴飞　　77.2
孙伟　　82.0
孙新　　76.2
张强　　90.0
张皓　　66.4
杨霖　　69.4
马志　　80.0
Name：分数，dtype：float64
课程名
物理　　77.5
程序设计　　78.3
经济　　79.6
英语　　82.1
高数　　77.7
Name：分数，dtype：float64

可以应用 agg( ) 函数对分组结果进行汇总，同时完成平均成绩、最高成绩和最低成绩的统计：

```python
import pandas as pd

score_df = pd. read_csv('scoregroup. csv',encoding='utf-8')
print(score_df ['分数']. groupby(score_df ['姓名']). agg(['mean', 'max', 'min']))
print(score_df ['分数']. groupby(score_df ['课程名']). agg(['mean', 'max', 'min']))
```

输出：

```
        mean max min
姓名
刘傲   77.0   87   66
刘婷   84.0   90   80
刘雨   88.2   96   80
吴飞   77.2   83   69
孙伟   82.0   88   78
孙新   76.2   94   56
张强   90.0   95   85
张皓   66.4   76   58
杨霖   69.4   86   46
马志   80.0   90   67
        mean   max   min
课程名
物理     77.5   92   56
程序设计  78.3   96   46
经济     79.6   95   63
英语     82.1   95   67
高数     77.7   88   58
```

本章小结

本章介绍了 Python 中处理各类文本、CSV、JSON、Excel 和数据库等不同类型数据的读写与处理方法。open( ) 函数可用于打开文件，read( ) 方法常用于将文本中的数据读取为一个字符串。若文件中保存的是数据，应用更广泛的是用遍历方法逐行读取数据并切分为列表保存，也可以转为集合或字典存储。当需要批量处理大量文件中的数据时，可应用 os 模块进行文件和文件夹的批量操作。

在数据分析与人工智能相关领域中进行数据处理时，经常应用 NumPy 将数据读为数组类型，NumPy 提供了强大的数组操作功能，包括创建数组、数学运算、统计分析等。也可以应用 Pandas 将数据读取为 DataFrame 类型再进一步处理。Pandas 则提供了 Series 和 DataFrame 两种数据结构，能够方便地读写 CSV、Excel、JSON 和二进制等各种格式的数据文件，并进行数据清洗、转换、分析等操作，也可以用 tolist( ) 方法转为列表类型再进行后续处理。

本章练习

1. 读取一个文本格式的小说，统计其中单词数量。

2. 读取 CSV 格式文件 score. csv 中的数据，计算每位学生的平均成绩并附加到成绩最后一列，再写回到文件中。

3. 读取唐诗 300 首和宋词 300 首文本文件，统计里面的高频词，分析不同朝代诗人的写作喜好。

4. 用 Pandas 读取葡萄酒评价数据，根据评分、价格和产地对数据进行分析。

5. 批量修改自己计算机某文件下所有图片文件的名字。

第 8 章
数据可视化

在各个领域经常用各种数字类指标描述数据整体状态，为了更形象地描述数据的意义，经常用绘图的方法对数据中的信息进行直观的呈现。常用的绘图库有 matplotlib、seaborn、plotly、pyecharts 和 bokeh 等，本章以 matplotlib 为例讲解数据可视化方法。

matplotlib 是一个应用最为广泛的、高质量的 Python 2D 绘图库，使用者可以很轻松地将数据图形化，并且提供多样化的输出格式。绘图库中提供了大量的子模块和绘图方法，可以绘制各种类型的精美图表，常用的绘图函数与可绘制的图表类型如图 8.1 所示。

类型	函数	图示	类型	函数	图示
折线图	plot()	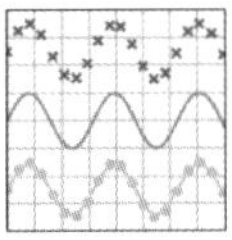	箱线图	boxplot()	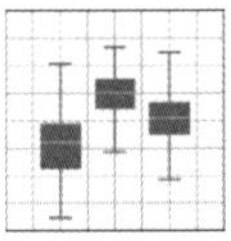
二维直方图	hist2d()		直方图	hist()	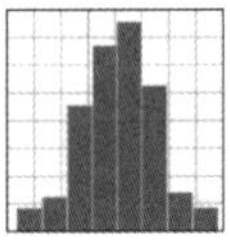
条(柱)形图	bar()	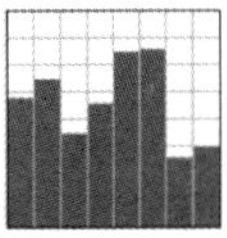	散点图	scatter()	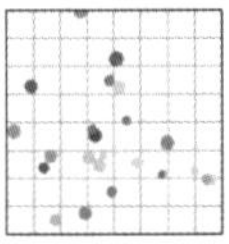
饼图	pie()		误差条图	errorbar()	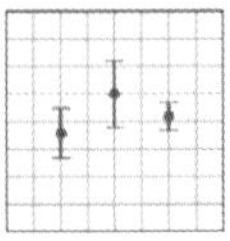
茎状图	stem()	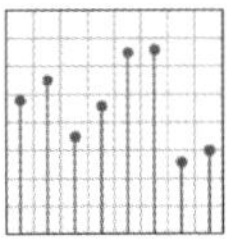	小提琴图	violinplot()	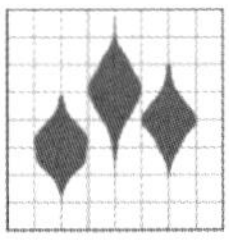
填充区域	fill_between()	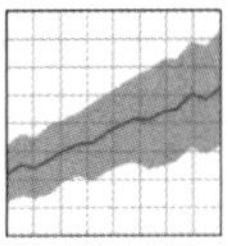	阶梯图	stairs()	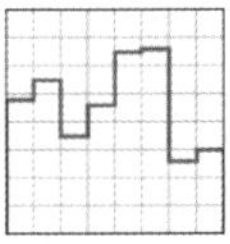

类型	函数	图示	类型	函数	图示
等高线图	contour()		填充等高线图	contourf()	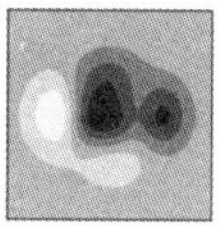
矢量流图	streamplot()	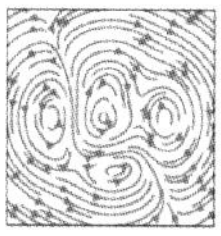	非结构化网格等高线	tricontour()	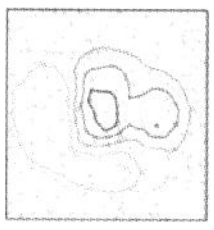
非结构化网格填充等高线	tricontourf()	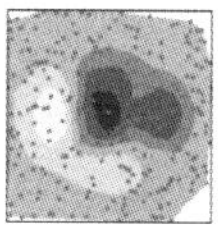	非结构化网格伪彩色图	tripcolor()	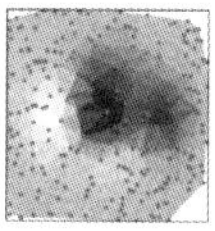
堆积图	stackplot()		栅格图	eventplot()	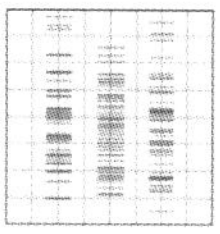
六边形分箱图	hexbin()		累积分布图	ecdf()	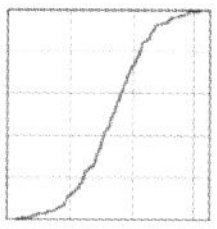
不规则矩形网格伪彩色图	pcolormesh()	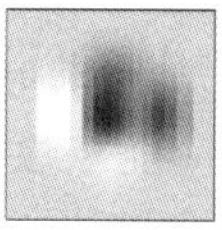	二维规则光栅	imshow()	
风羽标图	barbs()		向量图	quiver()	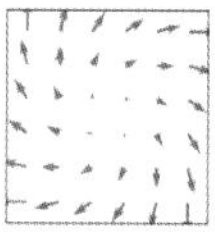
三角形网格	triplot()	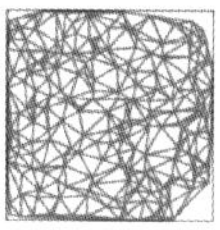	3D 茎叶图	stem()	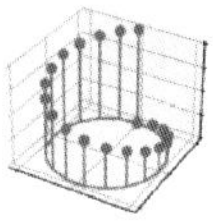
三维线型图	plot()	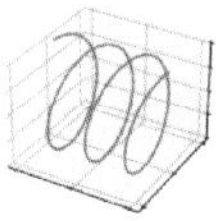	三维箭头场图	quiver()	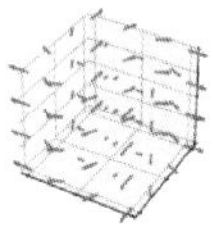
三维散点图	scatter()	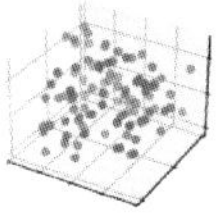	3D网格图	plot_wireframe()	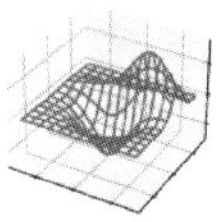
三维表面图	plot_surface()	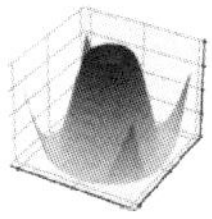	三角形曲面图	plot_trisurf()	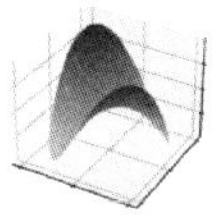
填充体图	voxels()	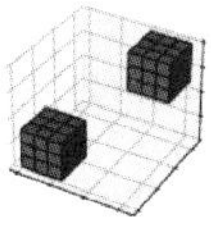	三维条形图	bar3d()	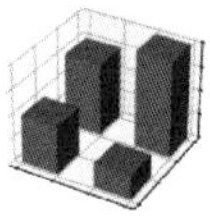

图 8.1　常用图与绘制函数

8.1　折线图

折线图（line chart）是一种常见的数据可视化图表，它通过点与点之间的线段连接展示数据随时间或其他变量变化的趋势。通常，横轴表示时间、类别或某种独立变量，纵轴表示与之对应的数值。通过连接这些数据点，线型图能够清晰地展示数据在一段时间内的变化情况或不同类别的比较。折线图凭借其简洁明了的视觉效果，成为数据分析和展示中不可或缺的工具。折线图最适合用于表示连续数据，常用于分析趋势和变化，例如时间序列、趋势分析、股市变化等。

由于折线图擅长展示数据的趋势和变化，它广泛应用于经济、金融、科学研究、生产管理等领域，帮助分析数据的变化模式。

（1）时间序列分析：线型图最常见的应用是展示某个时间段内数据的变化。例如，股票价格、气温、销售额等随时间的变化趋势。

（2）经济与金融：折线图可以用于展示股票价格波动、市场指数变化、货币汇率波动，甚至国家 GDP 增长等经济指标的变化趋势。

（3）科学研究：在科学实验中，折线图常用来展示实验结果如何随着某个变量的变化而变化，例如，温度随时间的变化，或化学反应随浓度的变化。

（4）网站流量、用户行为分析：折线图可以帮助分析网站的用户访问量、点击率、用户行为等随时间的变化情况，为网站运营提供数据支持。

（5）生产与运营管理：企业可以通过折线图来分析生产效率、库存变化、销售趋势等数据，帮助优化运营和决策。

（6）健康与医疗：在医疗领域，折线图用于展示病人的体温、血压等生理指标的变化，帮助医生判断患者的健康状况。

折线图有多种类型，适用于不同场景。常见的线型图包括单折线图、多折线图、堆叠折线图、带区域填充的线型图和步进线型图等。

单折线图是最基础的折线图，展示一个变量随时间或其他独立变量的变化。用于展示单一变量的趋势，例如某天的气温变化或某产品的销售额变化。

多折线图是在同一个图表中绘制多条线，展示多个变量之间的变化和对比。用于比较多个数据集的趋势变化，例如不同地区的销售额变化、不同股票的价格波动。

堆叠折线图是多条折线图的变种。线条叠加在一起，表示每一部分的累加效果，整体体现总量的变化。用来展示多个数据集的累积值变化，例如不同部门的销售额总和。

带区域填充的线型图是在折线图的基础上，填充线条与 x 轴之间的区域，使得图表更具可视化效果。用于展示累积数据的变化，特别适合展示数值总量的变化趋势。例如展示不同地区的市场份额随时间变化的情况。

步进线型图是以水平和垂直的线段代替传统的斜线连接数据点，表现数据的跳跃性变化。适合展示变化发生在离散时间点的数据，例如库存数量随时间的变化。

折线图与散点图结合是在折线图上叠加散点，以便更清晰地展示离散点和趋势线的关系。适合展示趋势的同时，强调每个数据点的具体值。例如展示实验结果的离散数据点和拟合出的趋势线。

8.1.1　基本折线图绘制

利用 matplotlib 绘制折线图首先要导入 matplotlib 库中绘制曲线图的子库 pyplot，一般起别名为 plt，语法如下：

```
import matplotlib. pyplot as plt
```

绘制曲线的关键函数有两个，一个函数是 plot(x,y)，作用是根据一系列坐标(x,y)值绘图，当坐标点数少量时，呈现是折线图，当坐标点数据量较多时，折线趋向于平滑曲线。另一个函数是 show()，作用为将缓冲区的绘制结果在屏幕上显示出来。

过(1,1)、(2,8)、(3,27)、……、(100,1000000)绘制直线，运行结果如图 8.2 所示。

```
import matplotlib. pyplot as plt        # 调用绘图库 matplotlib 中的 pyplot 子库，并起别名为 plt

x = range(101)                          # 构建 x 坐标的数列：0,1,2,3,…,100
y = [i ** 3 for i in range(101)]        # 构建 y 坐标的列表：0,1,8,27,…,1000000
plt. plot(x, y)                         # 参数为 x,y 的列表，过(1,1),(2,8),(3,27)…画线
plt. show()                             # 显示创建的绘图对象
```

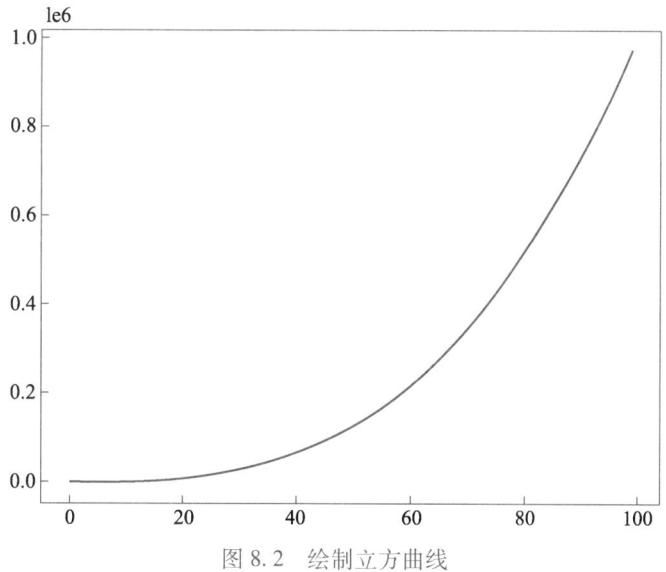

图 8.2　绘制立方曲线

可以根据函数计算系列 x 和 y 的值，利用 numpy 中的方法产生间距更小的数组，以数组或列表的形式传递给 plot()函数，绘制简单函数曲线，运行结果如图 8.3 所示。

```
import matplotlib. pyplot as plt        # 导入绘图库 matplotlib 中的 pyplot 子库，并起别名为 plt
import numpy as np                      # 导入 numpy 库，起别名为 np
```

```
x = np. arange(0, 5, 0.2)        # [0,5)区间，步长 0.2，生成数组
square_of_x = x ** 2             # x 的平方的数组
cube_of_x = x ** 3               # x 的立方的数组


plt. plot(x, x)                  # 绘制 y=x 曲线
plt. plot(x, square_of_x)        # 绘制 y=x^2 曲线
plt. plot(x,cube_of_x)           # 绘制 y=x^3 曲线


plt. show( )                     # 显示图形
```

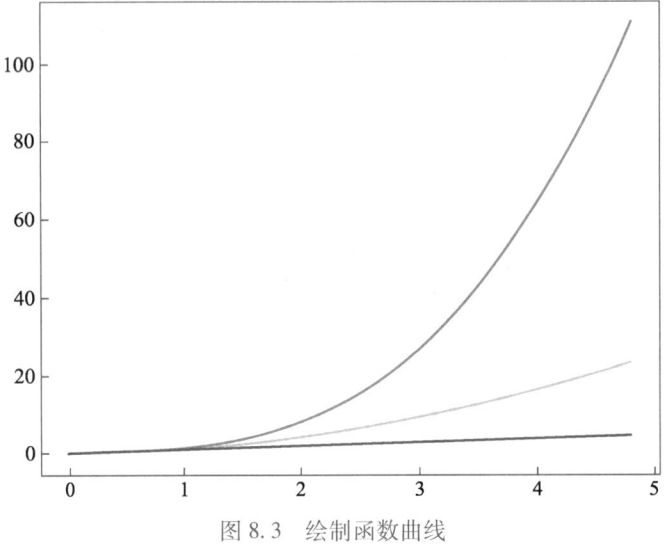

图 8.3　绘制函数曲线

实例 8.1　绘制函数曲线

绘制以下两个函数的曲线，运行结果如图 8.4 所示。

$$\text{lanczos} = \sin(x)\,\text{sinc}\!\left(\frac{x}{5}\right)$$

$$\text{sinc} = \frac{\sin(x)}{x}$$

```
import matplotlib. pyplot as plt        # 导入 matplotlib 中的 pyplot 子库并命别名为 plt
import numpy as np                      # 导入 numpy 模块并起别名为 np


x = np. linspace(-20, 20, 1000)         # 从-20 到 20 生成 1 000 个点
sin_fun = np. sin(x)/x                   # y = sin(x)/x，用 numpy 计算 y 值的数组
lanczos = np. sinc(x) * np. sinc(x/5)    # 用 numpy 计算 y 值的数组


plt. plot(x, sin_fun,label='sinc')       # 绘制图像
plt. plot(x, lanczos,label='lanczos')    # 绘制图像
```

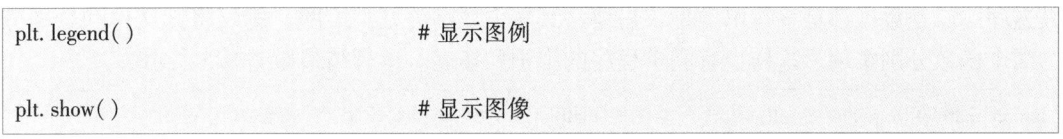

```
plt. legend( )                        # 显示图例

plt. show( )                          # 显示图像
```

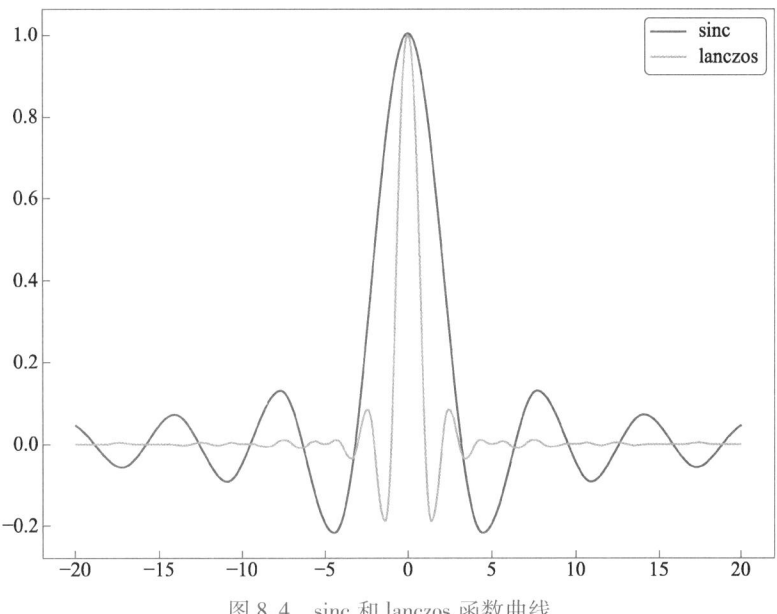

图 8.4 sinc 和 lanczos 函数曲线

实例 8.2 绘制 GDP 数据曲线

列表[1470.1, 2279.7, 4587.6, 18872.9, 100280.1, 412119.3, 1013567.0]中保存了 ['1960', '1970', '1980', '1990', '2000', '2010', '2020']年的国内生产总值数据，绘制这段时间的国内生产总值数据曲线。文件"china_gdp.csv"是来自国家统计局网站的国内生产总值和人均国内生产总值数据，分别根据列表和文件中的数据绘制国内生产总值和人均国内生产总值数据曲线。数据文件格式如下：

```
指标,2023,2022,2021,2020, …,1952
国内生产总值(亿元),1260582.1,1204724.0,1149237.0,1013567.0, …,679.1
人均国内生产总值(元),89358,85310,81370,71828, …,119
```

根据给定列表中的数据绘图非常简单，将年份和国内生产总值作为 plot( )参数即可。

```
import matplotlib. pyplot as plt   # 导入绘图库 matplotlib 中的 pyplot 子库，并起别名为 plt

year = ['1960', '1970', '1980', '1990', '2000', '2010', '2020']
gdp = [1470.1, 2279.7, 4587.6, 18872.9, 100280.1, 412119.3, 1013567.0]
plt. plot( year, gdp)            # 绘制 GDP 曲线
plt. show( )                     # 显示图形
```

读文件中的数据绘制曲线时，先要查看文件中的数据格式，发现文件中有 3 行数据，绘图只需要用其中的 2 行。可以先将数据读到嵌套列表中，再提取年份和国内生产总值的数据到不同的列表。需要注意两个地方：一是文件中的数据是从 2023 年到 1952 年，使用时要将

其逆序。二是数据都是字符串类型，需要将其转为数字类型再绘图。建议将读文件和绘图分为两个函数分别实现，这样也有利于程序的维护和拓展。运行结果如图 8.5 所示。

```python
import matplotlib. pyplot as plt    # 导入绘图库 matplotlib 中的 pyplot 子库，并起别名为 plt

def get_data_from_file(file_path):
    """从文件中读取数据，返回嵌套列表"""
    with open(file_path, 'r', encoding='utf-8') as file:
        data = [line. strip(). split(',') for line in file]    # 读取文件中的数据到嵌套列表
    year_ls = [int(x) for x in reversed(data[0][1:])]          # 提取年份数据转为整数类型
    gdp_ls = [float(x) for x in reversed(data[1][1:])]         # 提取 GDP 数据转为浮点数类型
    gdp_per_capita_ls = [float(x) for x in reversed(data[2][1:])] # 提取人均 GDP 数据
    return year_ls, gdp_ls, gdp_per_capita_ls

def draw_curves(year, gdp, gdp_per_capita):
    """绘制 GDP 与人均 GDP 曲线"""
    plt. plot(year, gdp, label='GDP')                          # 绘制 GDP 曲线
    plt. plot(year, gdp_per_capita, label='GDP per Capita')    # 绘制人均 GDP 曲线
    plt. legend()                                              # 显示图例
    plt. show()                                                # 显示图形

if __name__ == '__main__':
    file_path = 'china_gdp. csv'                               # 文件名和路径
    year, gdp, gdp_per_capita = get_data_from_file(file_path)
    draw_curves(year, gdp, gdp_per_capita)
```

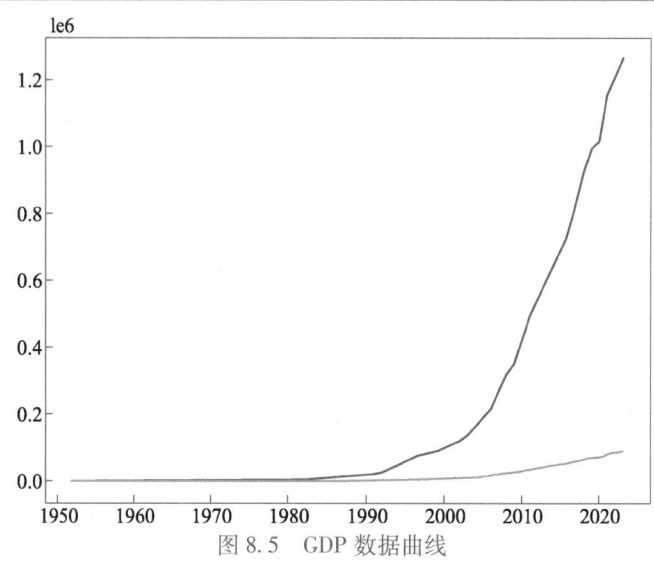

图 8.5　GDP 数据曲线

8.1.2　标注与美化

matplotlib 默认字体由一组 rcParams 控制，默认使用安装在用户计算机上的英文字体系列，如 Helvetica、Times 等，中文无法正常显示。可以通过设置 rcParams 参数值来修改

用于显示的中文字体，例如 "SimSun"（宋体）、"SimHei"（细黑）、"FangSong"（仿宋）等，也可以在需要显示中文的语句中用 fontproperties 属性指定字体，后一种方法适用性没有前一种好。

```
plt.rcParams['axes.unicode_minus'] = False    # 字符显示
plt.rcParams['font.sans-serif'] = 'SimHei'    # 设置字体
```

matplotlib 支持对曲线进行各种标注与美化，规定线条颜色、线型、线标识、图名等操作。plot( ) 方法还可以通过参数设置线条属性设置线条风格、线条颜色、线条标记、线型和宽度。相关属性如表 8.1~表 8.4 所示。

表 8.1　线条常用属性

线 条 属 性	描 述	线 条 属 性	描 述
color 或 c	颜色	linestyle 或 ls	线型
label	曲线标识	linewidth 或 lw	线宽度
marker	数据点标记	markersize 或 ms	标记大小

表 8.2　线条风格（linestyle 或 ls）

线 条 风 格	描 述	线 条 风 格	描 述
–	实线	:	虚线
––	破折线	-.	点划线

表 8.3　线条颜色（color 或 c）

color	别名	颜色	color	别名	颜色
blue	b	蓝色	green	g	绿色
red	r	红色	yellow	y	黄色
cyan	c	青色	black	k	黑色
magenta	m	洋红色	white	w	白色

表 8.4　常用线条标记（marker）

标 记	描 述	标 记	描 述
","	像素	">"	右三角形
"."	点	"<"	左三角形
"o"	圆	"v"	倒三角形
"*"	星号	"^"	正三角形
"+"	加号	"1"	正三分支
"P"	填充的加号	"2"	倒三分支
"x"	乘号	"3"	左三分支
"_"	水平线	"4"	右三分支

可以在 plot( )的括号中用参数 color、linestyle、marker 分别设置颜色、线型和标记样式，例如，color='red',linestyle='-',marker='o'表示红色、实线、圆点标记。也可以将颜色、标记和线型写成一个字符串'[color][marker][line]'做参数，例如，用'r-o'表示红色实线圆点标记。

```
plt. plot( year, gdp,color='red',linestyle='-',marker='o',label='GDP')    # 绘制 GDP 曲线
plt. plot( year, gdp_per_capita,'g * --',label='GDP per Capite')          # 绘制人均 GDP 曲线
```

legend( )可以通过设置 loc 参数值指定标签放置的位置，常用的 loc 值有'best'、'upper right'、'upper left'、'lower left'、'lower right'、'right'、'center left'、'center right'、'lower center'、'upper center'、'center'，也可以用 0~10 的数字指定。

xticks(ticks, labels=None, rotation=0)中 ticks 是一个类数组对象，放置需要设置刻度的数据，labels 可以是一个列表，放置用于显示的刻度数据，例如，可以用 latex 语法将之显示为数学表示。当刻度数据较多时，可用 rotation 参数将标签旋转一定角度。与标签相关函数如表 8.5 所示。

表 8.5　标签相关函数

函　　数	描　　述	函　　数	描　　述
title(text)	为当前绘图添加标题 text	xlabel(s)	设置 x 轴标签
legend( )	为当前绘图放置图注	ylabel(s)	设置 y 轴标签
annotate( )	为指定数据点创建注释	xticks(ticks)	设置 x 轴刻度位置和标签
grid( )	显示网格	yticks( )	设置 y 轴刻度位置和标签

对实例 8.2 的曲线，设置国内生产总值曲线为红色、实线、数据标识为圆点，显示的曲线标签为"GDP"。人均国内生产总值曲线为绿色、破折线、数据标识为星形，显示的曲线标签为"GDP per capita"。添加 x 轴标签为"年份"，添加 y 轴标签为"GDP"。设置 x 轴刻度为每 5 的整数倍年份，倾斜 45 度显示。显示网格线，图例位于左上角显示。运行结果如图 8.6 所示。

```
import matplotlib. pyplot as plt       # 导入绘图库 matplotlib 中的 pyplot 子库，并起别名为 plt

def get_data_from_file( file_path) :
    """从文件中读取数据，返回嵌套列表"""
    with open( file_path, 'r',encoding='utf-8') as file：
        data = [ line. strip( ). split( ',') for line in file]      # 读取文件中的数据到嵌套列表
    year_ls = [ int( x) for x in reversed( data[0][1:]) ]           # 提取年份数据转为整数类型
    gdp_ls = [ float( x) for x in reversed( data[1][1:]) ]          # 提取 GDP 数据转为浮点数类型
    gdp_per_capita_ls = [ float( x) for x in reversed( data[2][1:]) ] # 提取人均 GDP 数据
    return year_ls, gdp_ls, gdp_per_capita_ls


def draw_curves( year, gdp,gdp_per_capita) :
    """绘制 GDP 曲线"""
```

```
    plt. plot( year, gdp, color = 'red', linestyle = '-', marker = 'o', label = 'GDP')     # 绘制 GDP 曲线
    plt. plot( year, gdp_per_capita, 'g * --', label = 'GDP per capita')                   # 绘制人均 GDP 曲线
    plt. title( '中国 GDP 和人均 GDP 变化曲线', fontproperties = 'SimSun')                # 添加标题
    plt. xlabel( '年份', fontproperties = 'SimSun')                                        # 添加 x 轴标签
    plt. ylabel( 'GDP', fontproperties = 'SimSun')                                         # 添加 y 轴标签
    plt. xticks( [ x for x in range( 1950, 2021, 5) ], rotation = 45)                      # 设置 x 轴刻度, 倾斜 45 度
    plt. grid( )                                                                           # 显示网格线
    plt. legend( loc = 'upper left')                                                       # 添加图例, 置于左上角
    plt. gcf( ). subplots_ajust( bottom = 0. 15)                                           # 调整底部区域, 防止 x 轴标签被覆盖
    plt. savefig( 'china_gdp20250702. png')
    plt. show( )                                                                           # 显示图形

if __name__ == '__main__':
    file_path = 'china_gdp. csv'                                                           # 文件名和路径
    year, gdp, gdp_per_capita = get_data_from_file( file_path)
    draw_curves( year, gdp, gdp_per_capita)
```

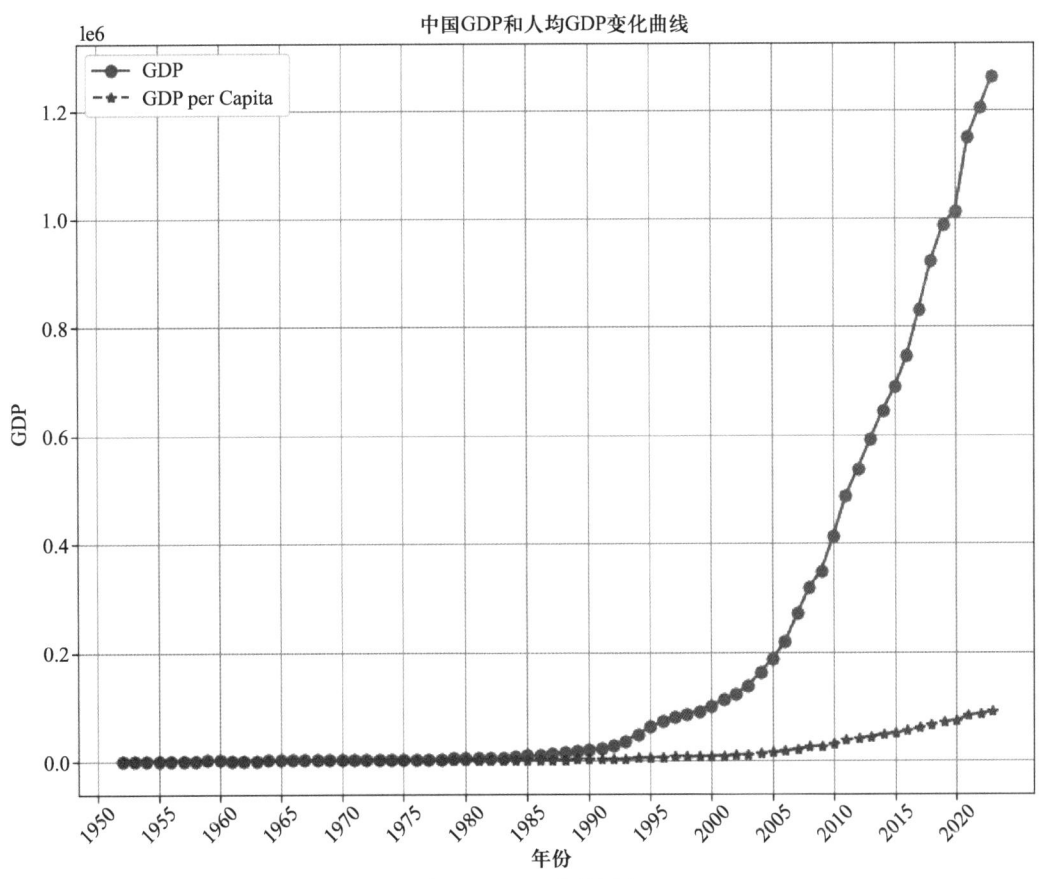

图 8.6　GDP 曲线标识

matplotlib 中包含了很多函数, 用来对横纵坐标轴范围、坐标轴刻度大小、坐标轴名称等参数进行设置。坐标轴相关函数如表 8.6 所示, 绘制直线常用函数如表 8.7 所示。

表 8.6　坐标轴相关函数

函　　数	描　　述
xlim(xmin,xmax)	设置当前 x 轴取值范围
ylim(ymin,ymax)	设置当前 y 轴取值范围

表 8.7　绘制直线相关函数

函　　数	描　　述
axhline(y=0, xmin=0, xmax=1)	绘制水平线，x 取值从 0 到 1 为整个区间
hlines( )	绘制水平线
axvline(x=0, ymin=0, ymax=1)	绘制垂直线，y 取值从 0 到 1 为整个区间
vlines( )	绘制垂直线

matplotlib 内置多个函数可实现各种填充效果，常用的填充函数包括填充水平区域、填充竖直区域和填充两条曲线包围的区域等，函数介绍如表 8.8 所示。

表 8.8　填充相关函数

函　　数	描　　述
axhspan( )	水平区域
axvspan( )	竖直区域
fill_between( )	填充两条曲线围起的区域，区间由横坐标限定
fill_betweenx( )	填充两条曲线围起的区域，区间由纵坐标限定

matplotlib 支持将绘制的图形显示在屏幕上和保存在文件中，显示在屏幕上使用函数 show( )，无参数。保存图片文件使用 savefig('文件名')函数，该函数依赖于 pillow 库。参数是保存的文件名，savefig('文件名')语句必置于 show( )语句前，这是因为 show( )函数在显示图像的同时，会清空缓冲区，无法再保存成文件。函数介绍如表 8.9 所示。

表 8.9　保存与显示相关函数

函　　数	描　　述
savefig('文件名')	保存绘制的图像，必须置于绘制完成之后和 show( )之前
show( )	显示绘制的图像，同时清空缓冲区

实例 8.3　绘制股票收盘价曲线

"600066. csv" 中保存着某只股票历年交易数据，绘制其成交价变化曲线和平均价线，在最高价处给出标注。

这个问题可以拆分为两个子问题：一是读文件中的数据到列表，二是绘制曲线，分别定义函数实现。

读文件中的数据到列表，数据转数字类型，可用推导式实现。用 plot( )函数绘制曲线，绘制 x 轴刻度，用 xticks( )实现，date_ls[0:,150]每 150 个数据取一个值，旋转 45 度用参数 rotation＝45 实现。注释用 annotate( )实现，最高价可用 max( )获取，对应的日期可用 index( )或 find( )获取。绘制网格线用 grid( )，保存成文件使用 savefig( )，需放置在 show( )以前。运行结果如图 8.7 所示。

```python
import matplotlib.pyplot as plt        # 导入绘图库 matplotlib 中的 pyplot 子库，并起别名为 plt

# 定义符号常量，方便索引和切片
DATE = 0
HIGH = 1
LOW = 2
OPEN = 3
CLOSE = 4
VOLUME = 5
ADJCLOSE = 6

plt.rcParams['font.sans-serif'] = ['SimHei']        # 设置中文显示
plt.rcParams['axes.unicode_minus'] = False          # 字符显示

def get_data_from_file(file_path):
    """从文件中读取数据，返回日期和收盘价的列表"""
    with open(file_path, 'r', encoding='utf-8') as file:
        data = [line.strip().split(',') for line in file]   # 读取文件中的数据到嵌套列表
    date_ls = [x[DATE] for x in data[1:]]               # 提取日期数据
    open_ls = [float(x[OPEN]) for x in data[1:]]        # 提取收盘价数据转为浮点数类型
    close_ls = [float(x[CLOSE]) for x in data[1:]]      # 提取收盘价数据转为浮点数类型
    return date_ls, open_ls, close_ls                   # 返回日期和收盘价的列表数据

def draw_curves(date_ls, open_ls, close_ls):
    """绘制 GDP 曲线"""
    # plt.plot(date_ls, open_ls,'-',label='开盘价')       # 绘制开盘价曲线
    plt.plot(date_ls, close_ls, '-', label='收盘价')      # 绘制收盘价曲线
    plt.xticks(date_ls[0::150], rotation=45)            # 设置 x 轴刻度,倾斜 45 度
    plt.hlines(sum(close_ls) / len(close_ls), date_ls[0], date_ls[-1], colors='r', linestyles='--', label='平均价格')                           # 绘制 y=0 的水平虚线
    # 为最高价处加注释说明
    plt.annotate('最高价', xy=(date_ls[close_ls.index(max(close_ls))], max(close_ls)),
                 xytext=(+30, -10), textcoords='offset points', fontsize=16,
                 arrowprops=dict(arrowstyle="->", connectionstyle="arc3,rad=.2"))
    plt.grid()                                          # 显示网格线
    plt.legend(loc='upper left')                        # 添加图例，置于左上角
    plt.savefig('stock.png')                            # 保存图形到文件
```

```
    plt. show( )                                    # 显示图形

if __name__ == '__main__':
    file_path = '600066. csv'                       # 文件名和路径
    year, gdp, gdp_per_capite = get_data_from_file(file_path)
    draw_curves(year, gdp, gdp_per_capite)
```

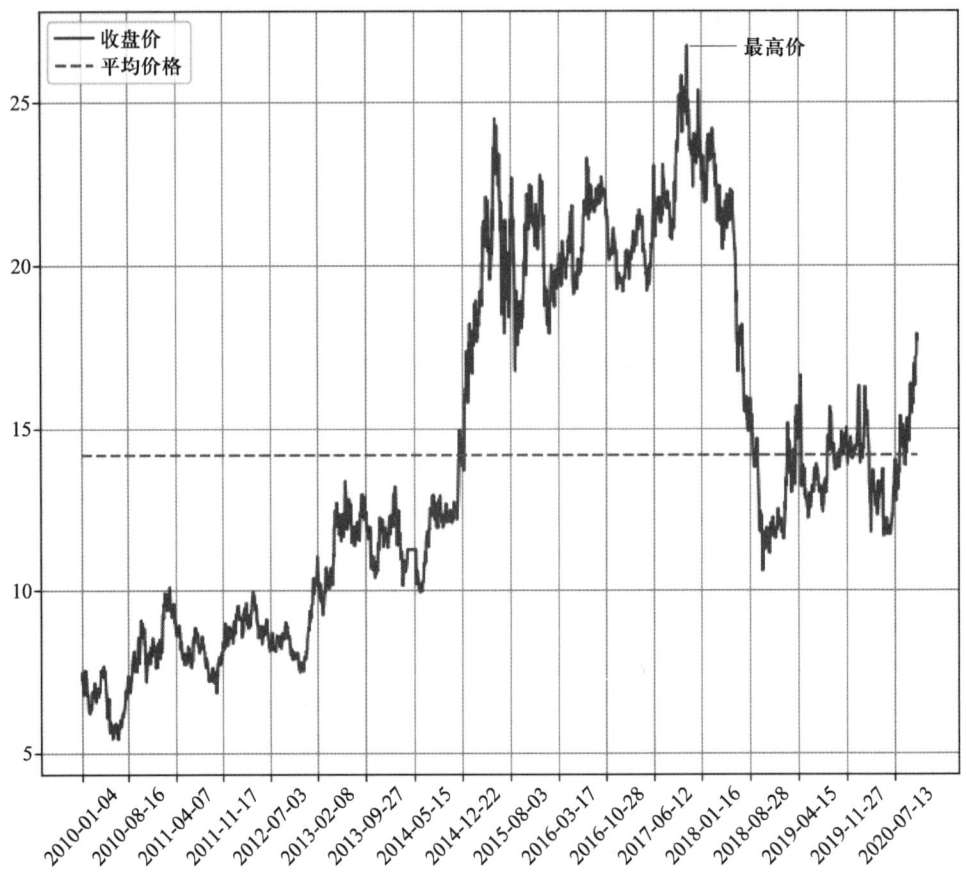

图 8.7　绘制股票收盘价曲线

8.1.3　绘制多子图

matplotlib 提供将同一画布划分成多个子区域的方法，可以将多个图形在同一个画布上不同区域绘制。可应用 subplot( ) 函数实现，使用语法如下：

　　subplot(nrows, ncols, index, ∗∗kwargs)

参数 nrows、ncols、index 分别表示行数、列数和序号，当前画布被划分为 nrows×ncols 个子区域，index 表示当前图绘制在第 index 个子区域。当行数、列数和序号全部小于 10 时，也可以将三个数字合并成一个三位数字来表示。例如，subplot(2,3,3) 和 subplot(233) 都会创建一个 2 行 3 列的绘图区域，当前图序号为 3。

将实例 8.2 修改为在同一个画布上的两个子图中绘制国内生产总值和人均国内生产总

值数据曲线。绘制结果如图 8.8 所示。

```
def draw_curves(year, gdp,gdp_per_capite):
    """绘制 GDP 曲线"""
    plt. subplot(2, 1, 1)      # 分成 2×2,用第 1 行第 1 列的子图
    plt. plot(year, gdp,color='red',linestyle='-',marker='o',label='GDP')    # 绘制 GDP 曲线
    plt. subplot(2, 1, 2)      # 分成 2×2,用第 1 行第 1 列的子图
    plt. plot(year, gdp_per_capite,'g * --',label='GDP per Capite')            # 绘制人均 GDP 曲线
    plt. show( )               # 显示图形
```

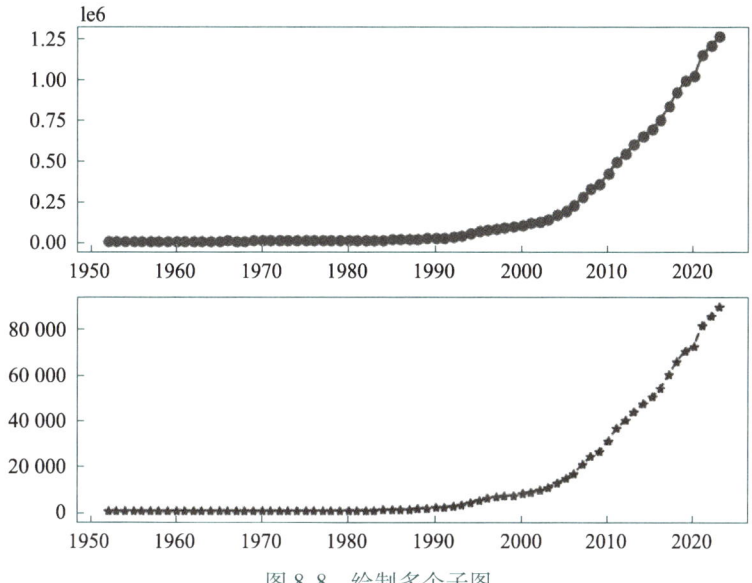

图 8.8　绘制多个子图

8.1.4　数据文件绘图

除去根据函数绘制曲线外,更多的应用是根据文件中的数据绘制数据曲线。一般的做法是打开文件,读取文件中的数据到列表中,再绘制数据曲线。

实例 8.4　绘制温度曲线

文件"Weatherofbeijing. csv"中保存了北京市 2024 年 9 月的天气数据,绘制 9 月的气温变化曲线、9 月最高温度的平均值线、9 月最低气温的平均值线。数据格式如下:

```
2024-09-01 星期日, 32℃, 19℃, 阴~晴, 东北风 3 级
2024-09-02 星期一, 28℃, 18℃, 阴~晴, 东南风 1 级
2024-09-03 星期二, 27℃, 20℃, 阴~小雨, 南风 2 级
2024-09-04 星期三, 25℃, 21℃, 阴~小雨, 东南风 1 级
......
2024-09-29 星期日, 25℃, 15℃, 阴~中雨, 西南风 2 级
2024-09-30 星期一, 20℃, 13℃, 中雨, 北风 3 级
```

分析数据文件,发现各数据项之间是逗号分隔的,可以根据逗号切分并转为嵌套列

表。再将日期、最高气温和最低气温分别提取到列表中，日期用切片方法取月日信息，气温切去最后一个表示摄氏的符号并转为整数。

将问题分解为两个子问题：一是读取文件中的数据到列表，可以使用列表推导式完成，注意遍历文件对象读取并切分后仍是字符串，绘图的数据需要转为数字类型。二是绘制曲线和设定线型颜色等，各定义一个函数实现。运行结果如图 8.9 所示。

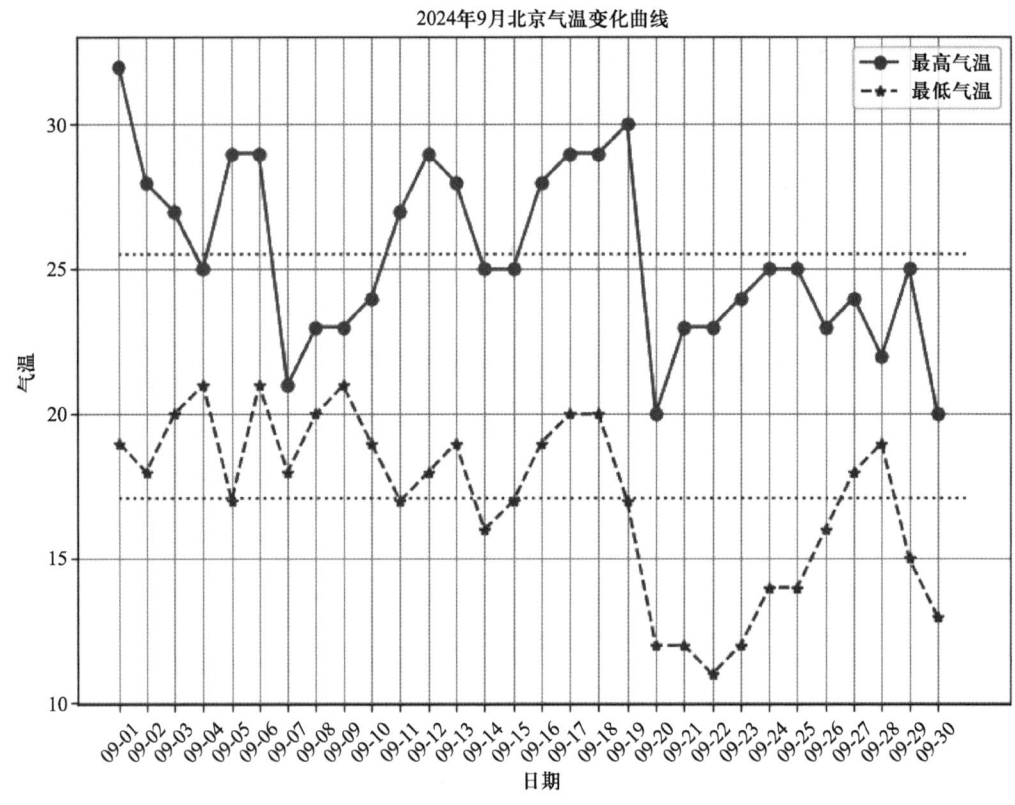

图 8.9　绘制温度曲线

```python
import matplotlib.pyplot as plt        # 导入绘图库 matplotlib 中的 pyplot 子库，并起别名为 plt

plt.rcParams['font.sans-serif'] = 'SimHei'
plt.rcParams['axes.unicode_minus'] = False

def get_data_from_file(file_path):
    """从文件中读取数据，返回嵌套列表"""
    with open(file_path, 'r', encoding='utf-8') as file:
        data = [line.strip().split(',') for line in file]    # 读取文件中的数据到嵌套列表
    day = [x[0][5:10] for x in data]                          # 提取日期
    high_temp = [int(x[1][:-1]) for x in data]                # 提取高温数据转为浮点数类型
    low_temp = [int(x[2][:-1]) for x in data]                 # 提取低温数据转为浮点数类型
    return day, high_temp, low_temp                           # 返回日期、高温和低温数据
```

```
def draw_curves(day, high_temp, low_temp):
    """绘制 GDP 曲线"""
    plt.plot(day, high_temp,'r-o',label='最高气温')          # 绘制高温曲线
    plt.plot(day, low_temp,'g--*',label='最低气温')          # 绘制低温曲线
    plt.title('2024 年 9 月北京气温变化曲线',fontproperties='SimSun')    # 添加标题
    plt.xlabel('日期',fontproperties='SimSun')              # 添加 x 轴标签
    plt.ylabel('气温',fontproperties='SimSun')              # 添加 y 轴标签
    # 添加水平参考线
    plt.hlines(sum(high_temp)/len(high_temp),0,len(day),colors='red',linestyles=':')
    plt.hlines(sum(low_temp)/len(low_temp),0,len(day),colors='green',linestyles=':')
    plt.xticks(rotation=45)                         # 设置 x 轴刻度, 倾斜 45 度
    plt.grid()                                      # 显示网格线
    plt.legend(loc='upper right')                   # 添加图例, 置于右上角
    plt.show()                                      # 显示图形


if __name__ == '__main__':
    file_path = 'weatherofbeijing.csv'              # 文件名和路径
    date, high, low = get_data_from_file(file_path) # 读文件获取数据
    draw_curves(date, high, low)                    # 调用函数绘制曲线
```

实例 8.5　绘制心电图

文件 "ecg_samples.txt" 包含两组心电数据，读取文件中的数据在两个子图中绘制心电图。数据共 3 600 行，格式如下：

```
0:00.000  -0.145  -0.065
0:00.003  -0.145  -0.065
0:00.006  -0.145  -0.065
0:00.008  -0.145  -0.065
……
0:09.994  -0.400  -0.290
0:09.997  -0.405  -0.285
```

对于此类问题，首先还是进行分解：先读文件中的数据并用推导式将数据放入嵌套列表，将嵌套列表中的同系列数据提取到列表中，字符串数据转数字类型。用 subplot( ) 拆分子图，用 plot( ) 绘制曲线，用 grid( ) 添加网格，用 show( ) 显示绘制结果。

划分函数，因代码较少，可将问题用两个函数实现，一个函数用于读取文件中的数据到列表，以列表类型返回各系列的数据；第二个函数用于绘制曲线。实现代码如下，运行结果如图 8.10 所示。

```
import matplotlib.pyplot as plt        # 导入绘图库 matplotlib 中的 pyplot 子库, 并起别名为 plt

plt.rcParams['font.sans-serif'] = 'SimHei'              # 设置中文显示
```

```
plt. rcParams['axes. unicode_minus'] = False                 # 正常显示负号

def get_data_from_file(file_path):
    """从文件中读取数据，返回嵌套列表"""
    with open(file_path, 'r', encoding='utf-8') as file:
        data = [line. strip(). split() for line in file]     # 读取文件中的数据到嵌套列表
    time = [float(x[0][2:]) for x in data]                    # 提取时间序列数据
    lead1 = [float(x[1]) for x in data]                       # 提取 lead1 数据
    lead2 = [float(x[2]) for x in data]                       # 提取 lead2 数据
    return time, lead1, lead2                                 # 返回时间序列数据和 lead1、lead2 数据

def draw_curves(time, lead1, lead2):
    """在上下两个子图中分别绘制心电图曲线"""
    plt. subplot(211)                                          # 分上下两个子图，占用上面子图
    plt. plot(time, lead1)                                     # 绘制心电图曲线
    plt. grid(True)                                            # 显示网格
    plt. subplot(212)                                          # 分上下两个子图，占用下面子图
    plt. plot(time, lead2)                                     # 绘制心电图曲线
    plt. grid(True)                                            # 显示网格
    plt. show()                                                # 显示图形

if __name__ == '__main__':
    file_path = 'ecg_samples. txt'                             # 文件名和路径
    time, lead1, lead2 = get_data_from_file(file_path)
    draw_curves(time, lead1, lead2)                            # 调用函数绘制心电图曲线
```

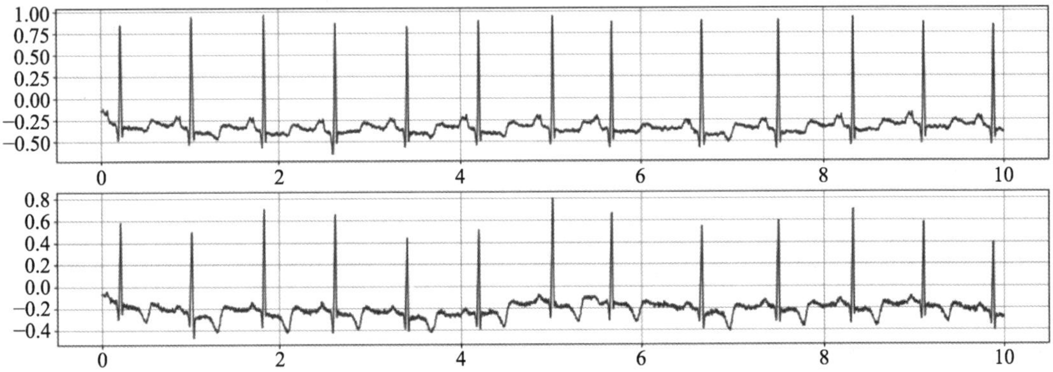

图 8.10　绘制心电图曲线

当数据文件中包括多列数据时，可用循环的方法，每次读两列数据绘图，重复执行，完成所有数据的读取和绘制。

实例 **8.6**　绘制科学实验数据曲线

有一包含多列数据的文件"PDOS. csv"，8 列数据分别代表 4 组(x, y)坐标，利用文件

中的数据绘制图 8.11 所示的数据曲线。下面仅给出文件前 4 行和最后一行数据，在 211 子图中绘制所有数据的曲线，在 223 子图中分别绘制曲线在(-5,5)内的部分，在 224 子图中绘制最后 2 列数据的曲线在(-5,5)内的部分。

-58.55742805,0,-58.55742805,0,-58.55742805,0,-58.55742805,0

-58.54690537,0,-58.54690537,0,-58.54690537,0,-58.54690537,0

-57.47359261,0.000110663,-57.16843505,0.000112165,-57.04216296,0.000102657,-57.47359261,0.00011105

-57.46306993,0.000140603,-57.15791238,0.000131517,-57.03164029,0.000116436,-57.46306993,0.000141095

......

18.19495756,0.023266078,17.72143722,1.054125932,22.33036852,0,16.18512679,0.690765294

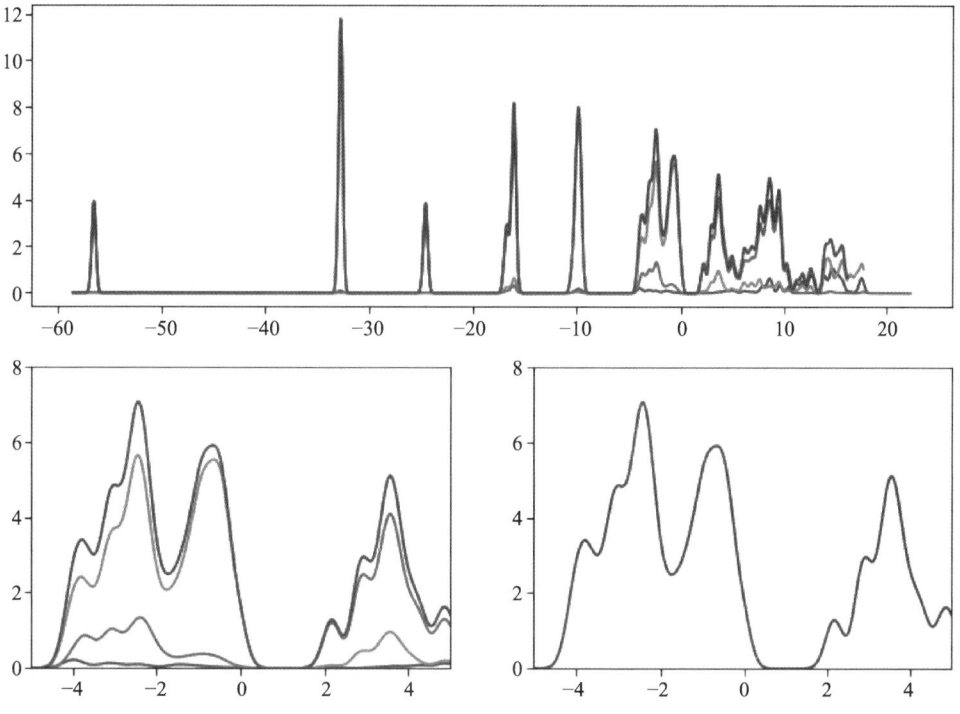

图 8.11　绘制科学实验数据曲线

　　目标图是先把绘图区分为上下 2 个区使用第一个，可在 subplot(211)中绘制总的数据图，再把绘图区分为上下两行左右两列，使用第 3、4 两个区域，即在 subplot(223)和 subplot(224)中绘制下面两个图。下半部的两个子图只显示横坐标在(-5,5)内且纵坐标在(0,8)内的区域，相当于这部分图的放大效果，两个图的区别是左下方子图（223）是 4 条曲线的图，右下方子图（224）是只绘制最后两列数据的曲线。

　　因 211 子图和 223 子图是同一个图画两次，只是显示区域不同，所以可以把绘制所有数据曲线定义成一个函数，重复调用两次。这样可以把问题分解为读数据、绘制完整曲线和绘制子图三个子问题，分别定义函数实现。用列表推导式一次性把文件中的数据放入列表，再循环 4 次读取列表中的相邻两列数据绘制曲线。注意，从文件读入列表的数据是字符串类型，使用前要转为数值类型。

```python
import matplotlib.pyplot as plt        # 导入绘图库 matplotlib 中的 pyplot 子库, 并起别名为 plt

def get_data_from_file(file_path):
    """从文件中读取数据, 返回嵌套列表"""
    with open(file_path, 'r', encoding='utf-8') as file:
        data = [line.strip().split(',') for line in file]      # 数据转列表
    return data

def draw_curves(data):
    """绘制数据曲线"""
    for i in range(4):                                  # 每次循环读相邻两列数据绘制一条曲线
        x = [float(ls[2 * i]) for ls in data]           # 生成 x 的数组
        y = [float(ls[2 * i + 1]) for ls in data]       # 生成 y 的数组
        plt.plot(x, y)

def draw_subplot(data):
    """绘制子图"""
    plt.subplot(211)                                    # 占用上方子图
    draw_curves(data)                                   # 绘制数据曲线
    plt.subplot(223)                                    # 占用左下方子图
    draw_curves(data)                                   # 绘制数据曲线
    plt.xlim(-5, 5)                                     # 设置 x 轴范围
    plt.ylim(0, 8)                                      # 设置 y 轴范围
    plt.subplot(224)                                    # 占用右下方子图
    x = [float(ls[6]) for ls in data]                   # 生成 x 的数组
    y = [float(ls[7]) for ls in data]                   # 生成 y 的数组
    plt.plot(x, y)                                      # 绘制一条数据曲线
    plt.xlim(-5, 5)                                     # 设置 x 轴范围
    plt.ylim(0, 8)                                      # 设置 y 轴范围
    plt.show()                                          # 显示图形

if __name__ == '__main__':
    file_path = 'PDOS.csv'                              # 文件名和路径
    data_ls = get_data_from_file(file_path)
    draw_subplot(data_ls)
```

文件中的数据有多列时, 用 NumPy 和 Pandas 处理就更加方便。在 NumPy 中, 使用 loadtxt() 函数可以方便地读取 CSV 或 TXT 文件, delimiter=',' 表示用逗号作为分隔符自动切分字段, 并将数据载入 NumPy 数组。

```python
import matplotlib.pyplot as plt        # 导入绘图库 matplotlib 中的 pyplot 子库, 并起别名为 plt
import numpy as np
```

```
def get_data_from_file(file_path):
    """从文件中读取数据,返回二维数组"""
    data = np.loadtxt(file_path, delimiter=',')     # 读逗号分隔数据文件
    return data                                      # 返回二维数据类型的数据


def draw_curves(data):
    """绘制数据曲线"""
    for i in range(4):                               # 每次循环读相邻两列数据绘制一条曲线
        plt.plot(data[:, 2 * i], data[:, 2 * i+1])   # 切片获取两列数据绘图
    plt.show()


if __name__ == '__main__':
    file_path = 'PDOS.csv'                           # 文件名和路径
    data_arr = get_data_from_file(file_path)         # 调用函数获取数据列表
    draw_curves(data_arr)                            # 调用函数绘制曲线
```

在 Pandas 库中,使用 read_csv() 函数可以方便地读取 csv 或 txt 文件,delimiter=',' 表示用逗号作为分隔符自动切分字段,并将数据载入为 DataFrame 类型。可通过列标签或 DataFrame.iloc[:, i] 获取其中第 i 列数据。

```
import matplotlib.pyplot as plt     # 导入绘图库 matplotlib 中的 pyplot 子库,并且别名为 plt
import pandas as pd


def get_data_from_file(file_path):
    """从文件中读取数据, 返回 DataFrame 类型数据"""
    data_df = pd.read_csv(file_path, delimiter=',')  # 转 DataFrame 类型
    return data_df                                   # 返回 DataFrame 类型数据


def draw_curves(data):
    """绘制数据曲线"""
    for i in range(4):                               # 每次循环读相邻两列数据绘制一条曲线
        plt.plot(data.iloc[:, 2 * i], data.iloc[:, 2 * i+1])  # 切片获取两列数据
    plt.show()                                       # 显示图形


if __name__ == '__main__':
    file_path = '9.5 PDOS.csv'                       # 文件名和路径
    data_df = get_data_from_file(file_path)          # 调用函数读文件中的数据到 df 中
    draw_curves(data_df)                             # 调用函数绘制曲线
```

8.1.5 雷达图

雷达图(radar chart),也称为蛛网图、极坐标图,是一种用于展示多变量数据的可视化工具。它通过多个从同一中心点辐射的轴,将每个轴代表的变量值连接成一个多边形,

从而形成一个类似雷达网格的图形。因此，雷达图适合用于比较多个对象在多个维度上的表现。

雷达图的结构中，用一个中心点表示所有变量的起点，一般为 0。每个轴表示一个变量，轴的数值从中心向外递增。每个数据集在各个维度上的值通过线段连接，形成一个闭合的多边形。多边形的形状能够直观地显示数据的模式和特征。沿着每个轴有标度，表示变量的取值范围。例如，要比较不同产品的性能，雷达图的每个轴可以表示一个速度、价格、质量、续航等性能指标，不同产品在这些指标上的表现会形成不同形状的多边形。

雷达图是一种非常直观且有效的多维数据可视化工具，广泛应用于市场分析、体育评估、教育、金融、项目管理等多个领域。它的优势在于能够同时展示多个维度的数据，并且能够直观地显示各个对象在不同维度上的表现，帮助用户快速发现数据中的模式、差异和潜在的问题。不过，使用雷达图时需要注意，如果维度过多，图表可能会变得难以解读。各个维度的尺度应当保持一致或经过标准化处理，以免造成误导。

由于雷达图结构简单、直观，适合展示和比较多维数据，因此在以下领域得到了广泛应用。

1. 市场营销与产品分析

雷达图常用于比较不同产品在多个指标上的表现。例如，某款智能手机可以在屏幕、续航、价格、处理器性能、用户满意度等多个维度上与其他产品进行比较。企业可以通过雷达图展示多个品牌在市场份额、客户满意度、创新能力等方面的比较，帮助进行市场定位和战略决策。

2. 体育与运动分析

雷达图在体育分析中被广泛用于评估运动员的各项能力。例如，足球运动员的速度、力量、技术、传球能力、射门能力等可以通过雷达图进行展示和比较。教练可以利用雷达图对比球队在进攻、防守、控球、传球等方面的表现，从而制定战术策略。

3. 人力资源与员工评估

企业可以使用雷达图来评估员工的多项能力，如领导力、沟通能力、技术技能、团队协作等。通过多维度的评估，帮助企业更好地了解员工的优势和劣势。在员工的绩效评估中，雷达图可以直观展示员工在多个绩效指标上的表现，帮助管理者做出全面的判断。

4. 教育与学习分析

雷达图可以用于评估学生在多个科目或技能上的表现。比如，展示学生在数学、语文、科学、艺术、体育等方面的能力水平。教育机构可以使用雷达图来比较不同课程在教学内容、作业难度、学生反馈等方面的表现，从而优化课程设计。

5. 金融与投资分析

雷达图可以用于比较不同投资组合在风险、回报、流动性、稳定性等方面的表现，帮助投资者做出更明智的决策。企业财务健康评估中，雷达图可以展示企业在盈利能力、偿债能力、运营效率、市场份额等方面的表现。

6. 项目管理

项目经理可以使用雷达图展示项目在预算、时间进度、资源利用、质量控制等多个维度上的表现，帮助进行项目健康状况的检查和优化。在项目管理中，雷达图可以用于评估团队在沟通、执行力、创新能力、技术水平等方面的表现，帮助识别团队的优势与需要改进的地方。

7. 工程与技术开发

雷达图可以用于比较不同技术系统或设备在多个指标上的表现，如性能、功耗、成本、可靠性等。通过雷达图，技术人员可以直观了解各个系统的优劣势。在机器学习和数据科学领域，雷达图可以用于比较不同算法在多个性能指标（如准确率、召回率、精度、模型复杂度等）上的表现。

8. 健康与医学分析

雷达图可以用于展示患者在多个健康指标上的情况，如心率、血压、胆固醇水平、血糖水平等，帮助医生全面了解患者的健康状况。雷达图可以展示某种药物在安全性、效果、价格、依从性等多个维度上的表现，帮助医生选择合适的治疗方案。

实例 8.7　绘制成绩雷达图

某学校进行了一次考试，三个专业的各门课程平均成绩保存在文件"score_radar. txt"中，文件中的数据如表 8.10 所示，要对这三个专业的整体成绩做出评估，为接下来的教学计划做出指导，绘制雷达图对数据进行展示。

表 8.10　课 程 成 绩

专　　　业	C 语言	Java	Python	C#	JavaScript
软件工程	95	96	85	63	91
计算机科学与技术	75	93	66	85	88
网络工程	86	76	96	93	67

实现代码如下，绘制结果如图 8.12 所示。

```python
import numpy as np
import matplotlib. pyplot as plt

# 读取文件中的数据并附加到列表中
with open('score_radar. txt', 'r', encoding='utf-8') as file:
    scoreA = [line. strip(). split('\t') for line in file]
labels = np. array(scoreA)[0, 1:]                        # 序号 0 行中序号 1 后的列作为标签
dataLenth = 5                                           # 数据个数
cl = ['b', 'g', 'r']                                    # 填充颜色
angles = np. linspace(0, 2 * np. pi, dataLenth, endpoint=False)
angles = np. append(angles, [angles[0]])                # 闭合曲线
fig = plt. figure()                                     # 创建画布
ax = fig. add_subplot(111, polar=True)                  # 创建子图，极坐标
for i in range(1, 4):                                   # 逐条绘制各曲线
    scoreB = np. array(scoreA[i][1:]). astype(int)       # 第 i 个专业成绩
    data = np. append(scoreB, [scoreB[0]])              # 使曲线闭合
    ax. plot(angles, data, color=cl[i-1], linewidth=2)  # 画线
    ax. set_thetagrids(angles[:-1] * 180 / np. pi, labels, fontproperties="SimHei")
```

```
ax. set_title("成绩雷达图", va='bottom', fontproperties="SimHei")
ax. set_rlim(0, 100)                    # 径向刻度标签
ax. grid(True)                          # 显示网格线
plt. show()
```

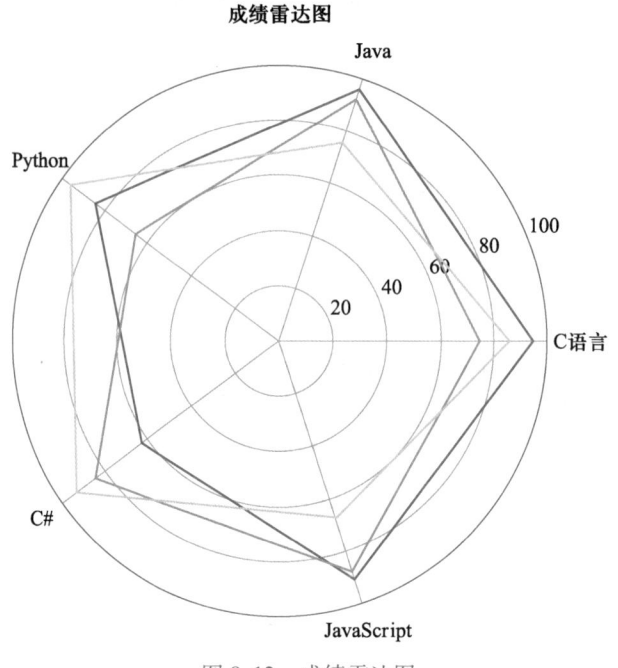

图 8.12　成绩雷达图

8.2　饼图

饼图（pie chart）是一种部分与整体关系的可视化工具。饼图将数据按比例划分为不同扇形区域，整个圆表示数据的总量，每个扇形的面积表示某个类别占整体的比例。适合于展示离散数据的组成结构，直观易懂，适合展示少量类别的对比，不适合展示过多的数据类别，否则会导致图表过于复杂，不易分辨。

饼图的优点一是直观易懂，通过不同的扇形区域，能够直观地展示各个部分的占比，观众很容易理解其含义；二是比例展示，饼图特别适合展示比例数据，能够很好地说明部分与整体的关系；三是视觉效果好，饼图使用在演示文稿或报告中时，通常具有较好的视觉效果，能够快速传达信息。

饼图的缺点一是不适合高维数据，只能展示一个维度的比例，不适合展示多维数据。二是类别过多时难以分辨，如果展示的类别过多，饼图会变得复杂，难以清晰地传达信息。三是不适合精确比较，饼图不适合用来进行精确的数值比较，尤其是当各个扇形区域的大小差异较小时。

　　饼图的应用范围主要集中在市场分析、财务分析、人口统计、网站流量分析等领域，特别适合用于展示各类别在整体中所占的比例。在商业和营销领域用于展示不同公司或产品的市场份额占比、客户群体的分类比例，例如，按年龄段、性别、地域等分类。在财务分析领域用于展示预算在不同部门或项目中的分配情况或公司来自不同业务或区域的收入比例。在人口统计中用于展示某个地区的人口组成，比如，按年龄、性别、职业等分类。或是展示选举结果中不同候选人或政党所获得的选票比例。在社会科学研究中，饼图用于展示调查结果的比例分布或展示用户对某项服务或产品的满意度分布比例。例如，展示公众对某个政策的支持与反对的比例。在网站流量分析中用来展示网站流量的来源构成，例如，通过搜索引擎、社交媒体、直接访问等渠道带来的流量占比。也可以展示访问网站的用户使用的设备类型比例，例如，桌面设备、移动设备和平板设备的比例。在资源分配中展示不同能源类型（如煤炭、石油、天然气、风能、太阳能等）在总能源消耗中的占比。展示不同用途的土地（如农业用地、工业用地、居住用地等）在总土地面积中的占比。在零售行业中，用于比较不同产品类别的销售额占比或展示不同地区的销售额在总销售额中的比例。例如，展示食品、电子产品、服装等类别的销售额占整体销售额的比例。

　　绘制饼图的数据要符合以下特征：仅有一个要绘制的数据系列、要绘制的数字没有负值、要绘制的数字几乎没有零值、类别数目无限制、各类别分别代表整个饼图的一部分、各个部分需要标注百分比。

　　绘制饼图利用 pie( ) 函数实现，该函数的主要参数与含义如下：

```
matplotlib. pyplot. pie(x, explode = None, labels = None, colors = None, autopct = None, pctdistance = 0. 6,
shadow = False, labeldistance = 1. 1, startangle = None, radius = None, counterclock = True, wedgeprops = None,
textprops = None, center = (0, 0), frame = False, rotatelabels = False, hold = None, data = None)
```

　　（1） x：一维类数组数据。

　　（2） explode：需要突出展示的数据位置及突出量，不突出的数据取值为 0，突出的数据一般用一个小数表示。

　　（3） labels：各部分数据的标签，用列表给出。

　　（4） labeldistance：文本的位置离原点与半径的比值，1.1 指 1.1 倍半径的位置。

　　（5） autopct：圆里面的文本格式，%2.1f%% 表示整数有 2 位、小数有 1 位的浮点数。

　　（6） shadow：是否有阴影，True 为有阴影，False 为无阴影。

　　（7） startangle：起始角度，0 表示从 0 开始逆时针旋转，一般选择从 90 度开始比较好看。

　　（8） pctdistance：文本离圆心的距离相对半径的百分比。

　　（9） legend( )函数：可用于给出图例，主要参数有两个，一个是 loc，表示图例的位置，包括"upper right""upper left""lower right""lower left"等；另一个是 bbox_to_anchor，表示图例与图形之间的距离，当出现图形与图例重叠时，可使用 bbox_to_anchor 调整图例的位置，这个位置由两个参数决定，第一个参数为图例与左边的距离，第二个参数为图例与下边的距离。

实例 8. 8　编程语言热度饼图

Python 是人工智能与大数据领域应用最广泛的程序设计语言，近年应用热度逐年提升，现有 2025 年 3 月 Tiobe 程序设计语言排行榜中热度数据，请用饼图对表 8.11 中的数据进行可视化展示。

表 8.11　编程语言热度

年份	Python	C++	Java	C	C#	JavaScript	Go	SQL	Other
2025	23.85	11.08	10.36	9.53	4.87	3.46	2.78	2.57	31.55

实现代码如下，绘图结果如图 8.13 所示。

```python
import matplotlib.pyplot as plt

labels = ['Python','C++','Java', 'C', 'C#', 'Javascript', 'Go', 'SQL', 'Other']
sizes = [23.85,11.08,10.36,9.53,4.87,3.46,2.78,31.55]
explode = (0.1, 0, 0, 0, 0, 0, 0, 0, 0)          # 第 1 个数据突出显示
plt.axes(aspect=1)                               # 设置参数为 1 使饼图是圆的
plt.pie(sizes, explode=explode, labels=labels, labeldistance=1.1,
        autopct='%2.1f%%', shadow=True, startangle=90, pctdistance=0.8)
plt.legend(loc='lower right', bbox_to_anchor=(1.3, 0))   # 右下角图例
plt.show()
```

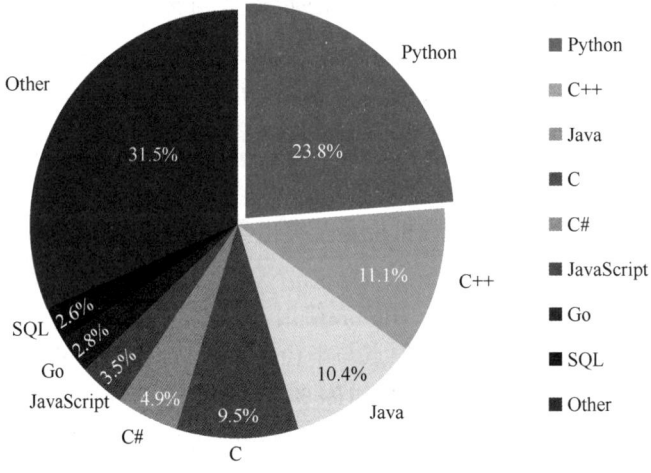

图 8.13　编程语言热度饼图

8.3　柱状图

柱状图（bar chart）是一种用于表示类别数据的可视化图表。它通过矩形柱（条形）展示每个类别的数据值，柱的高度（或长度）表示该类别的数值大小。通常，柱状图的类别数据沿着水平轴排列，数值沿着垂直轴排列。柱状图的常见类型包括单柱状图、堆叠柱状图、分组柱状图、垂直柱状图和水平柱状图等。

　　柱状图是一种简单而直观的可视化工具，适合用于展示类别、对比和分布数据。它广泛应用于市场营销、金融、教育、人口统计、项目管理、健康分析等多个领域，帮助用户快速识别数据中的模式和趋势。

　　柱状图的优势在于直观易懂，通过柱的长度或高度，用户可以轻松比较各类别数据的大小。灵活性强，可以用于多种数据类型，包括单一类别、分组数据、堆叠数据等。柱状图的局限性是在类别过多时，图表可能变得难以解读。

　　柱状图主要用于展示以下类型的数据：一是离散的、非连续的类别数据，如产品类别、国家、行业等。二是比较不同产品、不同区域、不同时间等不同类别的数据大小。三是用于展示离散时间点上的数据变化，适合展示按月、按年或按季度的数据。四是展示数据在不同类别中的分布情况，如学生成绩的分布、人口年龄结构等。

　　柱状图在多个领域中得到了广泛应用，尤其适合用于展示类别数据、对比分析和趋势展示。在市场营销和销售分析中被广泛用于展示和对比产品、销售渠道、地区等类别的数据信息。在金融和经济分析中，柱状图用于展示经济数据的变化、金融市场的表现和不同资产的回报率等。在教育和学术领域，柱状图常用于展示学生成绩分布、课程表现和研究结果等。在人口统计和社会调查领域经常使用柱状图来展示人口特征、社会行为和调查结果。在项目管理和资源分配中用于展示任务进度、资源使用情况和项目绩效。在健康与医学研究中，柱状图用于展示疾病分布、药物效果和患者统计信息。在交通和物流领域被广泛用于展示交通流量、货物运输量等数据。在网站和技术指标分析中，柱状图用于展示网站流量、用户行为和技术性能。

实例 8.9　绘制销售数据柱状图

　　假设你是一家电子产品销售公司的数据分析师，负责分析公司不同产品的销售情况。你需要从产品销售数据中得出结论，帮助公司决定未来的产品策略。通过对不同产品类别的销售额进行可视化，可以直观地展示各个产品的表现，帮助管理层做出更加明智的决策。绘图结果如图 8.14 所示。

```python
import matplotlib. pyplot as plt

plt. rcParams['font. sans-serif'] = ['SimHei']          # 设置中文显示


# 模拟的销售数据
products = ['手机', '笔记本', '平板', '智能手表', '耳机']   # 产品类别列表
sales = [1500, 1200, 800, 500, 300]                     # 销售额列表


plt. bar(products, sales, color='blue')                  # 绘制柱状图
# 添加标题和标签
plt. title('2024 年 9 月不同产品类别的销售额', fontsize=16)
plt. xlabel('产品类别', fontsize=14)
plt. ylabel('销售额（万元）', fontsize=14)


plt. show()                                              # 显示绘制结果
```

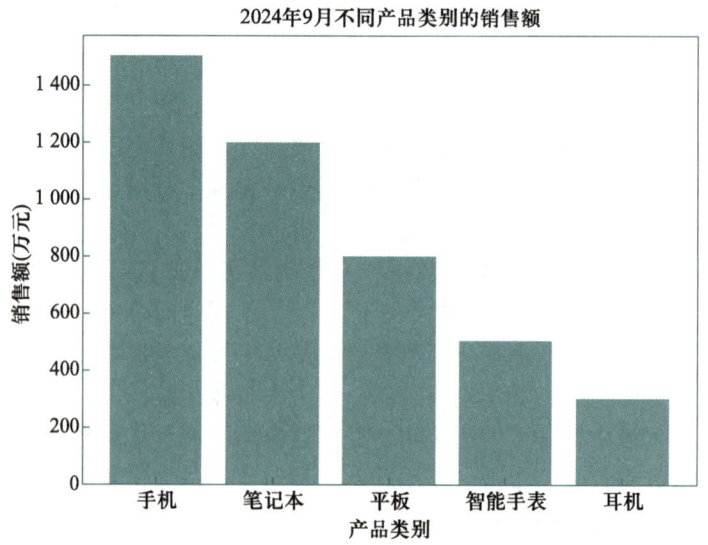

图 8.14　销售数据分析柱状图

　　从生成的柱状图可以清晰地看出哪个产品类别的销售额最高，哪种最低，也可以看出销售额的差异有多大，各类别之间的差距是否显著。可以根据数据的可视化结果进行商业决策，例如，是否应该增加高销售额产品的库存或推广力度。

　　引入另一个维度，分析不同月份的销售额表现，绘制**分组柱状图**，展示每个产品类别在不同月份的表现。绘图结果如图 8.15 所示。

```python
import matplotlib.pyplot as plt

plt.rcParams['font.sans-serif'] = ['SimHei']                    # 设置中文显示

# 模拟的销售数据
products = ['手机', '笔记本', '平板', '智能手表', '耳机']        # 产品类别列表
sales_of_sept = [1500, 1200, 800, 500, 300]                    # 销售额列表
sales_of_aug = [1400, 1100, 850, 450, 320]

# 绘制分组柱状图
bar_width = 0.35                                                # 柱的宽度
index = range(len(products))
# 绘制 9 月的柱状图
plt.bar(index, sales_of_sept, bar_width, label='9 月', color='skyblue')
# 绘制 8 月的柱状图
plt.bar([i + bar_width for i in index], sales_of_aug, bar_width, label='8 月', color='lightgreen')

# 添加标题和标签
plt.title('8 月与 9 月不同产品类别的销售额对比', fontsize=16)
plt.xlabel('产品类别', fontsize=14)
```

```
plt. ylabel('销售额(万元)', fontsize = 14)
plt. legend( )                              # 添加图例
plt. show( )                                # 显示图表
```

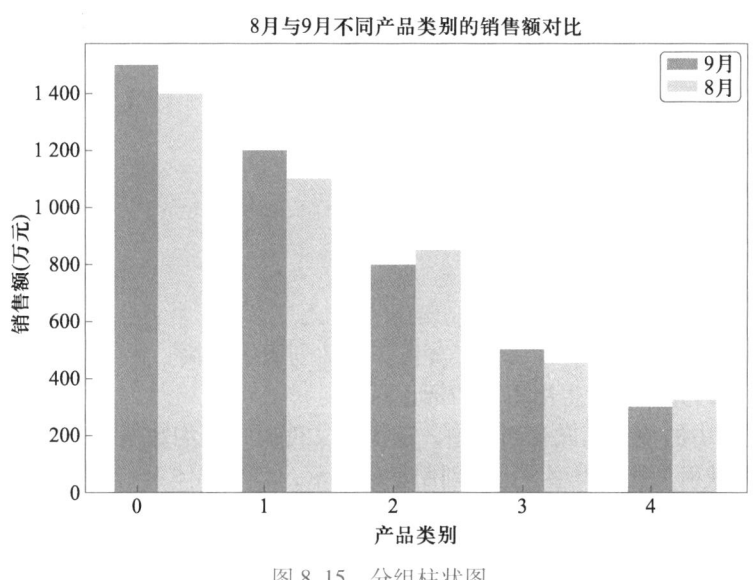

图 8.15　分组柱状图

8.4　散点图与气泡图

　　散点图（scatter plot）是一种用于展示两个变量之间关系的图。它通过在二维平面上将数据点绘制在 x 轴和 y 轴上，来显示这两个变量之间的关联或趋势。每个点的位置由两个变量的数值决定，x 轴表示其中一个变量，y 轴表示另一个变量。通过点的分布，可以观察变量之间是否存在某种关系。

　　散点图可用于观察两个变量之间的相关性或关系，帮助发现数据中的模式、趋势、聚类或异常值，常用于回归分析，帮助确定变量之间的线性关系。散点图在物理、化学、生物等领域的科学研究中可用于展示实验数据之间的关系。在经济分析中用于分析两个经济指标之间的关系，如收入与消费之间的关系，股票价格与交易量之间的关系。在社会科学中用于展示社会调查中的变量关系，如教育水平与收入之间的关系。在医疗研究中用于展示健康指标之间的关系，如体重与血压的关系，药物剂量与治疗效果之间的关系。

　　散点图应用 scatter( ) 函数绘制：

```
pyplot. scatter(x, y, s = None, c = None, marker = None, cmap = None, norm = None, vmin = None, vmax =
None, alpha = None, linewidths = None, *, edgecolors = None,          plotnonfinite = False, data =
None, ** kwargs)
```

实例 **8. 10** 绘制身高体重散点图

文件 "health. csv" 中保存身高体重数据，数据格式如下：

```
1 ,120. 0 ,23. 5
1 ,119. 0 ,21. 6
1 ,123. 0 ,21. 6
2 ,118. 0 ,17. 1
2 ,115. 0 ,17. 1
1 ,113. 0 ,18. 8
1 ,114. 0 ,20. 6
2 ,112. 0 ,16. 5
1 ,116. 0 ,23. 7
```

首列的 "1" 代表男生，"2" 代表女生。第 2 列表示身高，第 3 列表示体重。绘制身高体重的散点图，男生和女生用不同的标记区分。

（1）读文件中的数据到嵌套列表中。遍历读文件时得到的数据格式是字符串，可以用 map( ) 函数将其映射为数值类型，因性别用整数表示，身高和体重用浮点数，可以用 eval( ) 实现。

```python
def read_file(file: str) -> list:
    """读文件，返回嵌套列表"""
    data_ls = [ ]
    with open(file, 'r', encoding='utf-8') as fr:
        for x in fr:                                    # 遍历文件对象
            ls = list(map(eval, x.strip( ).split(',')))  # 当前行切分为列表，元素转数值型
            data_ls. append(ls)                         # 当前行切分的列表加入到嵌套列表中
    return data_ls
```

（2）从嵌套列表中将男生、女生的身高、体重数据分别提取出来。

```python
def separate(data_ls: list) -> list:
    """接收嵌套列表，将男生、女生的身高、体重数据分别提取出来
    将男女生身高体重的列表作为元组的元素，返回元组"""
    boy_height = [ x[1] for x in data_ls if x[0] == 1]
    boy_weight = [ x[2] for x in data_ls if x[0] == 1]
    girl_height = [ x[1] for x in data_ls if x[0] == 2]
    girl_weight = [ x[2] for x in data_ls if x[0] == 2]
    return boy_height,boy_weight,girl_height,girl_weight
```

（3）绘制散点图，并限定 x 轴显示范围为 $105 \sim 160$，y 轴显示范围为 $15 \sim 50$，去除偏离正常的数据。绘图结果如图 8. 16 所示。

```python
def plot_scatter(classify_ls:tuple)->None:
    """根据男生女生身高体重数据绘制散点图"""
    plt. scatter(classify_ls[0], classify_ls[1], c='b', marker=(5, 1))
```

```
plt. scatter(classify_ls[2], classify_ls[3], c='g')
plt. xlim(105, 160)                    # x 取值范围设置
plt. ylim(15, 50)                      # y 取值范围设置
```

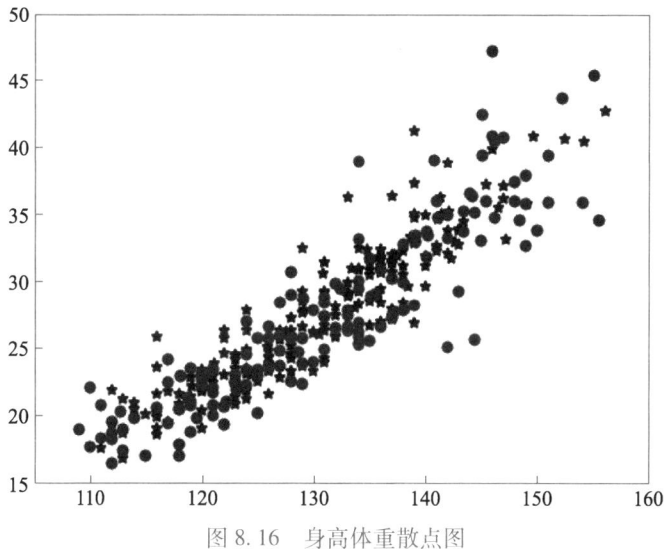

图 8.16 身高体重散点图

完整参考代码如下:

```
import matplotlib. pyplot as plt

def read_file(file):
    """读文件，返回嵌套列表"""
    data_ls = []
    with open(file, 'r', encoding='utf-8') as fr:
        for x in fr:                                # 遍历文件对象
            ls = list(map(eval, x. strip(). split(',')))  # 将当前行切分为列表，元素转数值型
            data_ls. append(ls)                     # 将当前行切分的列表加入到列表中
    return data_ls

def separate(data_ls):
    """接收嵌套列表，将男生、女生的身高、体重数据分别提取出来
    将男女生身高体重列表作为元组的元素，返回元组"""
    boy_height = [x[1] for x in data_ls if x[0] == 1]
    boy_weight = [x[2] for x in data_ls if x[0] == 1]
    girl_height = [x[1] for x in data_ls if x[0] == 2]
    girl_weight = [x[2] for x in data_ls if x[0] == 2]
    return boy_height, boy_weight, girl_height, girl_weight

def plot_scatter(classify_ls):
    """根据男生女生身高体重数据绘制散点图"""
```

```
    plt. scatter( classify_ls[0], classify_ls[1], c='b', marker=(5, 1))
    plt. scatter( classify_ls[2], classify_ls[3], c='g')
    plt. xlim( 105, 160)                              # x 取值范围设置
    plt. ylim( 15, 50)                                # y 取值范围设置

if __name__ == '__main__':
    filename = 'health. csv'
    data_lst = read_file( filename)
    data_classify = separate( data_lst)
    plot_scatter( data_classify)
    plt. show( )
```

气泡图（bubble chart）是散点图的扩展，它不仅展示两个变量之间的关系，还通过气泡的大小来表示第三个变量。因此，气泡图能够在二维平面上同时展示三个变量的信息。每个气泡的位置由 x 轴和 y 轴的变量决定，而气泡的大小（半径或面积）表示第三个变量的值，有时气泡图还通过颜色来表示第四个变量。

气泡图能够同时展示三个变量之间的关系或比较，可用于多维数据展示，通过气泡的大小和位置，观察数据的分布、聚类或变化趋势。气泡图常用于展示多个维度的权衡，如成本、收益和风险之间的关系。

气泡图在商业与市场分析中可用于比较多个产品或市场的多维度表现，如销售额、市场份额与利润之间的关系。在经济与金融分析中用于展示国家或公司的多个经济指标，如 GDP、人口和失业率的关系。在项目管理中可以用于展示项目的成本、时间和风险，帮助进行优先级排序和决策。在环境研究中用于展示环境变量之间的关系，如空气质量、人口密度和温室气体排放之间的关系。

实例 8. 11   市值规模与营收气泡图

假设你是一名投资人，需要识别高增长高利润的优质企业，发现被低估的成长型企业，对比同行业企业表现。了解行业整体发展状况，识别行业领先企业，分析行业竞争格局，确定企业在行业中的位置，寻找改进和发展方向，可以使用气泡图进行观察和分析。
使用随机数模拟生成市场数据：

```
import numpy as np
import pandas as pd

def generate_market_data( n_companies=12):
    """生成市场数据"""
    # 公司相关数据
    companies = ["科技创新", "智慧制造", "新能源车", "医疗科技", "数字金融", "绿色能源",
                "智能家居", "云计算", "生物科技", "人工智能", "半导体", "新材料"]
    sectors = ["科技", "制造", "能源", "医疗"]
    # 生成数据
```

```
data = {
    'company': companies[:n_companies],
    'revenue': np.random.uniform(5, 100, n_companies),          # 营收（亿元）
    'profit_margin': np.random.uniform(5, 30, n_companies),     # 利润率（%）
    'rd_investment': np.random.uniform(0.5, 15, n_companies),   # 研发投入（亿元）
    'market_cap': np.random.uniform(50, 1000, n_companies),     # 市值（亿元）
    'sector': np.random.choice(sectors, n_companies),           # 行业分类
    'yoy_growth': np.random.uniform(-10, 40, n_companies)       # 同比增长率（%）
}

return pd.DataFrame(data)
```

绘制气泡图代码如下，绘图结果如图 8.17 所示。

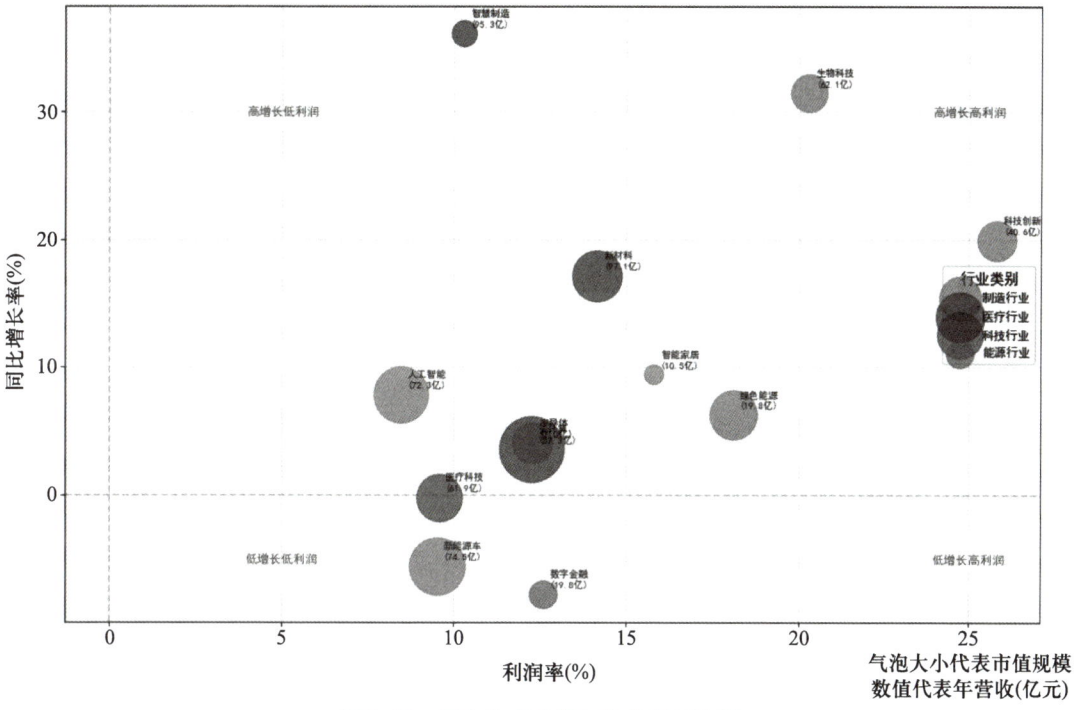

图 8.17　国内生产总值与失业率气泡图

```
import matplotlib.pyplot as plt
import pandas as pd
import numpy as np
from datetime import datetime

plt.rcParams['font.sans-serif'] = ['SimHei']        # 用来正常显示中文标签
plt.rcParams['axes.unicode_minus'] = False          # 设置负号显示
```

```python
def generate_market_data(n_companies=12):
    """生成市场数据"""
        # 省略
def plot_market_bubble_chart(data):
    """绘制市场数据气泡图"""
    fig, ax = plt.subplots(figsize=(12, 8))          # 创建图形
    # 行业颜色映射
    sector_colors = {'科技': '#1f77b4', '制造': '#ff7f0e','能源': '#2ca02c','医疗': '#d62728'}
    size_scale = data['market_cap'] * 3              # 计算气泡大小（基于市值）
    # 绘制气泡图
    for sector in data['sector'].unique():
        mask = data['sector'] == sector
        sector_data = data[mask]

        ax.scatter(
            sector_data['profit_margin'], sector_data['yoy_growth'],
            s=size_scale[mask], c=sector_colors[sector], alpha=0.6, label=f"{sector}行业")

        # 添加公司名称标签
        for idx, row in sector_data.iterrows():
            ax.annotate(
                f"{row['company']}\n({row['revenue']:.1f}亿)",
                (row['profit_margin'], row['yoy_growth']),
                xytext=(5, 5), textcoords='offset points', fontsize=8, alpha=0.8)

    # 设置标题和标签
    current_year = datetime.now().year
    plt.title(f'{current_year}年度行业分析气泡图', fontsize=14, pad=20)
    plt.xlabel('利润率(%)', fontsize=12)
    plt.ylabel('同比增长率(%)', fontsize=12)
    plt.legend(title='行业类别', title_fontsize=12)    # 添加图例
    plt.grid(True, linestyle='--', alpha=0.3)          # 添加网格线
    # 添加说明文字
    plt.figtext(0.99, 0.02,'气泡大小代表市值规模\n数值代表年营收（亿元）',
    ha='right', fontsize=10, style='italic')

    # 添加参考线
    plt.axhline(y=0, color='gray', linestyle='--', alpha=0.3)
    plt.axvline(x=0, color='gray', linestyle='--', alpha=0.3)

    # 添加象限标注
    plt.text(25, 30, '高增长高利润', ha='center', va='center', alpha=0.5)
    plt.text(25, -5, '低增长高利润', ha='center', va='center', alpha=0.5)
    plt.text(5, 30, '高增长低利润', ha='center', va='center', alpha=0.5)
    plt.text(5, -5, '低增长低利润', ha='center', va='center', alpha=0.5)
```

```
    plt. tight_layout( )                        # 调整布局
    return fig


df = generate_market_data( )                     # 生成数据
fig = plot_market_bubble_chart( df )             # 绘制图表
plt. show( )
```

8.5　直方图

直方图（histogram）是一种统计图表，用于展示一组连续数据的分布情况。它将数据分成若干连续的区间，并统计每个区间内数据点的数量或频率。每个区间的数据点数量通过条形的高度来表示，每个区间的条形宽度是相同的，表示等宽的区间。条形的宽度代表区间的范围，因此直方图的 x 轴表示区间，y 轴表示频数或频率。直方图的条形是连续的，反映了数据在各区间的分布。

直方图与柱状图不同，直方图用于展示连续数据的分布，如年龄、温度、身高等。柱状图主要用于展示分类数据，如不同水果的销量、不同城市的人口等。直方图的主要用途是展示数据的分布，例如，数据是否呈现正态分布、数据的集中趋势（中心值所在区间）、数据的离散程度（数据是集中分布还是分散分布）、数据中是否存在偏态（如左偏或右偏）、是否存在异常值或极端数据。

直方图是一种用于展示连续数据分布的图表，能直观地显示数据的频数或频率分布。它在多个领域中广泛应用，尤其在统计分析、数据科学、质量控制、金融分析、医学研究和社会科学等领域。通过直方图，研究者和分析师可以快速了解数据的分布特征、集中趋势、离散程度以及潜在的异常情况，从而为进一步的决策提供依据。

```
pyplot. hist( x, bins = None, range = None, density = False, weights = None,
              cumulative = False, bottom = None, histtype = 'bar', align = 'mid',
              orientation = 'vertical', rwidth = None, log = False, color = None,
              label = None, stacked = False, * , data = None, * * kwargs)
```

实例 8.12　饼干重量分布分析

在食品生产中，使用直方图分析饼干的重量分布，确保产品重量符合标准。通过直方图，工厂可以监控产品重量的分布情况，确保大多数产品的重量落在标准范围内，并识别可能存在的偏差或不合格产品。

```
import numpy as np
import matplotlib. pyplot as plt


# 显示中文
```

```
plt. rcParams['font. sans-serif'] = ['SimHei']
plt. rcParams['axes. unicode_minus'] = False

# 模拟一批饼干的重量数据，假设标准重量为 50 克，允许的偏差为±5 克
np. random. seed(0)
weights = np. random. normal(50, 2, 1000)    # 生成 1 000 个饼干重量，均值为 50，标准差为 2

# 创建直方图
plt. figure(figsize = (10, 6))
plt. hist(weights, bins = 20, color = 'skyblue', edgecolor = 'black')

# 添加标准范围线
plt. axvline(45, color = 'red', linestyle = 'dashed', linewidth = 1, label = '最低限')
plt. axvline(55, color = 'red', linestyle = 'dashed', linewidth = 1, label = '最高限')

# 添加标题和标签
plt. title('饼干重量分布直方图')
plt. xlabel('重量(克)')
plt. ylabel('数量')
plt. legend()

# 显示图像
plt. show()
```

程序运行绘制的结果如图 8.18 所示。

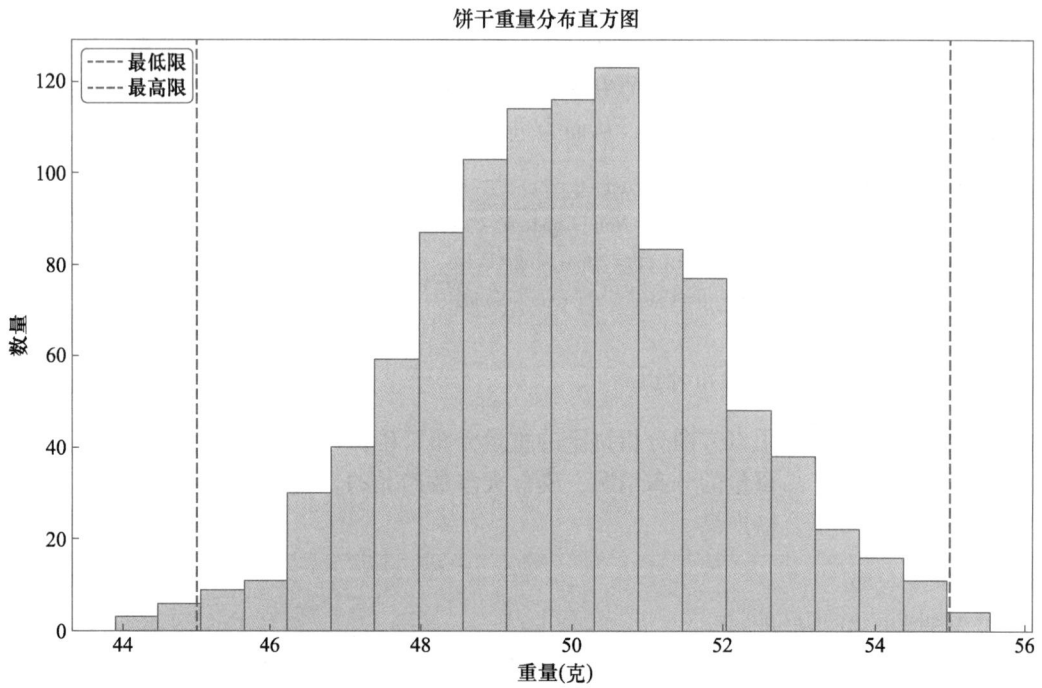

图 8.18　饼干重量分布分析直方图

实例 8. 13　学生考试成绩分析

使用直方图分析期末考试成绩的分布。通过直方图，可以了解学生总体成绩的集中趋势，判断考试难度是否适中，发现是否存在极端高分或低分的情况。绘图结果如图 8. 19 所示。

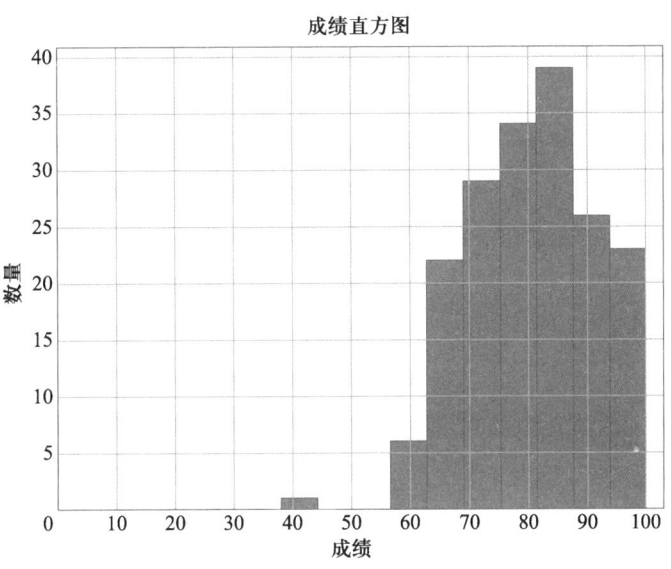

图 8. 19　成绩分析直方图

```python
import matplotlib. pyplot as plt
import numpy as np

plt. rcParams['font. sans-serif'] = ['SimSun']      # 支持中文显示
plt. rcParams['axes. unicode_minus'] = False

def read_txt(filename):
    """接收文件名为参数，读取文件中的总成绩数据到列表中，返回列表"""
    with open(filename, 'r', encoding='utf-8') as f:
        score = [float(line. strip(). split()[5]) for line in f]
    return score

def draw_hist(amount):
    """接收列表为参数，绘制数据曲线"""
    amount_array = np. array(amount)              # 列表 amount 转数组
    plt. hist(amount_array, 10, color='g', edgecolor='b')

def draw_label():                                 # 加图名和轴标签
    plt. xlabel('成绩')
    plt. title('成绩直方图')
```

```
    plt. ylabel('数量')
    plt. xticks(np. arange(0, 101, 10))              # X 轴刻度
    plt. grid()                                      # 显示网格线

if __name__ == '__main__':
    file = 'score2024. txt'
    score_lst = read_txt(file)
    draw_hist(score_lst)
    draw_label()
    plt. show()
```

8.6 热力图

热力图用于表示数值数据的强度或密度。通过颜色的渐变变化，热力图可以直观地展示数据分布和模式。

热力图应用广泛，例如，可用于地理数据分析，展示人口密度、天气模式等。用于 Web 分析，观察用户在网页上的点击和行为热点。用于生物信息学，表达基因表达量或蛋白质相互作用。用于金融市场，显示股票或市场变化趋势等。

实例 **8. 14** 图书馆座位使用情况

假设要分析一个大学图书馆内一天中各时间段的座位使用情况。热力图可以帮助直观展示不同时间段的座位使用密度。

模拟一个数据集，表示图书馆在每个小时的座位使用情况（0 表示空闲，1 表示占用）。假设图书馆有 10 排座位，每排有 12 个座位，记录一天内 8 个小时的使用情况。

```
# 模拟座位使用数据（8 小时，每小时的使用情况）
data = np. random. randint(0, 2, (8, 10, 12))


# 汇总每小时座位使用情况
hourly_usage = np. sum(data, axis=2)              # 每小时每排的占用座位数
```

绘制热力图代码如下，绘图结果如图 8. 20 所示。

```
import numpy as np
import matplotlib. pyplot as plt


plt. rcParams['font. sans-serif'] = ['SimHei']       # 显示中文
plt. rcParams['axes. unicode_minus'] = False


# 模拟座位使用数据（8 小时，每小时的使用情况）
```

```
data = np.random.randint(0, 2, (8, 10, 12))

# 汇总每小时座位使用情况
hourly_usage = np.sum(data, axis=2)          # 每小时每排的占用座位数
# 创建热力图
plt.figure(figsize=(10, 6))
plt.imshow(hourly_usage, cmap='YlGnBu', aspect='auto')

# 添加颜色条
plt.colorbar(label='Occupied Seats')

# 设置轴标签
plt.title('图书馆座位使用情况')
plt.xlabel('行数')
plt.ylabel('按小时时间段')
plt.xticks(ticks=np.arange(10), labels=[f'Row {i+1}' for i in range(10)])
plt.yticks(ticks=np.arange(8), labels=[f'Hour {i+9}' for i in range(8)])   # 从早上 9 点开始

# 显示图像
plt.show()
```

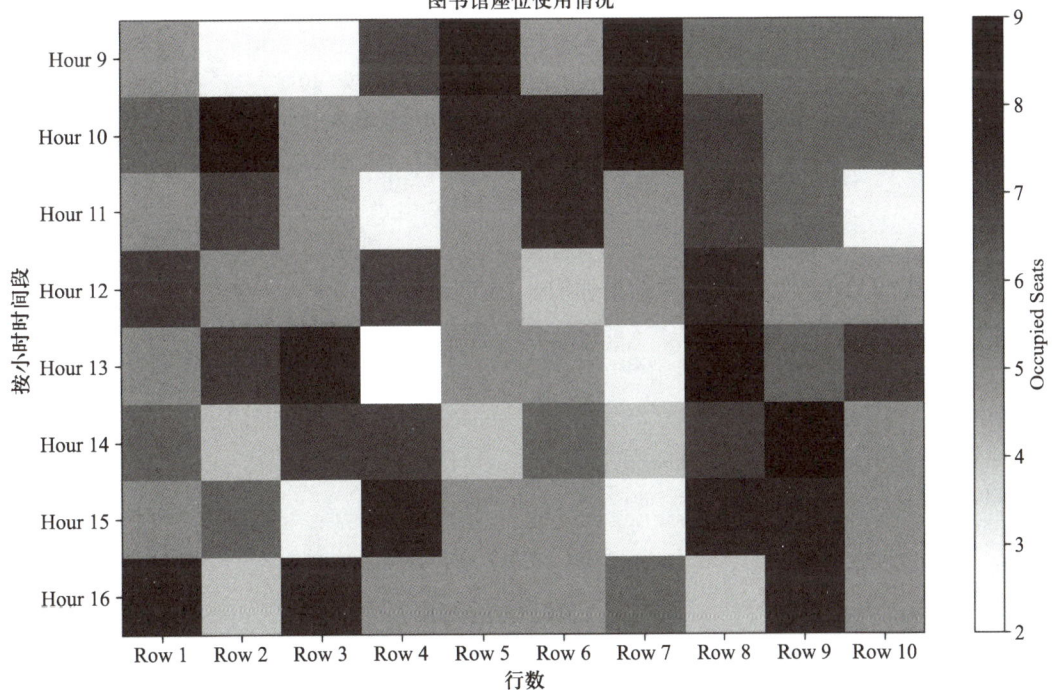

图 8.20　座位使用热力图

data 是一个三维数组，记录了每个小时的座位使用情况。np.sum(data, axis = 2) 汇总每排的占用座位数。plt.imshow() 显示热力图，cmap 设置颜色映射。plt.colorbar() 方法添加颜色条以指示占用座位数。坐标轴标签设置小时和排号以便于理解。通过此热力图，可以识别高峰使用时段，优化座位管理。类似方法可用于分析教室、会议室等设施的使用情况。

8.7　箱线图

箱线图（box plot）是一种统计图表，用于展示数据集的分布特征。它包括最小值、下四分位数、中位数、上四分位数和最大值，有助于识别数据的偏态、离群值等。

箱线图被广泛应用在教育领域，用于分析学生考试成绩分布；用在金融市场显示股票价格波动范围；在医学研究中用于比较不同组的实验结果；在质量控制中监控生产过程中的变异。

实例 8.15　学生考试成绩分析

假设对不同班级学生的考试成绩进行分析。

模拟三个班级的考试成绩数据：

```python
# 模拟数据
np.random.seed(0)                        # 固定随机数种子
class1 = np.random.normal(75, 10, 100)   # 班级 1：均值 75，标准差 10
class2 = np.random.normal(70, 15, 100)   # 班级 2：均值 70，标准差 15
class3 = np.random.normal(80, 5, 100)    # 班级 3：均值 80，标准差 5

data = [class1, class2, class3]
```

绘制箱线图的代码如下，绘图结果如图 8.21 所示。

```python
import numpy as np
import matplotlib.pyplot as plt
# 显示中文
plt.rcParams['font.sans-serif'] = ['SimHei']
plt.rcParams['axes.unicode_minus'] = False


# 模拟数据
np.random.seed(0)                        # 固定随机数种子
class1 = np.random.normal(75, 10, 100)   # 班级 1：均值 75，标准差 10
class2 = np.random.normal(70, 15, 100)   # 班级 2：均值 70，标准差 15
class3 = np.random.normal(80, 5, 100)    # 班级 3：均值 80，标准差 5
```

```
data = [class1, class2, class3]

# 创建箱线图
plt. figure(figsize=(8, 6))
plt. boxplot(data, tick_labels=['Class 1', 'Class 2', 'Class 3'])

# 添加标题和标签
plt. title('分班考试成绩分布')
plt. xlabel('班级')
plt. ylabel('成绩')

# 显示图像
plt. show()
```

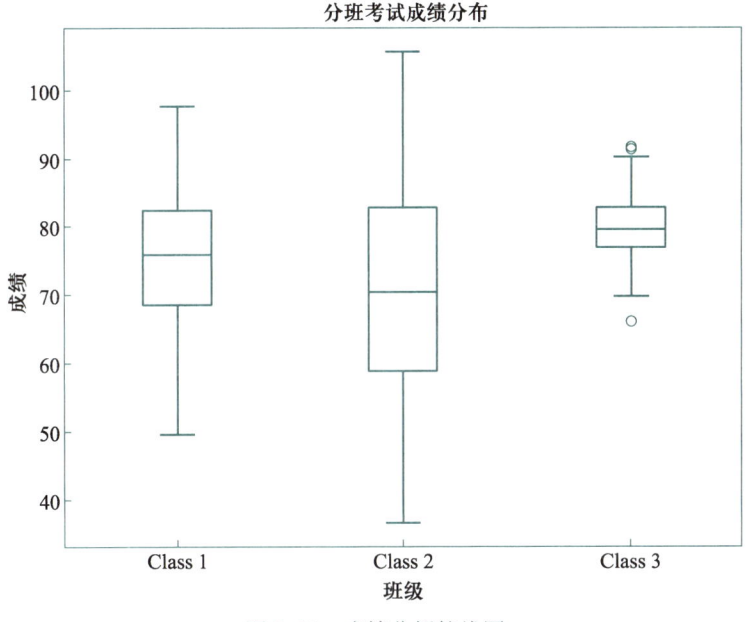

图 8.21 成绩分析箱线图

案例中使用的数据是使用正态分布生成的每个班级的成绩。plt. boxplot( )方法可绘制箱线图，labels 参数用于标识不同组。箱体表示四分位数范围，线条表示最大最小值，可能还有离群点。箱线图可帮助识别不同班级成绩的分布差异，关注可能的异常值。可用于任何需要比较多个数据集分布的场景，如销售数据、实验结果等。

8.8　小提琴图

小提琴图（violin plot）是一种结合了箱线图和核密度图的统计图表，展示数据分布的全貌。它不仅显示数据的四分位数，还通过对称的密度曲线表示数据的分布形状。

小提琴图可用于教育分析中比较不同班级或学科的成绩分布；用于生物信息学中分析基因表达或实验数据；用于金融市场中观察不同股票的价格分布；用于社会科学中研究不同群体的调查数据分布。

实例 8.16　学生成绩小提琴图

假设分析不同班级学生的考试成绩。模拟三个班级的考试成绩数据如下：

```python
# 模拟数据
np. random. seed(0)                       # 固定随机数种子
class1 = np. random. normal(75, 10, 100)  # 班级 1：均值 75，标准差 10
class2 = np. random. normal(70, 15, 100)  # 班级 2：均值 70，标准差 15
class3 = np. random. normal(80, 5, 100)   # 班级 3：均值 80，标准差 5

data = [class1, class2, class3]
```

绘制小提琴图代码如下，绘图结果如图 8.22 所示。

```python
import numpy as np
import matplotlib. pyplot as plt

plt. rcParams['font. sans-serif'] = ['SimHei']        # 显示中文
plt. rcParams['axes. unicode_minus'] = False

# 模拟数据
np. random. seed(0)    # 固定随机数种子
class1 = np. random. normal(75, 10, 100)              # 班级 1：均值 75，标准差 10
class2 = np. random. normal(70, 15, 100)              # 班级 2：均值 70，标准差 15
class3 = np. random. normal(80, 5, 100)               # 班级 3：均值 80，标准差 5

data = [class1, class2, class3]
# 创建小提琴图
plt. figure(figsize=(8, 6))
plt. violinplot(data, showmeans=True)

# 添加标题和标签
plt. title('分班考试成绩分布情况')
plt. xlabel('班级')
plt. ylabel('成绩')
plt. xticks([1, 2, 3], ['Class 1', 'Class 2', 'Class 3'])

# 显示图像
plt. show()
```

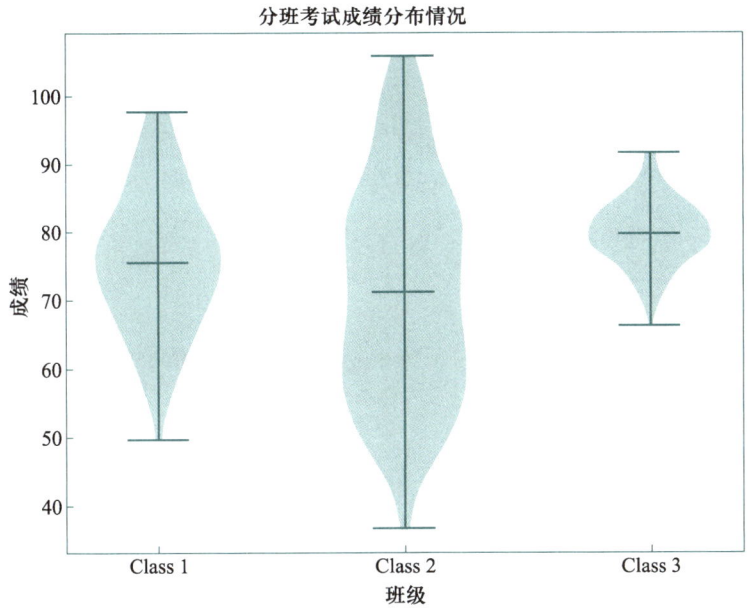

图 8.22 成绩分析小提琴图

案例中使用的数据来自使用正态分布生成的每个班级的成绩。plt. violinplot( )方法用于绘制小提琴图，参数 showmeans = True 显示均值。小提琴图的形状表示数据的密度和分布，线条和点可以显示中位数和均值。从小提琴图中可直观显示不同班级成绩的分布差异和密度。适用于任何需要展示数据分布形状的领域，如实验数据、市场分析等。

8.9 密度图

密度图是一种用于显示数据分布的平滑图形，它通过估计数据在各个值上的概率密度，帮助我们理解数据的集中趋势和分散程度。密度图可应用于教育分析，研究成绩的分布；用于金融市场，分析资产回报率的分布；用于医学研究，评估生物测量数据分布；用于社会科学，分析调查数据的趋势；等等。

实例 8.17 学生成绩密度图

假设要分析学生的考试成绩分布。
模拟一组学生的考试成绩：

```
# 模拟数据
np. random. seed( 0)
scores = np. random. normal( 75, 10, 200)    # 生成 200 个成绩，均值 75，标准差 10
```

绘制密度图代码如下，绘图结果如图 8.23 所示。

```python
import numpy as np
import matplotlib. pyplot as plt
from scipy. stats import gaussian_kde

plt. rcParams['font. sans-serif'] = ['SimHei']          # 显示中文
plt. rcParams['axes. unicode_minus'] = False

# 模拟数据
np. random. seed(0)
scores = np. random. normal(75, 10, 200)                # 生成 200 个成绩，均值 75，标准差 10

# 计算核密度估计
kde = gaussian_kde(scores)
x_range = np. linspace(min(scores), max(scores), 100)

plt. figure(figsize=(8, 6))                              # 创建图形
plt. plot(x_range, kde(x_range), label='密度曲线', color='r')

plt. title('成绩密度图')                                   # 添加标题和标签
plt. xlabel('成绩')
plt. ylabel('密度')

plt. legend()                                            # 显示图例
plt. show()                                              # 显示图像
```

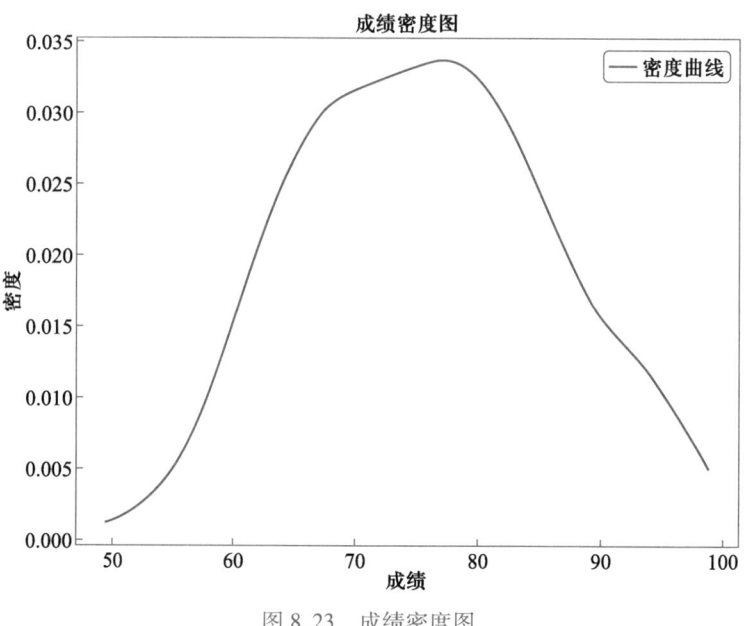

图 8.23　成绩密度图

　　案例中使用的数据为使用正态分布生成的学生成绩。gaussian_kde( )方法计算核密度估计。plt. plot( )方法绘制密度曲线。密度图可帮助识别成绩的集中趋势和分布形状，适用于任何需要展示数据分布的领域，如市场分析、健康数据等。

8.10　词云图

　　词云，也叫文字云，是一种应用广泛的数据可视化方法，是过滤掉文本中大量的低频信息，对出现频率较高的"关键词"予以视觉化的展现。词云使得浏览者只要一眼扫过文本就可领略文本的主旨。

　　词云可以快速展示文本中的主要概念和关键词，能够快速识别文本的主要内容。通过字体大小的不同，词云可以直观地表达不同单词的重要性，有助于突出显示文本中的核心议题。词云可以设计成各种形状和颜色，具有很高的艺术性和观赏性，可以吸引注意力。词云将大量文本信息压缩成一张图，便于快速浏览和理解，尤其适合于社交媒体和快速消费的阅读环境。在数据分析和文本挖掘中，词云可以作为探索性数据分析的工具，帮助发现数据中的模式和趋势。

　　Python 中可导入 wordcloud 库，借助 wordcloud 库制作词云。应用 wordcloud 绘制词云常用方法如表 8.12 所示，其中最常用的是 generate(text) 和 fit_words(frequencies)，分别用于根据文本和词频生成词云。

表 8.12　常用词云生成方法

方　　法	描　　述
generate(text)	根据文本生成词云，是 generate_from_text 的别名
generate_from_text(text)	根据文本生成词云，如果参数是排序的列表，需设置'collocations＝False'，否则会导致每个词出现 2 次
fit_words(frequencies)	根据词频生成词云，参数为包含词与词频的字典，为 generate_from_frequencies 的别名
generate_from_frequencies(frequencies)	根据词频生成词云，参数为词频字典
process_text(text)	将长文本分词并去除 stopwords，返回值为词频字典
to_array(self)	转为 numpy 数组
to_file(self, filename)	导出为图片文件
to_svg(self[, embed_font, …])	导出为 SVG 格式文件

　　绘制词云使用 wordcloud 库中的 WordCloud( )方法，该方法有众多的默认值参数，一般来说仅需修改少量几个参数就可以完成绘制。主要参数如下：

```
wordcloud. WordCloud( font_path＝None, width＝400, height＝200, margin＝2,
                     ranks_only＝None, prefer_horizontal＝0. 9, mask＝None,
```

> scale＝1，color_func＝None，max_words＝200，
> min_font_size＝4，stopwords＝None，random_state＝None，
> background_color＝'black'，max_font_size＝None，
> font_step＝1，mode＝'RGB'，relative_scaling＝'auto'，
> regexp＝None，collocations＝True，colormap＝None，
> normalize_plurals＝True，contour_width＝0，
> contour_color＝'black'，repeat＝False，include_numbers＝False，
> min_word_length＝0，collocation_threshold＝30）10

WordCloud( ) 主要参数如表 8.13 所示。

表 8.13   WordCloud( ) 参数

WordCloud( ) 参数	作　　用
font_path	字符串类型，字体路径（Windows 下默认字体路径为 C：\Windows\Fonts\，如果是自行安装的字体，可能会在 C：\Users\用户名\AppData\Local\Microsoft\Windows\Fonts\）
width	整数类型，生成词云的宽度，默认：400
height	整数类型，生成词云的高度，默认：200
prefer_horizontal	浮点类型，词语水平方向排版出现的频率，默认：0.9
mask	遮罩图，下方会详细介绍，默认：无
scale	浮点类型，按照比例进行放大画布，默认：1
min_font_size	整数类型，显示的最小的字体大小，默认：4
max_font_size	整数类型，显示的最大的字体大小，默认：无
margin	整数类型，边缘空白宽度，默认：2
font_step	整数类型，字体步长，默认：1
max_words	整数类型，要显示的词的最大个数，默认：200
background_color	字符串类型，背景颜色，默认：黑色
stopwords	设置需要屏蔽的词，如果为空，则使用内置的 STOPWORDS
relative_scaling	浮点类型，词频和字体大小的关联性，默认：auto
regexp	字符串类型，使用正则表达式分隔输入的文本
collocations	布尔类型，是否包括两个词的搭配
colormap	给每个单词随机分配颜色，若指定 color_func，则忽略该方法
normalize_plurals	布尔类型，是否删除单词中的 s，如果使用 generate_from_frequencies，则将其忽略，默认：True
contour_width	浮点类型，如果 mask 遮罩不是 None 和 contour_width>0，则绘制 mask 遮罩轮廓，默认：0
contour_color	字符串类型，mask 遮罩轮廓颜色，默认：black
repeat	布尔类型，是否重复单词和短语，直到达到 max_words 或 min_font_size，默认：False

续表

WordCloud( )参数	作　　用
include_numbers	布尔类型，是否将数字包含为短语，默认：False
min_word_length	整数类型，一个单词必须包含的最小字母数，默认：0
mode	颜色模式，默认 "RGB"。如果想设置透明底色的云词图，那么可以设置 background_color = None, mode = "RGBA"

8.10.1　英文词云绘制

英文文本中单词间用空格进行分隔，所以英文文本的词云制作比较简单，将读取文本文件对象作为参数传递给 WordCloud( )的 generate( )函数即可，默认词云的背景为黑色。英文文本中有很多无意义的虚词，如 of、the、and、is、to 等，可以考虑加停用词将其过滤掉。停用词可以用 wordcloud 内置的停用词文本 STOPWORDS，也可以自己构建。

实例 8.18　绘制英文小说词云

根据文本 "gone with the wind. txt" 内容绘制词云图。

将词云的背景设置为白色，绘制结果如图 8.24 所示。参考代码如下：

```
from wordcloud import WordCloud, STOPWORDS
import matplotlib. pyplot as plt

def file_to_string(filename):                      # 读取文件, 返回字符串
    with open(filename, 'r', encoding='utf-8') as f:   # 文字来源
        return f. read()                           # 返回读取文件内容得到的字符串


def draw(text):                                    # 绘制词云, 设定各参数, 传入参数为字符串
    wc = WordCloud(max_words=80,                   # 设置显示高频单词数量
                   width=600,                      # 设置图片的宽度
                   height=400,                     # 设置图片的高度
                   background_color='White',       # 设置背景颜色
                   max_font_size=150,              # 设置字体最大值
                   stopwords=STOPWORDS,            # 去除停用词
                   margin=5,                       # 设置图片的边缘
                   scale=1.5)                      # 设置为 1.5, 长和宽都是原来画布的 1.5 倍
    wc. generate(text)                             # 根据文本内容直接生成词云
    plt. imshow(wc)                                # 负责对图像进行处理, 并显示其格式
    plt. axis("off")                               # 不显示坐标轴
    wc. to_file('dream. png')                      # 词云保存为图片
    plt. show()                                    # 显示图像


if __name__ == '__main__':
```

```
filename = 'gone with the wind. txt'        # 用于生成词云的文本文件名
txt = file_to_string(filename)              # 读取文件中的文本，生成字符串
draw( txt)                                   # 绘制词云
```

图 8.24　英文词云绘制

8.10.2　绘制中文词云

中文文本词与词之间无分隔，所以中文词云的制作略为麻烦，需要提前对文本进行分词处理。jieba 是目前应用较广泛的一个中文分词库，可以导入 jieba 利用它进行分词再绘制词云。

将中文文本切分成词就可以用英文词云相同的方法制作词云了，需要注意的是，制作中文词云时，务必要明确指定中文字体，否则中文无法正确显示。

实例 8.19　绘制二十大报告词云

党的二十大报告回顾总结了我们党过去五年的工作和新时代十年的伟大变革，擘画了全面建成社会主义现代化强国的宏伟蓝图和实践路径，就未来五年党和国家事业发展制定了大政方针、做出了全面部署，是中国共产党团结带领全国各族人民夺取新时代中国特色社会主义新胜利的政治宣言和行动纲领。运用词云方法，可以聚焦报告中最重要意义的信息，从新的视角理解和把握党的二十大报告。

根据文本文件"二十大报告.txt"的内容制作中文词云，以一个球为背景图片。涉及背景图片，需导入 PIL 库用于将图片转为数组，利用 jieba 库进行分词并获取每个词的权重。词云的实现效果如图 8.25 所示。

图 8.25　二十大报告词云

```
import jieba. analyse
from PIL import Image
import numpy as np
import matplotlib. pyplot as plt
from wordcloud import WordCloud


def file_to_string(file):
    """接收表示文件名的字符串为参数, 读取文本文件内容为一个字符串, 返回这个字符串"""
    with open(filename, 'r', encoding='utf-8') as f:    # 文字来源
        text = f. read()                                # 文章内容读取为字符串
    return text                                         # 返回读取文件内容得到的字符串


def text_analysis(text):
    """接收一个字符串类型的参数, 应用 jieba. analyse. textrank() 的方法分词, 统计每个词的权重,
将其转为词频字典并返回这个字典"""
    result = jieba. analyse. textrank(text, topK=50, withWeight=True)
    word = {}                                           # 创建空字典
    for word, wi in result:                             # 遍历列表, word、wi 为词和权重
        word[word] = wi                                 # 以词为键, 以权重为值增加字典元素
    return word                                         # 返回关键字与权值字典


def draw(word, image):
    """接收词的权值字典和背景图片文件对象为参数, 绘制背景为白色的带背景图片的词云, 设置
字体最大值为 240, 不显示坐标轴, 绘制的词云保存为文件"""
    graph = np. array(image)                            # 图片转数组
    wc = WordCloud(font_path='msyh. ttc',               # 设置中文字体
                   background_color='White',            # 设置背景颜色
                   mask=graph,                          # 设置背景图片
                   max_font_size=240,                   # 设置字体最大值
                   scale=2)                             # 长和宽都是原来画布的 2 倍
    wc. generate_from_frequencies(word)                 # 根据字符串绘制词云
    plt. imshow(wc)                                     # 负责对图像进行处理, 并显示其格式
    plt. axis("off")                                    # 不显示坐标轴
    wc. to_file('dream. png')                           # 词云保存为图片
    plt. show()                                         # 显示图像


if __name__ == '__main__':
    filename = '二十大报告. txt'                          # 用于生成词云的文本文件名
    txt = file_to_string(filename)                     # 读取文件中的文本, 生成字符串
    words = text_analysis(txt)                         # 利用 jieba 对文本进行分词, 并统计词频
    images = Image. open('ball. jpg')                   # 打开背景图片, 创建文件对象
    draw(words, images)                                # 调用函数绘制词云
```

本章小结

数据可视化是一种通过图形、图表、地图等视觉元素将复杂数据呈现为直观形式的过程。数据可视化旨在帮助人们从海量、多元化的数据中快速提取出有用知识，并将数据转化成使人快速理解的形式。通过图形化的表达，可以更容易地洞察到数据的分布、趋势、关系以及异常点，从而帮助决策者快速做出决策。常见的数据可视化工具包括柱状图、折线图、饼图、散点图、热图等，可以根据数据的性质和目的选择合适的方式，以最有效的可视化方式传达信息。将抽象的数据转化为直观、易于理解的图形，更加清晰地呈现数据背后的关联，在各行各业，数据可视化都正在被用于提升业务效率和优化决策流程。

本章练习

1. 获取本地本年度的日照和温度数据，绘制日照和温度曲线。

2. 从 tiobe 网站获取程序设计语言的数据，绘制本月程序设计语言占比的饼图和年度的变化曲线图。

3. 获取中国大学招生人数和研究生招生人数数据，绘制招生人数变化柱形图和线型图。

4. 获取一门课程的成绩数据，绘制直方图展示成绩分布情况。

5. 获取本年度政府工作报告，绘制词云展示本年度热点词。